吉林人民出版社

简体字本二十六史

# 宋史

（七）

卷二二五——卷二三一

[元] 脱脱等 撰

刘浦江等 标点

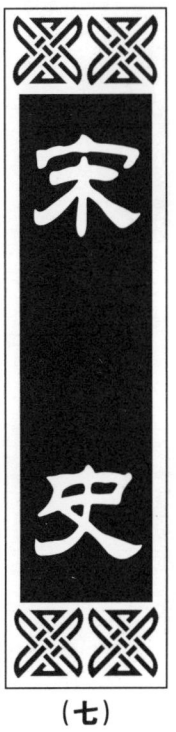

宋史卷二二五

表第一六

# 宗室世系十一

| | | | | | | | | | | | | |
|---|---|---|---|---|---|---|---|---|---|---|---|---|
| | | 平阳郡王宗彦 | 华阴侯仲寂 | 赠右领军卫将军士众洋 国公、谥修荣士 | 赠朝请大夫不匿 | 善文 | 汝鄘 | 崇谦 | 必元 | 良晥 | | |

| | | | | | | | | | | | | |
|---|---|---|---|---|---|---|---|---|---|---|---|---|
| | | | | 编 | | | | | | 良嚏 | 友薏 | |
| | | | | | | | | 崇讷 | | | | |
| | | | | | | | | 崇计 | 必槦 | | | |
| | | | | | | | | | 必桪 | | | |
| | | | | | | | | | 必桯 | | | |
| | | | | | | | | 崇访 | | | | |
| | | | | | | | | 崇谆 | | | | |
| | | | | | | | | 崇语 | 必椿 | 良赋 | | |
| | | | | | | | | 崇諿 | | | | |
| | | | | | | | | 崇谣 | 必侏 | | | |
| | | | | | | | 汝俸 | 崇诃 | 必蕙 | 良壊 | | |
| | | | | | | | | | | 良墵 | | |

| | | | | | | | | | | | |
|---|---|---|---|---|---|---|---|---|---|---|---|
| | | | | | | | | | | | |
| | | | | | | | | | | | |
| | | | | | | | | | 良汉 | 良贞 | |
| 必婜 | | | | 必懕 | 必悠 | 必憲 | | 必崴 | | 必宔 | 必蕢 |
| 崇诤 | 崇诺 | 崇咏 | 崇调 | | | 崇谱 | 崇谐 | | | 崇谓 | |
| | | 汝绍 | | | | | | | | | |
| | | 善积 | | | | | | | | | |
| | | | | | | | | | | | |
| | | | | | | | | | | | |
| | | | | | | | | | | | |
| | | | | | | | | | | | |
| | | | | | | | | | | | |
| | | | | | | | | | | | |

| | | | | | |
|---|---|---|---|---|---|
| | 奉议郎不虚 | | | | |
| 赠修武郎士荦 | 秉义郎不愚 | | | | |
| | 奉议郎不器 | | | | |
| | 修职郎不疑 | 善颙 | 汝畣 | 崇株 | 必薵 |
| | | | | 崇椢 | 必[illegible] |
| | | | | 崇朸 | 必[illegible] |
| | | | 汝[illegible] | 崇秩 | 必缉 |
| | | | | | 必继 |

| | | | | | | | | | | | | |
|---|---|---|---|---|---|---|---|---|---|---|---|---|
| | | | | | | | | 崇檷 | 必沥 | | | |
| | | | | | | | | | 必隶 | | | |
| | | | | | | | | 崇柈 | | | | |
| | | | | | | | | 崇柠 | | | | |
| | | | | | | | | 崇棴 | 必綝 | | | |
| | | | | | | | | | 必缋 | | | |
| | | | | | | | | | 必缤 | | | |
| | | | | | | 善颐 | 汝宝 | | | | | |
| | | | | | | 善颢 | | | | | | |
| | | | | | 承奉郎不唱 | | | | | | | |
| | | | | 东头供奉官士俛 | 修职郎不窒 | | | | | | | |
| | | | 河内侯仲向 | 西京左藏库副使士淪 | 不愚 | | | | | | | |

| | | | |
|---|---|---|---|
| 惠国公、谥恭安仲集 | 太子右内率府副率士龙 | | |
| | 太子右内率府副率士荣 | | |
| | 赠忠州刺史士讚 | | |
| | 武义大夫士较 | | |
| | 秉义郎士船 | 承节郎不俞 | 善隐 |
| | 修武郎士䑺 | | |

| | | | | | | | | | | | | |
|---|---|---|---|---|---|---|---|---|---|---|---|---|
| | | | 荣国公仲号 | 武义郎士瓖 | 保义郎不粝 | | | | | | | |
| | | | | 赠武翼郎士场 | 忠训郎不巷 | 善昭 | | | | | | |
| | | | | | | 善懿 | 汝赒 | | | | | |
| | | | | | | | 汝怦 | 崇⿰木隸 | 必恢 | | | |
| | | | | | | | | | 必煁 | | | |
| | | | | | | | | 崇栏 | 必⿰衤松 | | | |
| | | | | | | | | | 必徉 | | | |
| | | | | | | | | | 必袷 | | | |
| | | | | | | | | 崇桡 | 必爓 | | | |
| | | | | | | | | | 必⿰火夫 | | | |
| | | | | | | | 汝能 | 崇秬 | 必丝 | | | |
| | | | | | | | 汝添 | 崇⿰禾凡 | 必烔 | 良⿰王主 | | |
| | | | | | | | | | 必燐 | 良轵 | | |
| | | | | | | | | | 必炓 | | | |
| | | | | | | | | | 必灴 | | | |

| | | | | | |
|---|---|---|---|---|---|
| | 必熯 | | | | |
| | 必焮 | | | | |
| | | 崇梲 | | | |
| | 必煴 | 崇桔 | | | |
| | 必煟 | | | | |
| 良原 | 必举 | 崇戩 | | | |
| 良[illegible] | | | | | |
| | | | 汝[illegible] | 善洙 | 改赠奉直大夫<br>不啕 |
| | 必鏳 | 崇[illegible] | 汝謻 | 善淋 | |
| | 必[illegible] | 崇晲 | | | |
| | | | 汝譱 | 善洸 | |
| | | | 汝誇 | | |
| | 必熤 | 崇暇 | 汝谵 | 善溱 | |
| | | 崇[illegible] | | | |
| | | 崇暈 | 汝诒 | 善注 | |

| | | | | | | |
|---|---|---|---|---|---|---|
| | | | 善沂 | 汝访 | | |
| | 敦武郎士琫 | | | | | |
| | 敦武郎士珠 | 保义郎不移 | | | | |
| 赠右屯卫大将军仲考 | | | | | | |
| 安康郡公仲延 | 右班殿直士柮 | | | | | |
| | 修武郎士即 | 不憧 | | | | |
| | 武经郎士邦 | | | | | |
| 建国侯仲旌 | 西头供奉官士旋 | 承节郎不作 | 善讵 | 汝滟 | 崇凿 | 必炤 |

| | | | | | | | | | | | | | | | | |
|---|---|---|---|---|---|---|---|---|---|---|---|---|---|---|---|---|
| | | | 必宪 | | | | 必期 | | | | | | 必煠 | 必𬊈 | 必爥 | 必烶 |
| 崇撰 | 崇攘 | 崇揙 | 崇揭 | 崇揾 | 崇播 | 崇搙 | 崇琀 | 崇录 | | | | 崇畱 | | | 崇锱 | |
| | 汝诧 | | | | 汝诵 | | | 汝调 | | 汝擿 | 汝谅 | | | | | |
| | | | | | | | | 善印 | 善继 | | | | | | | |

| | | | | | | | | | | | | | | | | |
|---|---|---|---|---|---|---|---|---|---|---|---|---|---|---|---|---|
| | | | | | | | | | | | | | | | | |
| | | | | | | | | | | | | | | | | |
| | | | | | | | | | | | | | | | | |
| | | | | | | | | | | | | | | | | |
| | | | | | 必⿰土曳 | 必昇 | | | | | | | | | | |
| 崇楅 | 崇𪲔 | 崇枻 | 崇穄 | 崇種 | 崇稵 | 崇达 | | 崇抪 | | | | | | | | |
| | 汝讥 | | 汝循 | 汝神 | | 汝诜 | 汝弗 | 汝盐 | 汝棍 | 汝⿰木斬 | 汝郕 | | | | | |
| | | | 善燮 | | | | | | | | 善缾 | | | | | |
| | | | | | | | | | | | | 保义郎 | 不窐 | 承节郎 | 不称 | 保义郎 |
| | | | | | | | | | | | | | | | | |
| | | | | | | | | | | | | | | | | |
| | | | | | | | | | | | | | | | | |
| | | | | | | | | | | | | | | | | |

| | | | | | | |
|---|---|---|---|---|---|---|
| | | 不竦 | 善倅 | | | |
| | 宣德郎士蘗 | | | | | |
| | 敦武郎士綮 | | | | | |
| | 秉义郎士秺 | | | | | |
| 河内侯仲适 | 武功郎士篚 | | | | | |
| | 武翼郎士勬 | 赠奉议郎不赦 | 善迹 | 汝□ | 崇䁒 | 必燻 |
| | | | | 汝□ | | |
| | | | | 汝□ | 崇驰 | 必伶 |
| | | | | | | 必诊 |
| | | | | | 崇驭 | |
| | | | 善逾 | 汝堵 | | |
| | | | | 汝屏 | | |

| | | | | | | | | | | | |
|---|---|---|---|---|---|---|---|---|---|---|---|
| | | 崇壆 | 崇墂 | 崇袊 | 崇禌 | 崇袗 | | | | | |
| | | 汝朴 | | 汝□ | | | 汝璮 | 汝曜 | 汝畸 | 汝畤 | |
| | | 善邻 | | 善郴 | | | 善御 | | | | |
| | | 忠训郎不痗 | | 左奉议郎不病 | | | 宣教郎不疚 | | | | 武德郎 |
| 左侍禁士酢 | 忠训郎士颚 | 武德郎士显 | | | | | | | | | |

| | | | | | |
|---|---|---|---|---|---|
| | | 不疪 | 善即 | 汝榹 | |
| | | | | 汝極 | 崇椭 |
| | | | | | 崇宴 |
| | | | | 汝榗 | 崇埼 |
| | | | | 汝柠 | 崇梼 |
| | | | 善刍 | 汝枞 | |
| | | | 善醴 | | |
| 彭城侯仲青 | 修武郎士俎 | 承节郎不隮 | | | |
| | 修武郎士厷 | 不倚 | 善惺 | | |
| | | | 善忻 | 汝峦 | 崇钤 |
| | | | | | 崇銈 |
| | 忠翊郎士著 | 不倚 | | | |
| | 从义郎士杉 | 不志 | | | |

| | | | | | | | | | | | | |
|---|---|---|---|---|---|---|---|---|---|---|---|---|
| | | | | | 不愚 | 善揖 | | | | | | |
| | | | | | | 善愓 | | | | | | |
| | | | | 忠训郎士庆 | | | | | | | | |
| | | | 华阴侯仲搏 | 修武郎士栺 | 不怒 | | | | | | | |
| | | | | 修武郎士栫 | 不欺 | | | | | | | |
| | | | | 左侍禁士菥 | 不启 | | | | | | | |
| | | | | 忠训郎士范 | 不争 | | | | | | | |
| | | | | 右班殿直士徽 | | | | | | | | |
| | | | | 忠翊郎士缦 | | | | | | | | |
| | | | | 成忠郎 | | | | | | | | |

| | | | | | | | |
|---|---|---|---|---|---|---|---|
| | 士鼐 | | | | | | |
| 华原郡公仲被 | 秉义郎士祠 | 忠训郎不愤 | 善虑 | 汝滥 | 崇璀 | | |
| | | | 善慝 | 汝搏 | 崇鄂 | 必⿰禾恭 | 良⿰车今 |
| | | | | 汝湟 | 崇碤 | 必悬 | |
| | | | | | 崇矸 | | |
| | | | | | 崇渠 | 必⿰王遀 | |
| | | | | | 崇硧 | 必璮 | |
| | | | | 汝鸿 | 崇堛 | 必隑 | |
| | | | | | 崇埩 | | |
| | | | | 汝滔 | 崇橙 | | |
| | | | | | 崇铜 | | |
| | | | | | 崇镝 | 必莘 | |
| | | | 善恳 | 汝澈 | 崇⿰王祭 | 必谚 | |
| | | | | 汝潆 | | | |
| | | | 善⿱𡨄心 | 汝铼 | 崇桄 | | |
| | | | | | 崇椽 | 必漻 | |

| | | | | | | | | | | | | | | | | |
|---|---|---|---|---|---|---|---|---|---|---|---|---|---|---|---|---|
| | | | | | | | | | | | | | | | | |
| | | | | | | | | | | | | | | | | |
| | | | | | | | | | | | | | | | | |
| 必㥮 | 必荄 | 必芗 | 必茧 | | 必霪 | | | | | | | | | | | |
| 崇禣 | 崇祒 | | | | 崇椂 | 崇杕 | | | | | | | | | | |
| | 汝铝 | | | 汝镛 | 汝钭 | | | | | | | | | | | |
| | | | | | | | | | 善门 | | | | | | | |
| | | | | | | | 不惑 | 忠翊郎 | 不愧 | | | | | | | |
| | | | | | | | | 从义郎 | 士憘 | 敦武郎 | 士恪 | 左侍禁 | 士颀 | 忠训郎 | 士僙 | 秉义郎 |
| | | | | | | | | | | | | 景城侯 | 仲曈 | | | |
| | | | | | | | | | | | | | | | | |
| | | | | | | | | | | | | | | | | |
| | | | | | | | | | | | | | | | | |

| | | | | | | | | | | | | |
|---|---|---|---|---|---|---|---|---|---|---|---|---|
| | | | | 士晓 | | | | | | | | |
| | | | | 忠翊郎士権 | | | | | | | | |
| | | | | 敦武郎士忱 | | | | | | | | |
| | | | 饶阳侯仲均 | 右班殿直士翻 | | | | | | | | |
| | | | | 赠朝奉郎士袷 | 秉义郎不忉 | 善珣 | | | | | | |
| | | | | | | 善辙 | 汝櫝 | 崇透 | | | | |
| | | | | | | | | 崇遷 | | | | |
| | | | | | | | | 崇逦 | | | | |
| | | | | | 朝散郎不佊 | 善璙 | 汝樻 | 崇慝 | | | | |
| | | | | | | | | 崇恶 | | | | |
| | | | | | | | 汝槭 | | | | | |
| | | | | | 正议大 | | | | | | | |

| | | | | | | | | | | | | |
|---|---|---|---|---|---|---|---|---|---|---|---|---|
| | | | | | 夫不俄 | 善琩 | 汝桃 | | | | | |
| | | | | | | | 汝柖 | | | | | |
| | | | | 忠翊郎士禮 | | | | | | | | |
| | | 郯王、谥勤孝宗惠 | 北海侯仲蕤 | 太子右内率府副率士紮 | | | | | | | | |
| | | | | 太子右内率府副率士圆 | | | | | | | | |
| | | | | 太子右内率府副率士勤 | | | | | | | | |
| | | | | 左藏库 | | | | | | | | |

| | | | | | | | | | | | | | | | | |
|---|---|---|---|---|---|---|---|---|---|---|---|---|---|---|---|---|
| | | | | | | | | | | | | | | | | |
| | | | | | | | | | | | | | | | | |
| | | | | | | | | | | | | | | | | |
| | | | | | | | | | | | | | | | | |
| | | | | | | | | | | | | | | | 崇禄 | 崇禔 |
| | | | | | | | | | | | | | | | 汝愊 | |
| | | | | | | | | | | | | | 善诚 | 善调 | 善计 | |
| 不弊 | | 不瑑 | | | | | 秉义郎 | 不涣 | | 承信郎 | 不器 | 赠武功 | 郎不倚 | | | |
| 使士珵 | 左侍禁 | 士侢 | 太子右 | 监门率 | 府率士 | 剡 | 广平侯 | 士注 | 赠武翼 | 大夫士 | 瀛 | | | | | |
| | | | 荣国公 | 仲真 | | | | | | | | | | | | |
| | | | | | | | | | | | | | | | | |
| | | | | | | | | | | | | | | | | |
| | | | | | | | | | | | | | | | | |

| | | | | |
|---|---|---|---|---|
| | | 崇祥 | | |
| | | 崇弟 | 必睽 | |
| | 汝恽 | 崇恣 | | |
| | | 崇虑 | 必浣 | |
| | | | 必洄 | |
| | | 崇惩 | 必淩 | |
| | | 崇憲 | 必焴 | |
| | | | 必焱 | |
| | | | 必烇 | 良嵒 |
| | 汝慊 | 崇祷 | 必迢 | 良環 |
| | | 崇褚 | 必迆 | |
| | | 崇禓 | 必逢 | |
| | | | 必壥 | 良垔 |
| | | 崇褐 | | |
| | | 崇敆 | | |
| | 汝愉 | 崇𥛚 | | |
| 善讨 | 汝尹 | 崇褠 | 必泄 | 良健 |

| | | | | | | | | | |
|---|---|---|---|---|---|---|---|---|---|
| 必淼 | | | | 必燧 | | | | | |
| | | | | 崇澎 | | | | | |
| | 汝愧 | 汝惜 | 汝慓 | 汝快 | | | | | |
| | 善诗 | | | | 善倘 | | | 善道 善寿 | |
| | | | | | 成忠郎不骄 | 成忠郎不帚 | 不伪 | 秉义郎不耻 | 保义郎 |
| | | | | | 东头供奉官士鞹 | | 奉议郎士普 | 朝议大夫、直秘阁士绶 | |

| | | | | | | | | | | | | |
|---|---|---|---|---|---|---|---|---|---|---|---|---|
| | | | | | | | | 崇锅 | | | | |
| | | 汝蒌 | 汝芹 | 汝蔬 | 汝菘 | | 汝怜 | 汝傷 | 汝埭 | 汝绳 | | |
| | | 善扑 | | | | | 善师 | | | | 善忨 | |
| 不危 | 迪功郎不溢 | 承节郎不惧 | | | | 不略 | 承节郎不悃 | | | | | |
| | | | | | | | | | | | | 东头供奉官士 |

| | | | |
|---|---|---|---|
| | | 善闇 | 汝芮 |
| | | | 汝荛 |
| | | | 汝莆 |
| | 不诱 | 善澴 | 汝蕢 |
| | 承节郎 | | |
| | | 善僇 | |
| | | 善儋 | 汝侁 |
| | | 善哨 | 汝徯 |
| | 不溵 | 善邻 | |
| | 训武郎 | | |
| 士湄 | 不讷 | | |
| 武翼郎 | 保义郎 | | |
| 士溓 | 不求 | | |
| 敦武郎 | | | |
| 士漱 | | | |
| 左侍禁 | | | |
| 湻 | 不盈 | | |

| | | | | | | | | | | | | |
|---|---|---|---|---|---|---|---|---|---|---|---|---|
| | | | | | | 善阕 | 汝淡 | | | | | |
| | | | | | | | 汝钻 | | | | | |
| | | | | | | | 汝錾 | | | | | |
| | | | | | | 善门 | 汝玅 | | | | | |
| | | | | | 承节郎 | | | | | | | |
| | | | | | 不让 | 善阖 | 汝茉 | 崇珑 | | | | |
| | | | | | | 善阛 | | | | | | |
| | | | | 右班殿 | | | | | | | | |
| | | | | 直士路 | | | | | | | | |
| | | | | 保义郎 | | | | | | | | |
| | | | | 士南 | | | | | | | | |
| | | | 建国公 | 北海侯 | 忠翊郎 | | | | | | | |
| | | | 仲奚 | 士缀 | 不愠 | | | | | | | |
| | | | | | 成忠郎 | | | | | | | |
| | | | | | 不惰 | 善学 | 汝翼 | 崇吕 | 必暶 | 良玬 | | |
| | | | | | | | | | | 良琙 | | |
| | | | | | | | | | | 良[illegible] | | |

| | | | | | | | | | | | | | | | | |
|---|---|---|---|---|---|---|---|---|---|---|---|---|---|---|---|---|
| | | | | 良瑧 | 良瑃 | | 良璟 | 良琳 | 良琡 | | 良珽 | 良瑚 | 良玫 | 良罄 | | |
| 必曥 | 必昭 | | 必宽 | 必顺 | | 必举 | 必躬 | | | 必畀 | 必宁 | 必昇 | | | 必诠 | 必諟 |
| | | 崇冉 | 崇絜 | | | | 崇大 | | | | | | | | 崇畋 | |
| | | | 汝为 | | | | | | | | | | | | 汝微 | |

| | | | | | | | | | | | | |
|---|---|---|---|---|---|---|---|---|---|---|---|---|
| | | | | | | | | 崇莱 | | | | |
| | | | | | | | 汝雍 | 崇方 | 必亿 | 良璪 | | |
| | | | | | | | | | 必偻 | | | |
| | | | | | | | | | 必伽 | | | |
| | | | | | | | | | 必伲 | | | |
| | | | | | | | 汝劝 | 崇岱 | | | | |
| | | | | | | | | 崇裸 | 必大 | 良昭 | 友璐 | |
| | | | | | | | | | 必熿 | | | |
| | | | | | | | | | 必焯 | | | |
| | | | | | | | | | 必焊 | | | |
| | | | | | | | | | 必燀 | | | |
| | | | | | | | | | 必炌 | | | |
| | | | | | | | | | 必爀 | | | |
| | | | | | | | | 崇褕 | 必煓 | 良燂 | | |
| | | | | | | | | | | 良琦 | | |
| | | | | | | | | 崇照 | | | | |
| | | | | | | | | 崇晧 | 必篴 | 良[illegible] | | |

| | | | |
|---|---|---|---|
| | | 必忞 | |
| | | 必恩 | |
| | | 必赣 | |
| | | 必𥲤 | |
| | 崇俛 | 必衦 | |
| 汝奭 | 崇贵 | 必蕊 | |
| | 崇授 | 必瀘 | |
| 汝安 | | | |
| 汝牧 | 崇闲 | | |
| | 崇嘏 | 必侔 | 良玢 |
| | | | 良玑 |
| | | | 良琛 |
| | | 必仙 | 良㐺 |
| | | | 良俸 |
| | | 必侊 | |
| 汝骥 | 崇宝 | 必翰 | 良昕 |
| | | | 良臆 |

| | | | | | | | | | | | | | | | | |
|---|---|---|---|---|---|---|---|---|---|---|---|---|---|---|---|---|
| | | | | | | | | | | | | | | | | |
| | | | | | | | | | | | | | | | | |
| 良璡 | 良玒 | 良仏 | 良微 | 良伀 | | 良遽 | 良伃 | 良侠 | | | | | | | | |
| | | 必憓 | | 必僖 | 必瑀 | 必蓁 | | | 必莳 | | | 必辩 | 必湸 | 必渊 | 必沧 | 必[illegible] |
| | | | | | | 崇知 | | | | 崇晦 | 崇年 | 崇尚 | 崇长 | 崇冈 | | |
| | | | | | | 汝常 | | | | | 汝圣 | | | | | |
| | | | | | | | | | | | | | | | | |
| | | | | | | | | | | | | | | | | |
| | | | | | | | | | | | | | | | | |
| | | | | | | | | | | | | | | | | |
| | | | | | | | | | | | | | | | | |
| | | | | | | | | | | | | | | | | |
| | | | | | | | | | | | | | | | | |

| | | | | | | | | | | | | |
|---|---|---|---|---|---|---|---|---|---|---|---|---|
| | | | | | 不瓘 | 善政 | 汝在 | | | | | |
| | | | | | 忠训郎不悚 | 善仁 | | 崇维 | 必偕 | | | |
| | | | | | | | | 崇锐 | 必潽 | | | |
| | | | | | | | | 崇隆 | 必模 | | | |
| | | | | | | | | | 必椽 | | | |
| | | | | | | | | 崇辉 | 必囦 | | | |
| | | | | | | | 汝博 | 崇佽 | | | | |
| | | | | | | | | 崇逸 | | | | |
| | | | | | | | | 崇圭 | | | | |
| | | | | | | 善信 | 汝兴 | | | | | |
| | | | | | | | 汝山 | 崇戈 | | | | |
| | | | | | | | | 崇诗 | 必蔓 | | | |
| | | | | | | | | 崇云 | | | | |
| | | | | | | | | 崇螭 | 必澑 | | | |
| | | | | | | | | | 必注 | | | |
| | | | | | | | | 崇圩 | | | | |

| | | | | | | | | | | | | |
|---|---|---|---|---|---|---|---|---|---|---|---|---|
| | | | | | | | | 崇呈 | 必境 | | | |
| | | | | | | | | | 必鉨 | | | |
| | | | | | 儒林郎不怍 | | | | | | | |
| | | | | | 不懈 | | | | | | | |
| | | | | 内殿承制士矼 | 赠宣义郎不惮 | 善能 | 汝璇 | 崇伦 | 必権 | | | |
| | | | | | | | | 崇⿰亻隶 | 必濲 | 良逮 | | |
| | | | | | | | 汝璐 | | | | | |
| | | | | | | | 汝琛 | | | | | |
| | | | | | | | 汝琇 | 崇偻 | 必樌 | | | |
| | | | | | | | | | 必植 | | | |
| | | | | | | | | | 必榞 | 良澺 | | |
| | | | | | | | | | | 良濒 | | |
| | | | | | | | | | | 良淲 | | |
| | | | | | | | | | 必松 | | | |
| | | | | | | | | 崇儦 | 必楝 | | | |

| | | | | | |
|---|---|---|---|---|---|
| | | | 崇例 | | |
| | | | 崇諐 | | |
| | | | | 汝珍 | 善问 |
| 友许 | 良腾 | 必遭 | 崇债 | 汝玑 | |
| | 良腴 | | | | |
| | 良腆 | | | | |
| 友𬣡 | 良朔 | | | | |
| | 良脈 | | | | |
| | 良膝 | | | | |
| | | | 崇裓 | | |
| | | 必恦 | 崇譱 | 汝玠 | 善指 |
| | | 必瀴 | 崇佽 | | |
| | 良锬 | 必速 | 崇溓 | 汝𤩽 | |
| | 良镈 | | | | |
| | | 必悛 | 崇湊 | | |
| | | 必懊 | | | |
| | | 必忖 | | | |

| | | | | | | | | | | | | |
|---|---|---|---|---|---|---|---|---|---|---|---|---|
| | | | 必烁 | 崇楷 | 汝壆 | | | | | | | |
| | | | 必钘 | | | | | | | | | |
| | | | 必钐 | 崇檖 | | | | | | | | |
| | | | 必熙 | | | | | | | | | |
| | | | 必濂 | | | | | | | | | |
| | | | 必泷 | 崇恦 | | | | | | | | |
| | | | | 崇忼 | | | | | | | | |
| | | | | 崇袒 | | | | | | | | |
| | | | 必藏 | 崇麟 | 汝珇 | | | | | | | |
| | | | 必羔 | | | | | | | | | |
| | | | 必浟 | | | | | | | | | |
| | | | 必涼 | | | | | | | | | |
| | | | 必浣 | 崇梧 | 汝塘 | | | | | | | |
| | | | | 崇椅 | | | | | | | | |
| | | | | 崇泥 | | | | | | | | |
| | | | | 崇濂 | | | | | | | | |
| | | | | 崇濦 | | | | | | | | |

| | | | |
|---|---|---|---|
| | 必湑 | 崇崳 | |
| | 必⿰氵向 | 崇峥 | |
| | 必泞 | | |
| | 必渻 | 崇⿰王粤 | |
| | 必涀 | | |
| | 必⿰氵粤 | | |
| | 必澋 | | |
| | 必潍 | 崇嘌 | |
| 良镐 | 必⿰氵禾 | | |
| | 必⿰氵蕙 | 崇嶙 | 汝玡 |
| | 必⿱剔心 | 崇傪 | |
| | 必谞 | | |
| 良摁 | 必访 | 崇佶 | |
| | 必⿰讠甸 | 崇偭 | 汝浪 |
| | | 崇棫 | |
| | 必溍 | 崇栯 | |
| | 必熄 | | |

| | | | | | | | | | | | | |
|---|---|---|---|---|---|---|---|---|---|---|---|---|
| | | | | | | | 汝甕 | 崇锳 | 必栌 | | | |
| | | | | | | | | 崇⿰钅粦 | 必⿰氵过 | | | |
| | | | | | | | | | 必渚 | | | |
| | | | | | | | | 崇镭 | | | | |
| | | | | | | | 汝珊 | 崇⿰亻东 | 必沁 | | | |
| | | | | | | | | | 必⿱宀皿 | | | |
| | | | | | | | | | 必痦 | | | |
| | | | | | | | 汝珷 | | | | | |
| | | | | | | | 汝珒 | 崇伥 | 必褤 | | | |
| | | | | | | | | | 必裣 | | | |
| | | | | | | | | | 必褕 | | | |
| | | | | | | | 汝⿰王乐 | | | | | |
| | | | | | | 善修 | 汝珩 | 崇祕 | 崇谔 | 良仙 | 友清 | |
| | | | | | | | | | | 良僖 | | |
| | | | | | | | | | 必证 | 良⿰亻步 | | |
| | | | | | | | | | 必讲 | 良傛 | | |
| | | | | | | | | | 必谭 | 良備 | | |

| | | | | | |
|---|---|---|---|---|---|
| | 必諿 | | | | |
| 良侩 | 必诩 | | | | |
| | 必节 | 崇盥 | | | |
| | 必异 | 崇枅 | 汝瑕 | | |
| 良实 | 必講 | | | | |
| 良睿 | | | | | |
| 良侍 | 必诵 | | | | |
| | | 崇杓 | 汝璎 | | |
| | 必谟 | 崇校 | | | |
| | 必谫 | | | | |
| | 必䛆 | | | | |
| | | | | 善说 | |
| | | 崇早 | 汝瑁 | 善应 | 不惓 |
| | | | | 善嘉 | |
| | | | | | 秉义郎 |
| | | | | 善诜 | 不愧 |
| | | | | 善时 | |

| | | | | |
|---|---|---|---|---|
| | | | 不憾 | |
| | | | 承信郎 | |
| | 汝辋 | 善佼 | 不□ | |
| 崇敩 | 汝辑 | | | |
| 崇修 | | | | |
| 崇术 | 汝洪 | | | |
| 崇轮 | | | | |
| 崇达 | 汝艦 | | | |
| 崇法 | | | | |
| 崇绍 | | | | |
| | 汝般 | | | |
| | | 善真 | 不愫 | |
| | | | 不怖 | |
| | | | 成功郎 | 修武郎 |
| 崇掌 | 汝琲 | 善綍 | 不那 | 士烛 |
| | 汝珊 | | | |
| | | | 成忠郎 | |

| | | | | |
|---|---|---|---|---|
| | 不刲 | 善禖 | 汝瓃 | 崇衔 |
| | | | | 崇御 |
| | | | 汝嘏 | |
| | | | 汝瀡 | 崇铒 |
| | | | | 崇镵 |
| | | | 汝鐅 | 崇锩 |
| | | | 汝瓙 | 崇锶 |
| | | | | 崇镉 |
| | | | | 崇镤 |
| | | | | 崇镓 |
| | | 善裪 | 汝旰 | |
| | | | 汝暃 | |
| | | | 汝暳 | |
| | | 善裾 | 汝灃 | |
| 成忠郎士操 | 不迷 | 善复 | 汝瑮 | |
| | | | 汝璙 | |

| | | | | | | | | | | | | |
|---|---|---|---|---|---|---|---|---|---|---|---|---|
| | | | | 成忠郎士湨 | | | | | | | | |
| | | | 太子右内率府副率仲嫁 | | | | | | | | | |
| | | | 赠右屯卫大将军大徐建国公、谥懿恭仲企 | 内殿承制士铄 | 宣教郎不矜 | | | | | | | |
| | | | | | 从事郎不伐 | 善弼 | 汝霙 | 崇数 | | | | |
| | | | | 西头供奉官士虑 | 三班奉职不比 | | | | | | | |

| | | | | | | |
|---|---|---|---|---|---|---|
| 不刚 | 善谋 | | | | | |
| | 善胜 | | | | | |
| 赠武节郎不器 | 善忯 | 汝课 | 崇悳 | 必文 | | |
| | | | | 必周 | | |
| | | | | 必勤 | 良昕 | |
| | | | | | 良璝 | |
| | | | | | 良玗 | |
| | | | | | 良瑝 | |
| | | | | | 良诸 | |
| | | | | 必谦 | 良玕 | 友实 |
| | | | | | 良玿 | 友镢 |
| | | | | | 良玫 | |
| | | | | | 良玵 | |
| | | | | | 良珮 | |
| | | | | 必达 | 良琜 | |
| | | | | | 良珖 | |

| | | | | | | | | | | | | |
|---|---|---|---|---|---|---|---|---|---|---|---|---|
| | | | | | | | | | | 良[王囱] | | |
| | | | | | | | 汝趧 | 崇与 | | | | |
| | | | | | | | | 崇[王更] | | | | |
| | | | | | | | 汝悫 | | | | | |
| | | | | | | | 汝豆 | | | | | |
| | | | | | | | 汝呐 | 崇垠 | 必淀 | | | |
| | | | | | | | | | 必鎌 | | | |
| | | | | | | 善序 | | | | | | |
| | | | | | | 善庆 | 汝[艹索] | 崇励 | 必[忄興] | | | |
| | | | | | | | | | 必[火欲] | | | |
| | | | | | | | | 崇壄 | 必[忄式] | 良[亻㥯] | | |
| | | | | | | | | | | 良像 | | |
| | | | | | | | 汝司 | 崇伪 | 必湕 | | | |
| | | | | | | | 汝埙 | 崇[敕心] | | | | |
| | | | | | | | | 崇沵 | | | | |
| | | | | | | | | 崇峄 | | | | |
| | | | | | | | | 崇倯 | 必堁 | | | |

| | | | | | | | | | | | | |
|---|---|---|---|---|---|---|---|---|---|---|---|---|
| | | | | | | 善广 | 汝懕 | 崇申 | 必镓 | | | |
| | | | | | | | | | 必链 | 良珥 | | |
| | | | | | | | | 崇涺 | 必锟 | 良璪 | | |
| | | | | | | | | 崇鬻 | | | | |
| | | | | | | | | 崇鷃 | | | | |
| | | | | | | | 汝伉 | 崇晃 | | | | |
| | | | | | | | | 崇曈 | | | | |
| | | | | | | | | 崇体 | 必瀎 | | | |
| | | | | | | | | 崇赉 | 必玘 | | | |
| | | | | | | | | | 必玞 | | | |
| | | | | | | | | | 必珇 | | | |
| | | | | | | | | | 必琚 | | | |
| | | | | | | | | 崇骊 | 必珋 | | | |
| | | | | | | | | | 必镄 | | | |
| | | | | | | | | | 必镮 | | | |
| | | | | | | | | | 必镃 | | | |
| | | | | | | | | 崇弭 | | | | |

| | | | | | | | | | | | | |
|---|---|---|---|---|---|---|---|---|---|---|---|---|
| | | | | | | | 汝⿱厤心 | | | | | |
| | | | | | | 善冕 | 汝笃 | 崇贯 | 必漱 | | | |
| | | | | | | | | 崇贝 | | | | |
| | | | | | | | | 崇资 | | | | |
| | | | | | 赠太师追封申国公不求 | 善应 | 汝愚 | 崇宪 | 必愿 | 良忞 | 友忠 | |
| | | | | | | | | | 必亶 | 良习 | 友泉 | |
| | | | | | | | | | | 良质 | 友谨 | |
| | | | | | | | | | | 良昌 | 友悊 | |
| | | | | | | | | | | | 友锐 | |
| | | | | | | | | | 必刚 | | | |
| | | | | | | | | | 必益 | 良擀 | | |
| | | | | | | | | 崇范 | 必锐 | 良淑 | | |
| | | | | | | | | | | 良渶 | | |
| | | | | | | | | 崇楷 | 必峻 | 良源 | 友枢 | |

| | | | | | | | | | | | | | | | | |
|---|---|---|---|---|---|---|---|---|---|---|---|---|---|---|---|---|
| | | | | | | 友仪 | 友健 | 友⿰亻口 | 友传 | | | | 友偱 | | | |
| 良□ | 良思 | 良恚 | | | 良⿱殳心 | | | | 良淳 | 良⿰王發 | 良鐩 | 良意 | 良幅 | 良⿰王爾 | 良傚 | |
| | | 必揆 | 必悰 | 必恰 | 必恬 | | | | 必悌 | 必珂 | | | 必晋 | 必佑 | 必同 | 必肃 |
| | | 崇要 | | | | | | | 崇度 | | | | | 崇朴 | | |

| | | | | | | | | | | | | | | | | |
|---|---|---|---|---|---|---|---|---|---|---|---|---|---|---|---|---|
| | | | 良琍 | | 良忌 | 良□ | | 良熹 | 良敷 | | 良慹 | 良攸 | 良备 | 良㤅 | 良心 | 良懃 |
| 必遪 | 必透 | 必𨗨 | 必正 | 必辑 | | 必棠 | 必桶 | | 必撰 | 必抃 | | | | | 必抚 | |
| | | | | | | 崇寔 | | | | | | | | | | |

| | | | |
|---|---|---|---|
| 良恕 | | | |
| 良慧 | 必实 | 崇悫 | |
| | 必憋 | | |
| | 必志 | | |
| 良瀹 | | | |
| 良涫 | | | |
| 良滂 | | | |
| 良淍 | 必瑎 | | |
| 良涓 | | | |
| 良隞 | | | |
| 良璘 | | | |
| 良湑 | 必愈 | | |
| 良澄 | | | |
| 良簀 | 必溥 | | |
| 良墪 | | | |
| 良珒 | 必惠 | 崇尹 | 汝拙 |
| | | 崇潔 | |

| | | | | | | | | | | | | | | | | |
|---|---|---|---|---|---|---|---|---|---|---|---|---|---|---|---|---|
| | 友璋 | 友瑞 | 友琎 | | | | | | | | | | | | | |
| 良[illegible] | 良怱 | | | | 良伸 | 良偞 | | 良伊 | | | | | 良[illegible] | 良辻 | | |
| | 必宜 | | | 必裀 | 必應 | | 必竑 | 必柄 | 必爽 | 必猷 | 必绍 | 必诏 | 必琪 | 必[illegible] | 必琻 | 必淲 |
| | | | | 崇夏 | | | | | | | | 崇焕 | | | | 崇畏 |

| | | | | |
|---|---|---|---|---|
| | | 必瀡 | | |
| | | 必洧 | | |
| 汝鲁 | 崇朴 | 必琅 | 良侁 | |
| | | | 良嵩 | |
| | 崇竩 | 必迨 | 良楹 | |
| | | 必迳 | | |
| | 崇龢 | 必孚 | 良衍 | 友嵮 |
| | | | | 友亮 |
| | | | | 友闻 |
| | | | 良修 | |
| | | | 良穆 | |
| | | | 良衎 | |
| | | 必雅 | 良卫 | 友璋 |
| | | | 良衡 | 友瓌 |
| | | | 良衜 | |
| | 崇徽 | 必琎 | 良栩 | |
| | | | 良栻 | |

| | | | | | | | | | | | | | | | | |
|---|---|---|---|---|---|---|---|---|---|---|---|---|---|---|---|---|
| 良栫 | 良镨 | 良桎 | 良桂 | 良椿 | | | | | | | | | | | | |
| | 必玘 | 必珮 | | 必玙 | 必瑄 | 必仔 | | | | 必禔 | 必倨 | | 必凄 | | | |
| | | | | | | 崇毖 | | | 崇鉴 | 崇镛 | | 崇缙 | 崇纺 | 崇秉 | | 崇阅 |
| | | | | | | 汝纳 | | | 汝靓 | | | 汝徇 | | 汝恭 | | 汝[illegible] |
| | | | | | | | 善思 | 善恩 | 善渊 | | | | | | 善信 | 善沐 |

| | | |
|---|---|---|
| | | 汝穷 |
| | 崇偡 | |
| 必泒 | | |
| 必珢 | | |
| 必璬 | 崇览 | |
| 必琇 | | |
| 必珃 | 崇耦 | |
| 必玻 | 崇藟 | |
| 必琟 | | |
| 必瑭 | | |
| 必珹 | | |
| 必洪 | 崇施 | |
| 必丕 | | |
| 必琼 | | |
| 必琬 | | |
| 必珎 | 崇畅 | 汝芳 |
| 必玞 | 崇晫 | |

| | | | | | |
|---|---|---|---|---|---|
| | | | 汝⿱宀童 | 崇賛 | |
| | | | | 崇柢 | |
| | | | | 崇楢 | |
| | | | 汝镶 | 崇锌 | |
| | | | | 崇堵 | |
| | | | | 崇墇 | |
| | | | | 崇垹 | |
| 武翼郎士焆 | 不扰 | 善寄 | 汝俅 | | |
| | | | 汝仙 | 崇蒠 | 必衜 |
| | | | | | 必衞 |
| | | | | 崇玲 | |
| | | | | 崇徕 | 必遍 |
| | | | | 崇荆 | 必诉 |
| | | | 汝俟 | 崇茹 | 必根 |
| | | | | | 必柯 |
| | | | | 崇藻 | |

| | | | | | | | | | | | | |
|---|---|---|---|---|---|---|---|---|---|---|---|---|
| | | | | | | | | 崇芜 | | | | |
| | | | | | | | | 崇萱 | | | | |
| | | | | | | | 汝巘 | | | | | |
| | | | | | 赠武翼大夫不欺 | 善宽 | | | | | | |
| | | | | | | 善耑 | 汝伦 | 崇璿 | 必讷 | 良沮 | | |
| | | | | | | | | | 必揄 | | | |
| | | | | | | | | 崇璠 | | | | |
| | | | | | | | | 崇瓒 | | | | |
| | | | | | | | | 崇珠 | | | | |
| | | | | | | | | 崇琈 | | | | |
| | | | | | | | | 崇玐 | | | | |
| | | | | | | | 汝侗 | 崇琇 | | | | |
| | | | | | | | | 崇祺 | | | | |
| | | | | | | | | 崇祇 | 必沂 | | | |
| | | | | | | | | | 必渭 | 良址 | | |

| | | | | | | | | | | | | | | | | |
|---|---|---|---|---|---|---|---|---|---|---|---|---|---|---|---|---|
| | | | | | | | | 良⿰王圣 | | | | | | 良⿰王包 | 良瑑 | 良瓈 |
| 必能 | 必遬 | 必⿰土夬 | 必⿰王匍 | 必础 | 必洅 | 必溙 | 必瀻 | 必澤 | | | | | 必沍 | 必瑛 | | 必济 |
| | 崇现 | | 崇璔 | | | 崇⿰王予 | | 崇珩 | 崇琭 | 崇⿰王氏 | 崇祊 | 崇补 | | | | |
| | 汝健 | | | | | | | | 汝儒 | 汝佑 | | | | | | |

| | | | | | | | | | | | | |
|---|---|---|---|---|---|---|---|---|---|---|---|---|
| | | | | | | | | | 必洑 | | | |
| | | | | | | 善宇 | 汝倜 | 崇柯 | 必试 | | | |
| | | | | | | | | | 必诚 | | | |
| | | | | | | | | | 必諙 | | | |
| | | | | | | | | | 必譢 | | | |
| | | | | | | | | | 必𬣙 | | | |
| | | | | | | | 汝儦 | | | | | |
| | | | | | | 善宏 | 汝佺 | 崇杫 | 必賥 | | | |
| | | | | | | | | 崇欚 | | | | |
| | | | | | | | 汝保 | 崇□ | 必沥 | | | |
| | | | | | | | | | 必澾 | | | |
| | | | | | | | | | 必𬇙 | | | |
| | | | | | | | | 崇杼 | 必澴 | | | |
| | | | | | | | | 崇槸 | 必沂 | | | |
| | | | | | | | | | 必澱 | | | |
| | | | | | | | | | 必溹 | | | |
| | | | | | | | 汝俘 | 崇采 | 必𬇹 | | | |

| | | | |
|---|---|---|---|
| | | 崇柷 | 必湋 |
| | | 崇檖 | 必渑 |
| | 汝積 | 崇樘 | 必蓫 |
| | | 崇樽 | 必锠 |
| | | | 必沥 |
| | 汝莅 | 崇金 | |
| | 汝价 | | |
| | 汝儦 | 崇赍 | |
| 善宕 | 汝再 | 崇林 | 必烑 |
| | | 崇相 | 必熬 |
| | | | 必慧 |
| | | 崇梓 | |
| | | 崇樳 | |
| | 汝玥 | 崇栘 | |
| | | 崇樤 | |
| | | 崇㠓 | |
| | 汝位 | 崇槃 | 必膰 |

| | | | | |
|---|---|---|---|---|
| | | | | 必服 |
| | | | | 必膘 |
| | | | | 必肵 |
| | | | 崇檻 | |
| | | | 崇柚 | 必臌 |
| | | | 崇柜 | |
| | | | 崇架 | |
| | | | 崇榽 | |
| | | 汝傕 | | |
| | 善宴 | | | |
| 赠承议郎不溢 | 善僧 | 汝愿 | | |
| | | 汝⿱淮心 | 崇衎 | 必⿺辶兒 |
| | | | | 必佸 |
| | | | | 必倡 |
| | | | 崇毅 | |
| | | | 崇得 | 必径 |

| | | | | | | | | | | | | |
|---|---|---|---|---|---|---|---|---|---|---|---|---|
| | | | | | | | | | 必能 | | | |
| | | | | | | | | 崇钹 | | | | |
| | | | | | | | 汝懋 | | | | | |
| | | | | | | | 汝懃 | 崇汉 | | | | |
| | | | | | | | | 崇枌 | | | | |
| | | | | | | | | 崇俞 | 必煌 | | | |
| | | | | | | | | | 必烳 | | | |
| | | | | | | | | 崇濠 | | | | |
| | | | | | | | 汝愬 | 崇木 | 必绮 | | | |
| | | | | | | | | 崇后 | | | | |
| | | | | | | | | 崇湘 | | | | |
| | | | | | | | 汝慝 | | | | | |
| | | | | | | 善仁 | 汝整 | 崇琚 | | | | |
| | | | | | | | 汝俩 | 崇滈 | | | | |
| | | | | | | | | 崇吕 | 必锵 | | | |
| | | | | | | | | | 必⿰亻员 | | | |
| | | | | | | | | | 必焆 | | | |

| | | | |
|---|---|---|---|
| 必璞 | 崇倢 | 汝顼 | |
| | | 汝珒 | |
| | 崇潪 | 汝郊 | |
| | 崇濯 | | |
| | | | 善能 |
| | | 汝息 | 善时 |
| | | 汝隐 | |
| 必钜 | 崇墀 | 汝懿 | |
| 必禴 | | | |
| 必禟 | | | |
| 必璴 | | | |
| 必淮 | | | |
| | 崇坊 | | |
| | 崇抉 | 汝悠 | |
| | | 汝锜 | 善[illegible] |
| | 崇戳 | 汝[illegible] | |
| | 崇辂 | 汝[illegible] | 善則 |

| | | | | | | | | | | | | | | | | |
|---|---|---|---|---|---|---|---|---|---|---|---|---|---|---|---|---|
| | 崇鉴 | 崇谝 | | 崇塾 | 崇务 | 崇澧 | | 崇褫 | | 崇䛌 | 崇谕 | 崇澼 | | 崇墐 | | |
| 汝秏 | 汝泙 | 汝蔿 | 汝赢 | 汝待 | | | 汝懞 | 汝瓖 | 汝緮 | 汝酧 | 汝遗 | 汝逷 | 汝运 | 汝諀 | 汝馥 | 汝诪 |
| | | | 善璎 | | | | | 善傀 | | | 善𠐊 | | | 善偹 | | |

| | | | | |
|---|---|---|---|---|
| | | | | 汝谫<br>汝壂 |
| | | 不昊<br>不悚<br>不违<br>不佞 | | |
| | 修武郎<br>士誃 | 不固 | 善彬 | |
| | 修武郎<br>士⿺辶詹 | 不⿱隹心 | | |
| | 修武郎<br>士⿰讠皋 | 不殆 | | |
| 彭城侯<br>仲琗 | 右班殿<br>直士卝 | | | |
| | 右班殿<br>直士⿰钅刃 | | | |
| | 左班殿 | | | |

| | | | | | | | | | | | | |
|---|---|---|---|---|---|---|---|---|---|---|---|---|
| | | | | 直士釰 | | | | | | | | |
| | | | | 左班殿直士箫 | | | | | | | | |
| | | | | 赠右朝请大夫士垚 | 从义郎不择 | 善诅 | 汝讙 | | | | | |
| | | | | | | | 汝侈 | 崇育 | 必交 | | | |
| | | | | | | | | | 必面 | | | |
| | | | | | | | | 崇卞 | | | | |
| | | | | | | | | 崇珨 | 必璠 | | | |
| | | | | | | | | | 必徸 | | | |
| | | | | | | | | | 必往 | | | |
| | | | | | | | | 崇璚 | | | | |
| | | | | | | | | 崇衢 | | | | |
| | | | | | | | | 崇辀 | | | | |
| | | | | | | 善誃 | 汝馡 | 崇燸 | | | | |
| | | | | | | | | 崇焕 | | | | |

| | | | |
|---|---|---|---|
| | | | 崇颀 |
| 左承议郎、直祕阁不拙 | 善发 | 汝镶 | 崇斗 |
| | | | 崇肆 |
| | | 汝鉴 | 崇总 |
| | 善羿 | 汝阳 | |
| | | 汝葱 | |
| | | 汝藏 | 崇垌 |
| | | | 崇禖 |
| | | | 崇纕 |
| | | | 崇缤 |
| | | 汝芥 | 崇绡 |
| | | | 崇綨 |
| | | 汝莰 | 崇朋 |
| | 善[氵丽西] | | |
| | 善[雨吝] | 汝惷 | 崇意 |

| | | | |
|---|---|---|---|
| | | | 汝僖 |
| | 修武郎不埮 | 善囩 | 汝⿰王至 |
| | | | 汝⿰王殳 |
| | | 善圁 | 汝㼌 |
| | | | 汝皕 |
| | | | 汝丱 |
| | | | 汝臼 |
| | | | 汝并 |
| | | | 汝譪 |
| | | 善肃 | 汝衍 |
| | | 善贙 | 汝玛 |
| | 修武郎不揽 | 善浒 | 汝浦 |
| | | | 汝湝 |
| | 不拒 | | |
| 忠训郎 | 赠中奉 | | |

| | | | | |
|---|---|---|---|---|
| 士鞮 | 大夫不 | | | |
| | 愚 | 善彦 | 汝孪 | 崇曦 |
| | | | 汝杍 | 崇晛 |
| | | | | 崇昵 |
| | | 善京 | | |
| 保义郎 | | | | |
| 士近 | | | | |
| 承信郎 | | | | |
| 士衮 | 不讷 | | | |
| | 不忞 | 善逿 | 汝付 | |
| | | | 汝濼 | 崇秈 |
| | | | | 崇槵 |
| | | | | 崇䎶 |
| | | 善迿 | 汝湭 | 崇绣 |
| | | | | 崇绸 |
| | | | 汝滌 | |
| | | 善辽 | 汝檻 | |

| | | | | | | | | | | | | |
|---|---|---|---|---|---|---|---|---|---|---|---|---|
| | | | | | | 善迟 | | | | | | |
| | | | | | 不忒 | | | | | | | |
| | | | | | 不恶 | 善远 | 汝儌 | | | | | |
| | | | | | | | 汝淆 | 崇复 | 必橧 | | | |
| | | | | | | | 汝活 | 崇岭 | | | | |
| | | | | | | | | 崇赅 | | | | |
| | | | | | | | | 崇岯 | | | | |
| | | | | | | 善道 | | | | | | |
| | | | | | | 善遒 | | | | | | |
| | | | | | | 善迂 | 汝嵋 | | | | | |
| | | | | | | 善辻 | 汝⿰山豪 | | | | | |
| | | | | | | | 汝⿰山毕 | | | | | |
| | | | | | | | 汝岭 | | | | | |
| | | | 太子右内率府副率仲敏 | | | | | | | | | |

| | | | |
|---|---|---|---|
| 赠右屯卫大将军仲翮 | 右班殿直士秬 | | |
| | 右侍禁士茶 | 不谋 | |
| | | 不虑 | |
| | | 不诚 | |
| | 右班殿直士菲 | | |
| | 右侍禁士琁 | 不华 | 善时 |
| | | 不居 | |
| | | 不窭 | |
| | | 不耀 | 善政 |
| | | | 善敏 |
| | | | 善孜 |
| | 朝奉郎 | 保义郎 | |

| | | | |
|---|---|---|---|
| | | 不耕 | 士镆 |
| | | | 秉义郎 |
| | | 不耘 | 士碑 |
| | | | 忠训郎 |
| | | | 士⿰忄广 |
| | | 承节郎 | 秉义郎 |
| | | 不俍 | 士建 |
| | | | 武经郎 |
| | | 忠训郎 | 士康 |
| | 善⿱与廾 | 不⿰忄蜀 | |
| | 善⿹戋口 | | |
| | | 不懅 | |
| | | 不恅 | |
| | | 保义郎 | |
| 汝栭 | 善浴 | 不⿰忄攸 | |
| 汝椽 | | | |
| | | | 成忠郎 |

| | | | | | | | | | | | | |
|---|---|---|---|---|---|---|---|---|---|---|---|---|
| | | | | 士谏 | | | | | | | | |
| | | | | 士骏 | | | | | | | | |
| | | | 赠左领军仲需 | 左班殿直士奉 | | | | | | | | |
| | | | | 朝请郎士扲 | | | | | | | | |
| | | | | 朝请郎士碣 | 右从政郎不陨 | 善讯 | 汝羿 | 崇芳 | | | | |
| | | | | | | | | 崇菲 | 必檍 | | | |
| | | | | | | | | 崇[illegible] | | | | |
| | | | | | 不瑕 | 善諃 | 汝[illegible] | 崇墌 | | | | |
| | | | | | | | | 崇桂 | | | | |
| | | | | | | | | 崇愔 | | | | |
| | | | | | | | | 崇[illegible] | | | | |
| | | | | | | | 汝侧 | 崇磷 | | | | |
| | | | | | | | 汝宾 | | | | | |

| | | | | | | | | | | | | | | |
|---|---|---|---|---|---|---|---|---|---|---|---|---|---|---|
| | | | | | | | 良潅 | | | | | | | |
| | 必涟 | 必浓 | 必活 | 必溜 | | | 必⿰钅黄 | 必⿰王兹 | 必激 | 必油 | 必泝 | 必濎 | | 必涪 |
| 崇硕 | 崇柏 | | | 崇棶 | 崇俠 | 崇傥 | 崇倞 | 崇⿺辶巳 | 崇⿺辶登 | | 崇⿺辶见 | | | 崇曠 |
| 汝建 | 汝慈 | | | | 汝中 | | | | | | | | 汝愍 | 汝凭 |
| | 善偍 | | | | | | | | | | | | | |
| | 不犯 | | | | | | | | | | | | | |
| | 修武郎士罝 | | | | | | | | | | | | | |
| | 赠左屯卫将军仲珓 | | | | | | | | | | | | | |

| | | | | | | | | | | | | |
|---|---|---|---|---|---|---|---|---|---|---|---|---|
| | | | | | | | 汝浏 | 崇柽 | | | | |
| | | | | | | | | 崇桍 | | | | |
| | | | | | | | | 崇栲 | | | | |
| | | | | | | | | 崇楈 | | | | |
| | | | | | | | 汝恣 | | | | | |
| | | | | | | 善柽 | 汝戆 | | | | | |
| | | | | | | | 汝交 | 崇横 | | | | |
| | | | | 左班殿直士泗 | | | | | | | | |
| | | | 华阴侯仲靡 | 从义郎士堤 | | | | | | | | |
| | | | | 成忠郎士鞘 | | | | | | | | |
| | | | | 武节郎士濑 | 保义郎不诈 | 善显 | 汝琦 | 崇烧 | | | | |
| | | | | | | | 汝钞 | 崇樚 | 必[illegible] | | | |
| | | | | | | 善骁 | 汝恜 | 崇樱 | | | | |

| | | | | | | | | | | | | |
|---|---|---|---|---|---|---|---|---|---|---|---|---|
| | | | | | | | 汝澜 | | | | | |
| | | | | | | | 汝楼 | | | | | |
| | | | | | | | 汝槁 | 崇潚 | | | | |
| | | | | | | | | 崇沃 | | | | |
| | | | | | | | | 崇极 | | | | |
| | | | | | | | | 崇棣 | | | | |
| | | | | | | 善颙 | | | | | | |
| | | | | | 成忠郎 | | | | | | | |
| | | | | | 不辱 | | | | | | | |
| | | | | | 不试 | | | | | | | |
| | | | | | 不诤 | | | | | | | |
| | | | | | 不诬 | | | | | | | |
| | | | | | 从事郎 | | | | | | | |
| | | | | | 不伉 | | | | | | | |
| | | | | | 成忠郎 | | | | | | | |
| | | | | | 不谀 | 善忻 | 汝轨 | | | | | |
| | | | | | | | 汝轳 | | | | | |

| | | | | | | | | | | | | |
|---|---|---|---|---|---|---|---|---|---|---|---|---|
| | | | | | | | 汝铃 | | | | | |
| | | | | | 忠翊郎不解 | | | | | | | |
| | | | 南阳侯仲丞 | 右侍禁士沛 | | | | | | | | |
| | | | | 右班殿直士⿰忄癸 | | | | | | | | |
| | | | | 忠翊郎士⿰契阝 | | | | | | | | |
| | | | | 保义郎士肹 | | | | | | | | |
| | | | | 武翼郎士圚 | 不恠 | 善荂 | 汝算 | 崇劘 | | | | |
| | | | | | | | 汝硍 | 崇尘 | | | | |
| | | | | | | | 汝潘 | | | | | |
| | | | | | 不恂 | 善晛 | | | | | | |
| | | | | | 不⿰忄弱 | 善晊 | 汝镈 | 崇伸 | 必禥 | | | |

| | | | |
|---|---|---|---|
| 必嵒 | 崇钮 | | |
| 必⿰土暴 | | | |
| 必圳 | | | |
| 必⿰土因 | 崇⿰火尼 | | |
| | 崇烨 | 汝⿰钅扁 | 善⿰田非 |
| | 崇⿰阝屯 | 汝⿰钅矣 | |
| | 崇邻 | 汝镛 | |
| | | 汝⿰钅弥 | |
| | 崇⿰阝尧 | | |
| | 崇隊 | 汝鍪 | |
| | | 汝鍴 | |
| | 崇⿰阝星 | | |
| | 崇阧 | | |
| | 崇陏 | | |
| 必⿰木赖 | 崇阳 | | |
| 必裿 | | | |
| 必稀 | 崇陂 | | |

| | | |
|---|---|---|
| 崇籀 | | |
| 崇箤 | 汝铬 | 善晈 |
| | 汝錋 | |
| 崇盎 | 汝铝 | |
| 崇迨 | | |
| 崇磏 | 汝钥 | |
| 崇埽 | | |
| 崇洨 | 汝键 | 善䏲 |
| 崇棖 | 汝铺 | |
| | 汝铫 | |
| 崇橚 | | |
| 崇榛 | 汝镬 | 善昪 |
| | 汝璛 | |
| | 汝镠 | |
| 崇谁 | 汝漠 | |
| | 汝洎 | |
| 崇录 | 汝镓 | |

| | | | | | | | | | | | | |
|---|---|---|---|---|---|---|---|---|---|---|---|---|
| | | | | | | | 汝镬 | | | | | |
| | | | | | | | 汝𬭚 | | | | | |
| | | | | 成忠郎士驵 | | | | | | | | |
| | | | | 成忠郎士杲 | 从义郎不迆 | | | | | | | |
| | | | 博□侯仲央 | 赠武经大夫士沮 | 训武郎不㥘 | 善棠 | 汝逸 | 崇开 | | | | |
| | | | | | | | | 崇[illegible] | 必梃 | 良洁 | | |
| | | | | | | | | | 必采 | 良[illegible] | | |
| | | | | | | | | | | 良墐 | | |
| | | | | | | | | | 必榉 | | | |
| | | | | | | | | 崇闰 | 必槿 | | | |
| | | | | | | | 汝[illegible] | | | | | |
| | | | | | | | 汝辻 | 崇襜 | | | | |
| | | | | | | | | 崇□ | | | | |

| | | | | | | | | | | | | | | | | |
|---|---|---|---|---|---|---|---|---|---|---|---|---|---|---|---|---|
| | | | 良授 | | | | | | | | | | | | | |
| | 必穮 | 必棄 | 必奮 | | | | | | | | | 必确 | 必琄 | | | |
| 崇辻 | | 崇铧 | 崇揀 | 崇湉 | 崇臻 | 崇栈 | 崇槽 | | | | 崇榛 | | 崇栓 | 崇褍 | 崇禆 | 崇裱 |
| 汝僃 | | 汝敷 | 汝向 | 汝肱 | 汝裔 | | 汝迹 | 汝遐 | 汝迓 | 汝逑 | 汝透 | | | | 汝遏 | |
| | | | 善愿 | | 善悊 | | | | | 善秝 | | | | | | |

| | | | |
|---|---|---|---|
| | | | 崇堰 |
| | | | 崇墕 |
| 左朝奉郎不愭 | 善审 | | |
| | 善窦 | 汝僼 | |
| | | 汝俛 | |
| | | 汝倈 | |
| | 善敎 | | |
| 武节郎不忼 | | | |
| 忠翊郎不慒 | 善寀 | | |
| | 善㝖 | | |
| 忠翊郎不恨 | 善儆 | 汝恳 | 崇拟 |
| | | | 崇硪 |
| | | 汝恩 | 崇𥑮 |
| | | | 崇硊 |

| | | | | | | | | | | | | |
|---|---|---|---|---|---|---|---|---|---|---|---|---|
| | | | | | | 善隽 | 汝琾 | 崇褷 | | | | |
| | | | | | 承节郎不慊 | | | | | | | |
| | | | | 右班殿直士钦 | | | | | | | | |
| | | | | 武翼郎夫士澎 | 秉义郎不懦 | 善庆 | 汝迈 | 崇循 | | | | |
| | | | | | | 善仙 | 汝稘 | | | | | |
| | | | | | | 善得 | 汝证 | 崇钦 | | | | |
| | | | | | | | 汝谕 | 崇菖 | | | | |
| | | | | | | | | 崇蕖 | | | | |
| | | | | | | | 汝训 | 崇璲 | 必登 | | | |
| | | | | | | | | | 必第 | | | |
| | | | | | 承信郎不惙 | 善诏 | 汝玞 | | | | | |
| | | | | | | | 汝琊 | | | | | |
| | | | | | | 善诒 | 汝弼 | 崇淮 | | | | |

| | | | | | | | | | | | | |
|---|---|---|---|---|---|---|---|---|---|---|---|---|
| | | | | | 不慠 | | | | | | | |
| | | | 荣州防御使仲节 | 右班殿直士纵 | | | | | | | | |
| | | | | 右班殿直士豪 | | | | | | | | |
| | | | | 修武郎士嗜 | 不诐 | 善憻 | 汝⿰钅隶 | | | | | |
| | | | | | 不谪 | 善焆 | 汝镑 | | | | | |
| | | | | | | | 汝饵 | 崇裙 | | | | |
| | | | | | | | 汝镔 | | | | | |
| | | | | | | 善烨 | 汝⿰氵⿰丨中 | 崇儦 | | | | |
| | | | | 武翼郎士徽 | 不仝 | 善魁 | 汝场 | | | | | |
| | | | | | | | 汝⿰土⿰朋刂 | | | | | |
| | | | | | | | 汝⿰亻胃 | | | | | |
| | | | | | | | 汝僯 | | | | | |

| | | | | | | | | | | | | |
|---|---|---|---|---|---|---|---|---|---|---|---|---|
| | | | | 成忠郎士缵 | | | | | | | | |
| | | 华阴侯宗本 | 冯翊侯仲劝 | 房陵郡公士极 | 训武郎不已 | | | | | | | |
| | | | | 武经郎士珇 | 不危 | | | | | | | |
| | | | | | 忠训郎不尤 | 善庞 | 汝矜 | | | | | |
| | | | | | 不比 | | | | | | | |
| | | | | 左班殿直士悃 | | | | | | | | |
| | | | | 赠武显大夫士槿 | 赠朝议大夫不克 | 善侃 | | | | | | |
| | | | | | | 善伦 | | | | | | |
| | | | | | | 善兴 | 汝颢 | 崇凯 | 必垠 | | | |
| | | | | | | 善迥 | 汝裕 | 崇偊 | | | | |

| | | | | | | | | | | | | | | | | |
|---|---|---|---|---|---|---|---|---|---|---|---|---|---|---|---|---|
| | | | | | | | | | | | | | | | | |
| | | | | | | | | | | | | | | | | |
| | | | | | | | | | | | | | | | | |
| 必蒴 | 必芊 | 必芠 | | | | | | | | | | | | | | |
| 崇谏 | 崇优 | | 崇佐 | 崇访 | 崇诏 | 崇谊 | | | | 崇效 | 崇致 | 崇松 | | | | |
| 汝适 | 汝篪 | | | 汝缉 | | 汝戳 | | | | 汝才 | | 汝教 | | | | |
| | | | | | | | 善僖 | 善遵 | | 善保 | | | | | | |
| | | | | | | | | | 迪功郎不先 | | | | | | | |
| | | | | | | | | | | | | | | | | |
| | | | | | | | | | | | | | 太子右内率府副率仲举 | | | |
| | | | | | | | | | | | | | | | | |
| | | | | | | | | | | | | | | | | |
| | | | | | | | | | | | | | | | | |

| | | | | | | |
|---|---|---|---|---|---|---|
| 房国公、谥孝修仲方 | 武经郎士秦 | 成忠郎不息 | 善抚 | 汝⿱巨心 | 崇锾 | 必汻 |
| | | | | | 崇⿰钅枼 | 必回 |
| | | | | | 崇锠 | |
| | | | | 汝烋 | 崇坰 | 必鑈 |
| | | | | 汝然 | 崇堡 | 必衙 |
| | | | | | | 必街 |
| | | | | | 崇坣 | |
| | | | | | 崇⿰土匋 | |
| | | | | | 崇埨 | |
| | | | | | 崇垐 | |
| 赠左领军卫将军仲翊 | | | | | | |
| 赠左领军卫将军 | 左班殿 | | | | | |

| | | | | | | |
|---|---|---|---|---|---|---|
| | | | | | | |
| | | | | | | |
| | | | | | | |
| | | | | | | |
| | | | | | | |
| | | | | | | |
| | | | | | | 善长 |
| | | | | 三班借职不凄 | 不累 | 修武郎不党 |
| 直士芧 | | | 太子右内率府副率士袭 | 汉东郡公士获 | | |
| 军仲龡 | 赠左屯卫大将军仲隼 | 太子右内率府副率仲傅 | 东平侯仲寻 | | | |
| | | 东阳郡公宗辩 | | | | |
| | | | | | | |
| | | | | | | |

| | | | | | |
|---|---|---|---|---|---|
| | | | | 善师 | |
| | | | | | 从义郎 |
| | | | | | 不溢 |
| | | | | | 忠训郎 |
| | | | | | 不伐 |
| | | | | | 成忠郎 |
| | 必⿺辶己 | 崇萧 | 汝敔 | 善信 | 不朋 |
| 良适 | 必俣 | 崇旻 | | | |
| 良迈 | | | | | |
| | 必邈 | 崇冕 | | | |
| | | 崇庶 | 汝贯 | | |
| 良侔 | 必遇 | 崇康 | | | |
| 良佸 | | | | | |
| | 必逢 | | | | |
| 良⿰王劳 | 必逮 | | | | |
| | 必𫖮 | 崇膺 | | | |
| | 必颛 | | | | |

| | | | |
|---|---|---|---|
| | 崇荫 | 必惮 | 良𪻐 |
| | | | 良瑅 |
| | | 必摅 | 良瑫 |
| | | | 良⿰王曹 |
| | | 必锝 | |
| | 崇庠 | | |
| | 崇庄 | 必浚 | |
| 汝椿 | 崇祀 | | |
| | 崇祥 | | |
| | 崇祽 | 必弨 | 良盛 |
| 汝高 | | | |
| 汝亢 | | | |
| 汝云 | 崇润 | | |
| | 崇濬 | 必隆 | 良埜 |
| | 崇淮 | | |
| | 崇准 | 必捰 | |
| | | 必权 | |

| | | | | | | | | | | | | |
|---|---|---|---|---|---|---|---|---|---|---|---|---|
| | | | | | | | | | 必扶 | 良镈 | | |
| | | | | | 赠中奉大夫不敏 | 善时 | 汝镕 | 崇滂 | 必梾 | 良炳 | 友型 | |
| | | | | | | | | | | | 友逮 | |
| | | | | | | | | | | | 友墉 | |
| | | | | | | | | | | 良焯 | | |
| | | | | | | | | | 必材 | 良炬 | | |
| | | | | | | | | | | 良烇 | | |
| | | | | | | | | | 必桂 | 良熣 | | |
| | | | | | | | | | 必楧 | 良煤 | | |
| | | | | | | | | 崇漻 | 必樟 | | | |
| | | | | | | | | | 必棣 | 良燑 | | |
| | | | | | | | 汝钟 | 崇瀼 | | | | |
| | | | | | | | | 崇涤 | 必檍 | 良燫 | | |
| | | | | | | | | | 必桷 | | | |
| | | | | | | | | | 必柝 | | | |

| | | | | | | | | | | | | |
|---|---|---|---|---|---|---|---|---|---|---|---|---|
| | | | | | | | | | 必檗 | | | |
| | | | | | | | | 崇滋 | 必树 | | | |
| | | | | | | | 汝铼 | 崇涃 | | | | |
| | | | | | | | 汝銢 | 崇泌 | | | | |
| | | | | | | | | 崇浃 | 必槵 | | | |
| | | | | | | | | | 必杬 | | | |
| | | | | | | | | | 必槢 | | | |
| | | | | | | | | 崇洸 | 必𬍤 | | | |
| | | | | | | | | | 必棆 | | | |
| | | | | | | | | | 必樽 | | | |
| | | | | | | | | | 必枹 | | | |
| | | | | | | | | 崇沇 | 必档 | | | |
| | | | | | | | 汝鉴 | 崇溉 | 必杲 | 良煇 | | |
| | | | | | | | | | | 良炜 | | |
| | | | | | | | | | | 良[illegible] | | |
| | | | | | | | | | | 良涜 | | |
| | | | | | | 善晦 | 汝铲 | 崇泶 | 必榘 | 良勋 | | |

| | | | | |
|---|---|---|---|---|
| | 良渫 | | | |
| | 良滴 | 必槩 | 崇注 | 汝镗 |
| | | 必□ | | |
| | | 必楸 | | |
| | | 必榥 | | |
| | | 必栩 | 崇溜 | |
| | | | 崇浦、 | |
| 友坴 | 良灼 | 必杞 | 崇浩 | |
| | | | 崇净 | 汝铨 |
| | 良焕 | | | |
| | 良煠 | 必相 | | |
| | | 必枢 | 崇瀚 | |
| 友⿰土奏 | 良烓 | 必粢 | | |
| | 良烳 | 必筑 | | |
| 友埈 | 良熺 | | | |
| | 良烨 | | | |
| | 良焴 | 必森 | | |

| | | | | | | | | | | | | |
|---|---|---|---|---|---|---|---|---|---|---|---|---|
| | | | | | | | | | | 良奂 | | |
| | | | | | | | | | 必檽 | 良煓 | | |
| | | | | | | | | 崇波 | | | | |
| | | | | | | | 汝铠 | 崇涌 | | | | |
| | | | | | | | | 崇瀜 | | | | |
| | | | | | | | | 崇[illegible] | | | | |
| | | | | | | | | 崇櫐 | | | | |
| | | | | | | | 汝锐 | 崇洢 | 必柜 | 良[illegible] | | |
| | | | | | | | | | | 良焆 | | |
| | | | | | | | | | 必樻 | | | |
| | | | | | | | | 崇泑 | 必栛 | | | |
| | | | | | | 善旷 | 汝铁 | 崇淇 | 必[illegible] | 良[illegible] | | |
| | | | | | | | | | 必椆 | | | |
| | | | | | | | | | 必栊 | 良贾 | | |
| | | | | | | | | 崇洽 | 必根 | | | |
| | | | | | | | 汝铭 | 崇潞 | | | | |
| | | | | | 赠朝议 | | | | | | | |

| | | | | | | | | | | | | |
|---|---|---|---|---|---|---|---|---|---|---|---|---|
| | | | | | 大夫不忮 | 善宁 | | | | | | |
| | | | | | 不欺 | | | | | | | |
| | | | | 华原郡公士陆 | 三班奉职不愧 | | | | | | | |
| | | | | | 忠训郎不惑 | 善履 | 汝城 | 崇唯 | 必琰 | | | |
| | | | | | | | | 崇的 | | | | |
| | | | | | | | | 崇宓 | | | | |
| | | | | | | | | 崇湑 | 必趣 | | | |
| | | | | | | | 汝点 | 崇真 | | | | |
| | | | | | | | | 崇秦 | 必遺 | | | |
| | | | | | | | | | 必迦 | | | |
| | | | | | | | | 崇采 | 必遽 | | | |
| | | | | | | | | | 必送 | | | |
| | | | | | | | | | 必嚧 | 良悕 | | |
| | | | | | | | | | | 良墱 | | |

| | | | | | | |
|---|---|---|---|---|---|---|
| | | | 崇铜 | | | |
| 右班殿直不华 | | | | | | |
| 武翼郎不私 | 善实 | 汝嘉 | | | | |
| | | 汝昺 | 崇顺 | 必仪 | 良棂 | |
| | | | | 必侁 | | |
| | | | 崇艮 | | | |
| | | | 崇说 | 必著 | | |
| | | 汝昷 | 崇董 | 必详 | | |
| | | | 崇衮 | 必瀚 | 良槚 | |
| | | | | | 良楧 | |
| | | | | 必忍 | 良榛 | |
| | 善机 | 汝慭 | 崇熙 | | | |
| | | | 崇恩 | 必求 | 良柖 | 友照 |
| | | | | 必珽 | | |
| | | | | 必瑷 | | |

| | | | | | | | | | | | | | | | | |
|---|---|---|---|---|---|---|---|---|---|---|---|---|---|---|---|---|
| | 必磏 | | 必樯 | 必杭 | 必樬 | 必梘 | | | | | 必梭 | 必梼 | | 必椽 | | |
| | 崇泸 | 崇洧 | | | | 崇灏 | | 崇佣 | 崇巧 | 崇穮 | 崇稃 | 崇洊 | 崇湏 | 崇昽 | 崇彩 | |
| | | 汝缮 | | | | 汝謀 | | | 汝穹 | | | | | | 汝美 | 汝基 |
| 善信 | | | | | | 善瓢 | 善智 | | | | | | | | | |

| | | | | |
|---|---|---|---|---|
| 忠训郎不儇 | 善实 | | | |
| | 善贷 | | | |
| | 善□ | | | |
| | 善文 | | | |
| 不酒 | | | | |
| 不慼 | | | | |
| 忠训郎不厌 | 善琳 | 汝汴 | 崇仞 | 必悆 |
| | | 汝潘 | 崇俥 | |
| | | | 崇偈 | |
| | | 汝浚 | | |
| | | 汝濂 | 崇伲 | |
| | | | 崇俘 | |
| | | | 崇催 | |
| | | 汝溥 | 崇彷 | |
| | | 汝準 | 崇儇 | |

| | | | | | | | | | | | | | | | | |
|---|---|---|---|---|---|---|---|---|---|---|---|---|---|---|---|---|
| | | | | | | 必略 | | | | | | | | | | |
| 崇俯 | | | | 崇俌 | 崇仪 | 崇熓 | | | | | | | | | | |
| 汝淙 | | | | 汝積 | | 汝[illegible] | 汝稞 | | | | | | 汝弢 | | | |
| | | 善教 | 善文 | 善旻 | | | | 善述 | 善道 | 善达 | 善迁 | | 善隆 | 善庆 | 善利 | |
| | 秉义郎不诤 | | | | | | | | | | | 成忠郎不先 | | 不讦 | | |
| | 内殿崇班士纯 | | | | | | | | | | | 内殿承制士[illegible] | | | | 右班殿 |

| | | | | | | | | | | | | |
|---|---|---|---|---|---|---|---|---|---|---|---|---|
| | | | | 直士龤 | | | | | | | | |
| | | | 荣国公、谥敏僖仲缩 | 洋国公士托 | 修武郎不滔 | | | | | | | |
| | | | | | 不蹸 | | | | | | | |
| | | | | | 三班奉职不踰 | | | | | | | |
| | | | | | 赠武德郎不眼 | 善斌 | 汝坦 | 崇左 | 必乃 | | | |
| | | | | | | | 汝谐 | 崇兴 | | | | |
| | | | | | | | | 崇进 | 必捷 | | | |
| | | | | | | | | 崇庆 | 必择 | 良环 | | |
| | | | | | | | | | | 良珀 | | |
| | | | | | | | | | 必擢 | | | |
| | | | | | | | | 崇渥 | 必淳 | 良瑄 | | |
| | | | | | | | | | 必源 | 良俶 | | |
| | | | | | | | | | 必溉 | 良隐 | | |

| | | | | | | | | | | | | | | | | |
|---|---|---|---|---|---|---|---|---|---|---|---|---|---|---|---|---|
| | | | | | | | | | | | | | | | | |
| | | | | | | | 友侣 | | | | | | | | | |
| 良膳 | 良肪 | 良胶 | 良化 | 良儡 | 良[illegible] | 良傅 | 良仁 | | | | | | | | | |
| 必该 | | | 必[illegible] | | | 必价 | | 必畲 | | | | | | | | |
| 崇建 | | | | | | 崇显 | | | 崇倚 | | | | | | | |
| | | | | | | 汝平 | | | | | | | | | | |
| | | | | | | | | | | | | | | | | |
| | | | | | | | | | | | | | | | | |
| | | | | | | | | | | 宣德郎 | 士伴 | 左班殿 | 直士倂 | 右侍禁 | 士春 | 右班殿 |
| | | | | | | | | | | | | | | | | 信国公 |
| | | | | | | | | | | | | | | | | |
| | | | | | | | | | | | | | | | | |
| | | | | | | | | | | | | | | | | |

| | | | | | | | | | | | | |
|---|---|---|---|---|---|---|---|---|---|---|---|---|
| | | | 仲瑝 | 直士阺 | | | | | | | | |
| | | | | 右班殿 | | | | | | | | |
| | | | | 直士冠 | | | | | | | | |
| | | | | 右侍禁 | | | | | | | | |
| | | | | 士泈 | | | | | | | | |
| | | | 荣国公 | | | | | | | | | |
| | | | 谥恭孝 | 左侍禁 | | | | | | | | |
| | | | 仲绒 | 士⿰车悤 | 不长 | | | | | | | |
| | | | | 右班殿 | | | | | | | | |
| | | | | 直士辆 | | | | | | | | |
| | | | | 从义郎 | | | | | | | | |
| | | | | 士⿰车酉 | 不□ | | | | | | | |
| | | | | | 不灭 | | | | | | | |
| | | | | 忠翊郎 | | | | | | | | |
| | | | | 士强 | | | | | | | | |
| | | | | 赠朝请 | | | | | | | | |
| | | | | 大夫士 | 朝请大 | | | | | | | |

| | | | | | | | | | | | | |
|---|---|---|---|---|---|---|---|---|---|---|---|---|
| | | | | 昌 | 夫不忤 | 善徥 | 汝倈 | 崇绷 | | | | |
| | | | | | | | 汝伪 | | | | | |
| | | | | | | 善往 | 汝遗 | 崇荂 | | | | |
| | | | | | | | | 崇萸 | | | | |
| | | | | | | | | 崇莇 | | | | |
| | | | | | | | 汝迺 | 崇訵 | | | | |
| | | | | | | | | 崇詰 | | | | |
| | | | | | | | 汝迦 | 崇鑐 | | | | |
| | | | | | | | 汝迴 | 崇輍 | | | | |
| | | | | | | | | 崇䡇 | | | | |
| | | | | | | | | 崇錋 | | | | |
| | | | | | | | 汝边 | 崇提 | | | | |
| | | | | | | | | 崇捆 | | | | |
| | | | | | | | 汝遄 | 崇鍻 | | | | |
| | | | | | | | 汝迁 | 崇軥 | | | | |
| | | | | | | 善遍 | 汝琴 | 崇鍽 | | | | |
| | | | | | | 善彻 | 汝鋾 | 崇椁 | | | | |

| | | | |
|---|---|---|---|
| 保义郎不愕 | 善循 | 汝渚 | |
| | | 汝浦 | |
| | | 汝沵 | |
| 从事郎不悚 | | | |
| 文林郎不愓 | 善复 | 汝絑 | 崇宦 |
| | | | 崇宴 |
| | 善徥 | 汝绵 | 崇燊 |
| | | | 崇冉 |
| | | 汝线 | 崇膝 |
| | | 汝缉 | 崇缜 |
| | | | 崇胶 |
| | | 汝练 | |
| | | 汝綶 | 崇臆 |
| | | 汝纅 | 崇膠 |

| | | | |
|---|---|---|---|
| | | 保义郎不惧 | |
| | 秉义郎士断 | | |
| | 武翼郎士傈 | 不竭 | |
| | | 不悖 | 善俫 |
| | | | 善俺 |
| | | | 善倧 |
| 襄阳侯仲沂 | 武经郎士榅 | 不违 | |
| | | 不说 | |
| | | 不退 | 善庆 |
| | | | 善修 |

| | | | | | | | | | | | | | | | | |
|---|---|---|---|---|---|---|---|---|---|---|---|---|---|---|---|---|
| | | | | | | | | | | | | | | | | |
| | | | | | | | | | | | | | | | | |
| | | | | | | | | | | | | | | | | |
| | | | | | 必铫 | 必桃 | | 必穪 | 必秼 | 必穔 | | | | | | |
| | | | | | 崇浇 | | 崇裒 | 崇褰 | 崇褼 | 崇蘘 | 崇绀 | | 崇[illegible] | 崇埥 | 崇堳 | 崇[illegible] |
| | | | | | 汝泆 | | | | | | 汝涀 | 汝粟 | 汝桨 | | | |
| | | | 善岘 | 善峙 | | | | | | | | | | | | |
| 不收 | 不括 | 不绝 | | | | | | | | | | | | | | |
| | | | | | | | | | | | | | | | | |
| | | | | | | | | | | | | | | | | |
| | | | | | | | | | | | | | | | | |
| | | | | | | | | | | | | | | | | |

| | | | | | | | | | | | | |
|---|---|---|---|---|---|---|---|---|---|---|---|---|
| | | | | | | | 汝橐 | 崇撩 | | | | |
| | | | | | | | | 崇推 | | | | |
| | | | | | | | 汝曾 | | | | | |
| | | | | | | | 汝俿 | 崇㒟 | | | | |
| | | | | | | | | 崇和 | | | | |
| | | | | | | | | 崇冻 | | | | |
| | | | | | | | | 崇泇 | | | | |
| | | | | | | | 汝郏 | | | | | |
| | | | | 右侍禁士今 | | | | | | | | |
| | | | | 修武郎士㲭 | | | | | | | | |
| | | | | 秉义郎士穚 | | | | | | | | |
| | | | | 左班殿直士稗 | | | | | | | | |

宋史卷二二六

表第一七

# 宗室世系十二

| | | | | | | | | | | | | |
|---|---|---|---|---|---|---|---|---|---|---|---|---|
| | | | 云安侯仲琨 | 右班殿直士玱 | | | | | | | | |
| | | | | 从义郎士牵 | 不湛 | | | | | | | |
| | | | | | 不屈 | | | | | | | |
| | | | | | 不愦 | | | | | | | |
| | | | | | 不择 | 善长 | 汝镳 | | | | | |
| | | | | | | | 汝铃 | 崇珥 | | | | |

| | | | | | | | | | | | | |
|---|---|---|---|---|---|---|---|---|---|---|---|---|
| | | | | | | | | 崇漐 | 必瑀 | | | |
| | | | | | | | 汝镐 | 崇𣟭 | | | | |
| | | | | | | | | 崇沓 | | | | |
| | | | | | | | 汝针 | | | | | |
| | | | | | | | 汝迥 | 崇潽 | | | | |
| | | | | | | 善信 | 汝铸 | 崇浹 | 必𤤊 | | | |
| | | | | | | | | | 必璨 | | | |
| | | | | | | | 汝铣 | 崇瑧 | 必沶 | | | |
| | | | | | | | | | 必瀞 | | | |
| | | | | | | | | | 必濦 | | | |
| | | | | | | | | 崇耗 | 必泻 | | | |
| | | | | 武翼郎士旃 | 保义郎不求 | 善潾 | | | | | | |
| | | | | | | 善化 | 汝垙 | 崇㑛 | | | | |
| | | | | | | | | 崇偬 | | | | |
| | | | | | 成忠郎不佞 | 善澧 | 汝黼 | 崇埴 | 必延 | | | |

| | | | | | | | | | | | | |
|---|---|---|---|---|---|---|---|---|---|---|---|---|
| | | | | | 崇壊 | | | | | | | |
| | | | | | 崇销 | | | | | | | |
| | | | | | | 汝科 | | | | | | |
| | | | | | | 汝烔 | 善沉 | | | | | |
| | | | | | | 汝蕯 | 善淬 | | | | | |
| | | | | | | 汝里 | | | | | | |
| | | | | | | | 善濑 | | | | | |
| | | | | | | | 善添 | 左朝议郎不器 | | | | |
| | | | | | | 汝傚 | 善滢 | 保义郎不佗 | | | | |
| | | | | | | 汝倏 | | | | | | |
| | | | | | | | 善涧 | | | | | |
| | | | | | | | | 不裴 | | | | |
| | | | | | | 汝墐 | 善莅 | 忠训郎不患 | | | | |
| | | | | | | 汝坑 | | | | | | |

| | | | | | | | | | | | | | | | | |
|---|---|---|---|---|---|---|---|---|---|---|---|---|---|---|---|---|
| | 汝暱 | | | | | | | 汝锪 | 汝涂 | 汝[illegible] | | 汝譮 | 汝[illegible] | | 汝[illegible] | 汝赟 |
| | 善[illegible] | | | | | | | | 善浥 | 善溱 | | | 善湍 | | | 善汪 |
| | 不遒 | 忠训郎 | 不竦 | 不通 | | | | | | 不避 | 保义郎 | | 不[illegible] | 保义郎 | | |
| 秉义郎 | 士亢 | 武翼郎 | | 士智 | 从义郎 | 士旒 | 秉义郎 | | | | | | | | | |

| | | | | | | | | | | | | |
|---|---|---|---|---|---|---|---|---|---|---|---|---|
| | | | | 士腴 | 不薄 | 善宁 | 汝服 | | | | | |
| | | | | | | | 汝朊 | 崇畸 | 必玑 | | | |
| | | | | | | | | | 必浙 | | | |
| | | | | | | | | | 必湛 | | | |
| | | | | | | | | 崇[illegible] | | | | |
| | | | | | | | | 崇[illegible] | | | | |
| | | | | | | | | 崇[illegible] | | | | |
| | | | | | 不浊 | | | | | | | |
| | | | | 从义郎士带 | 不犯 | | | | | | | |
| | | | | | 不玘 | | | | | | | |
| | | | | | 不纪 | | | | | | | |
| | | | | | 不记 | | | | | | | |
| | | | 高密郡公仲闿 | 左朝请大夫、直秘阁士珍 | 保义郎不益 | | | | | | | |

| | | |
|---|---|---|
| 保义郎不殒 | | |
| 不谖 | | |
| 赠通直郎不倦 | 善采 | 汝诉 |
| | | 汝讧 |
| | 善提 | 汝婿 |
| | | 汝⿰讠冘 |
| 文林郎不侔 | | |
| 从政郎不倚 | 善稽 | 汝壥 |
| | 善仚 | |
| | 善伐 | |
| | 善崿 | 汝⿰讠戈 |
| | | 汝⿰讠玄 |
| | | 汝⿰讠血 |

| | | | | | | | | | | | | |
|---|---|---|---|---|---|---|---|---|---|---|---|---|
| | | | | 武节郎士璪 | 训武郎不儆 | 善儆 | 汝诇 | | | | | |
| | | | | | | 善挚 | 汝堆 | | | | | |
| | | | | | | | 汝墌 | 崇汯 | | | | |
| | | | | | | | 汝玕 | | | | | |
| | | | | | 训武郎不僖 | 善徽 | 汝稀 | 崇睨 | | | | |
| | | | | | | | 汝䅺 | 崇锞 | | | | |
| | | | | | | 善黼 | | | | | | |
| | | | | | | 善武 | 汝㦃 | 崇仙 | | | | |
| | | | | | | 善战 | | | | | | |
| | | | | | | 善事 | | | | | | |
| | | | | | 不侢 | 善耸 | | | | | | |
| | | | | | | 善象 | 汝铚 | | | | | |
| | | | | | 承节郎不萧 | 善祷 | | | | | | |
| | | | | | | 善程 | | | | | | |

| | | | | | |
|---|---|---|---|---|---|
| 士仡 | 不湎 | | | | |
| 武经郎 | 承节郎 | | | | |
| 士蘨 | 不止 | | | | |
| | 从义郎 | | | | |
| | 不虚 | 善磬 | 汝蕡 | 崇效 | |
| | | | 汝岩 | 崇敌 | 必憿 |
| | | | | | 必臛 |
| | | | | | 必臆 |
| | | | | | 必肿 |
| | | | 汝肯 | | |
| 武经郎 | | | | | |
| 士积 | | | | | |
| 秉义郎 | 武翼郎 | | | | |
| 士鎒 | 不他 | 善洤 | 汝煌 | | |
| | | 善瀚 | 汝爨 | | |
| | | | 汝稿 | 崇奕 | |
| | | | | 崇炅 | |

| | | | | | | | | | | | | |
|---|---|---|---|---|---|---|---|---|---|---|---|---|
| | | | | | | 善淂 | 崇槊 | 崇贾 | | | | |
| | | | | | | | 汝染 | | | | | |
| | | | | | | 善澮 | 汝案 | 崇[illegible] | | | | |
| | | | | | | | | 崇[illegible] | | | | |
| | | | | | | | | 崇魚 | | | | |
| | | | | | | | 汝筑 | | | | | |
| | | | | | | 善浚 | 汝柴 | | | | | |
| | | | | | | | 汝架 | | | | | |
| | | | | | | 善津 | 汝臬 | | | | | |
| | | | | 武经郎士献 | 武节郎不念 | 善迨 | | | | | | |
| | | | | | | 痒逵 | 汝呰 | 崇俸 | | | | |
| | | | | | | 善这 | 汝[illegible] | 崇芌 | | | | |
| | | | | | | | | 崇葭 | | | | |
| | | | | | | | | 崇苌 | | | | |
| | | | | | | | 汝忍 | | | | | |
| | | | | | | | 汝怱 | | | | | |

| | | | |
|---|---|---|---|
| | 汝溱 | | |
| 崇𤩽 | | | |
| 崇琲 | | | |
| 崇珍 | 汝浓 | | |
| | 汝泍 | | |
| | 汝沱 | | |
| 崇璘 | 汝汱 | 善扃 | |
| | 汝渤 | | |
| | 汝涪 | | |
| | 汝汤 | 善寰 | 承奉郎不溢 |
| | 汝粡 | | |
| | 汝精 | 善成 | 朝奉郎不低 |
| | | 善边 | |
| | | 善迭 | |
| | 汝晨 | | |

| | | | | | | | | | | | | |
|---|---|---|---|---|---|---|---|---|---|---|---|---|
| | | | | | 从义郎<br>不云 | 善害 | 汝谔 | | | | | |
| | | | | | | 善憲 | | | | | | |
| | | | | | | 善宇 | | | | | | |
| | | | | | | 善穹 | 汝诊 | | | | | |
| | | | | | | | 汝设 | | | | | |
| | | | | | | | 汝谦 | | | | | |
| | | | | | | 善㝩 | | | | | | |
| | | | | | | 善寂 | | | | | | |
| | | | | | 忠翊郎<br>不鉹 | 善寀 | 汝謰 | 崇槢 | | | | |
| | | | | | 朝请郎<br>不困 | 善宣 | 汝圩 | | | | | |
| | | | | | | | 汝堭 | | | | | |
| | | | | | | 善鍱 | | | | | | |
| | | | | 敦武郎<br>士纰 | 不疑 | | | | | | | |

| | | | | |
|---|---|---|---|---|
| 敦武郎士琛 | 修武郎不傲 | 善郤 | 汝嫝 | |
| | | 善埂 | 汝谍 | |
| | | | 汝昦 | |
| | | 善铧 | | |
| | 忠训郎不侮 | 善泝 | 汝玦 | 崇锋 |
| | | 善滉 | | |
| | 成忠郎不骜 | 善謜 | 汝缘 | |
| | 忠翊郎不负 | 善从 | 汝泮 | 崇磏 |
| | | | 汝沸 | |
| | | 善丛 | 汝璊 | 崇雯 |
| | | | | 崇曦 |
| | | | | 崇桨 |
| | | | 汝瀾 | 崇昭 |

| | | | | | | | | | | | | |
|---|---|---|---|---|---|---|---|---|---|---|---|---|
| | | | | | | | | 崇籍 | | | | |
| | | | | | | | | 崇篪 | | | | |
| | | | | | | | 汝蓋 | 崇枅 | | | | |
| | | | 赠华州观察使仲彀 | 左班殿直士悫 | | | | | | | | |
| | | | | 秉义郎士蒌 | | | | | | | | |
| | | 彭城郡公宗厚 | 右监门率府率仲畋 | | | | | | | | | |
| | | | 开国公仲遣 | 清源侯士宇 | | | | | | | | |
| | | | | | 朝请大夫不同 | 善焯 | | | | | | |
| | | | | | | 善焊 | | | | | | |
| | | | | | | 善炎 | | | | | | |

| | | | | | |
|---|---|---|---|---|---|
| 良璞 | 必熣 | 崇玣 | 汝郑 | 善光 | |
| | | 崇悆 | 汝鞅 | | |
| | 必熺 | 崇晅 | | | |
| | 必逴 | 崇瑢 | | | |
| | 必迒 | 崇姻 | 汝蔺 | | |
| | 必阑 | | | | |
| | 必颜 | | | | |
| | 必蹭 | | | | |
| | 必琙 | | | | |
| | | 崇恤 | | | |
| | | 崇圪 | 汝听 | | |
| | 必份 | 崇嵮 | | | |
| | 必倄 | | | | |
| | 必巫 | 崇苿 | | | |
| | 必壴 | | | | |
| | | 崇墁 | | | |
| | | | | | 儒林郎 |

| | | | | | |
|---|---|---|---|---|---|
| | | | 善炳 | 不害 | |
| | | | 善焕 | | |
| | | | | 左朝请大夫不已 | |
| 崇凄 | | 汝钷 | 善债 | | |
| | | | | 忠翊郎不识 | |
| 崇巨 | | 汝贵 | 善揭 | | |
| | | 汝璁 | | | |
| 崇泺 | | 汝逭 | 善晳 | | |
| 崇锴 | 必沓 | 汝飒 | | | |
| | 必⿱水言 | | | | |
| | 必⿱水儿 | | | | |
| | | | | | 赠朝奉大夫士淝 |
| | | | | 朝奉郎不谀 | |
| | | | | 不荒 | |
| | | | | 左承议 | |

| | | | | |
|---|---|---|---|---|
| 郎不谗 | 善观 | 汝佸 | 崇起 | |
| | | | 崇岊 | |
| | | | 崇苗 | 必莅 |
| | | | | 必溇 |
| | | | | 必潞 |
| | | | 崇峦 | 必沅 |
| | 善游 | 汝仙 | 崇栋 | |
| | | | 崇植 | |
| | | | 崇机 | 必镠 |
| | | | | 必镄 |
| | 善质 | | | |
| 赠中奉大夫不偯 | | | | |
| | 善礼 | | | |
| | 善玘 | 汝逞 | 崇镝 | |
| | | | 崇钥 | 必灌 |
| | | | | 必焴 |

| | | | |
|---|---|---|---|
| | | 崇鑢 | |
| | 汝遭 | | |
| | 汝通 | | |
| | 汝迸 | 崇錌 | 必渟 |
| | 汝欣 | 崇金 | 必杠 |
| | 汝歆 | 崇铃 | |
| | | 崇铪 | |
| | | 崇镖 | 必潇 |
| | 汝歎 | 崇铠 | 必湒 |
| | | 崇钢 | |
| | 汝欢 | 崇鍊 | |
| | | 崇锭 | 必满 |
| | 汝邠 | 崇[illegible] | 必濑 |
| 善霳 | 汝逢 | | |
| | 汝迷 | 崇鋈 | 必点 |
| | | 崇鎏 | |
| | | 崇鉴 | |

| | | | | | | |
|---|---|---|---|---|---|---|
| | | | 汝遷 | 崇钫 | | |
| | | | | 崇钯 | | |
| | | | | 崇错 | 必汸 | |
| | | | | | 必沇 | |
| | | | 汝俙 | 崇锴 | | |
| | | | | 崇锎 | | |
| | | | | 崇鈲 | | |
| | | | 汝逅 | | | |
| | 不碍 | | | | | |
| 武翼郎士洋 | 修武郎不净 | 善迁 | | | | |
| | | 善僮 | 汝偶 | 崇宓 | | |
| | | | | 崇怀 | | |
| | | 善遣 | 汝璎 | | | |
| | | | 汝澎 | | | |
| | | 善逖 | 汝确 | 崇慨 | 必墈 | 良伕 |
| | | | 汝𥖄 | 崇璥 | 必榈 | |

| | | | | | | | | | | | | |
|---|---|---|---|---|---|---|---|---|---|---|---|---|
| | | | | | | | | 崇朊 | | | | |
| | | | | | | | | 崇俵 | 必⿺走侖 | | | |
| | | | | | | | | | 必⿺走亶 | | | |
| | | | | | | 善达 | | | | | | |
| | | | | | | 善迠 | | | | | | |
| | | | | | | 善通 | | | | | | |
| | | | | | 不干 | | | | | | | |
| | | | | | 不呆 | | | | | | | |
| | | | | 武节郎士嶟 | 从义郎不疑 | 善章 | 汝𬘡 | | | | | |
| | | | | | | | 汝邕 | 崇⿰讠纍 | | | | |
| | | | | | | | 汝繄 | 崇讥 | | | | |
| | | | | | | | | 崇⿰讠卞 | | | | |
| | | | | | | | 汝棉 | | | | | |
| | | | | | | | 汝释 | | | | | |
| | | | | | | 善登 | 汝嫛 | 崇埏 | | | | |
| | | | | | | | | 崇⿰山岂 | | | | |

| | | | | |
|---|---|---|---|---|
| 必濮 | 崇璄 | 汝𫍽 | | |
| | 崇徎 | 汝濆 | | |
| | | 汝涌 | | |
| | | | 善体 | |
| | | | | 忠训郎 |
| | | 汝肇 | 善辟 | 不瑕 |
| | | 汝笔 | | |
| | | | | 承节郎 |
| | 崇评 | 汝泌 | 善橞 | 不比 |
| | 崇欢 | | | |
| | 崇谚 | | | |
| | | 汝滉 | | |
| | | 汝滴 | | |
| | | | 善渊 | |
| | 崇岩 | 汝间 | 善訔 | 不铵 |
| | | 汝圭 | | |
| | 崇琨 | 汝谦 | | |

| | | | | | | | | | | | | |
|---|---|---|---|---|---|---|---|---|---|---|---|---|
| | | | | | | 善[illegible] | | | | | | |
| | | | | | 不宪 | 善垩 | | | | | | |
| | | | | | | 善俪 | | | | | | |
| | | | | 赠右朝议大夫士[illegible] | 赠左承议郎不惉 | 善仁 | 汝譓 | 崇规 | 必复 | | | |
| | | | | | | | | | 必晰 | 良潚 | | |
| | | | | | | | | | | 良波 | | |
| | | | | | | | | 崇晊 | 必孜 | 良骥 | | |
| | | | | | | | | | | 良骢 | | |
| | | | | | | | | | | 良骐 | | |
| | | | | | | | | | | 良骢 | | |
| | | | | | | | | | 必宥 | | | |
| | | | | | | | | | 必隽 | | | |
| | | | | | | | | | 必沵 | 良绪 | | |
| | | | | | | | 汝谟 | | | | | |
| | | | | | | | 汝謦 | 崇宾 | 必旼 | | | |

| | | | | | | | | | | | | |
|---|---|---|---|---|---|---|---|---|---|---|---|---|
| | | | | | | | | | 必暾 | | | |
| | | | | | | | | | 必昕 | | | |
| | | | | | | | | 崇赟 | 必普 | 良绅 | | |
| | | | | | | | | | 必旹 | 良纹 | | |
| | | | | | | 善衍 | 汝许 | 崇祢 | 必昱 | 良慈 | | |
| | | | | | | | | | 必昉 | | | |
| | | | | | | | | | 必昞 | | | |
| | | | | | | | | | 必晼 | 良恋 | | |
| | | | | | | | | | | 良愁 | | |
| | | | | | | | | 崇瑛 | 必晧 | | | |
| | | | | | | | | | 必晟 | 良惠 | | |
| | | | | | | | | | | 良惒 | | |
| | | | | | | | | | | 良蕙 | | |
| | | | | | | | | 崇仙 | | | | |
| | | | | | | | | 崇愊 | | | | |
| | | | | | | | | 崇禅 | 必溱 | | | |
| | | | | | | | | | 必渑 | | | |

| | | | | | | | | | | | | |
|---|---|---|---|---|---|---|---|---|---|---|---|---|
| | | | | | | | | | 必漳 | | | |
| | | | | | | | | | 必泛 | | | |
| | | | | | | | | 崇嵩 | | | | |
| | | | | | | 善循 | 汝证 | 崇晔 | 必⿰王余 | | | |
| | | | | | | | | 崇韩 | 必璞 | | | |
| | | | | | | | | | 必⿰王⿱宀果 | 良镰 | | |
| | | | | | | | | | 必瑈 | | | |
| | | | | | | | | 崇⿱龹十 | | | | |
| | | | | | | 善从 | | | | | | |
| | | | | | 承节郎<br>不忩 | 善⿰彳崔 | 汝诰 | 崇颜 | 必眦 | 良⿰饣劳 | | |
| | | | | | | | | | | 良余 | | |
| | | | | | | | | | | 良⿰饣束 | | |
| | | | | | | | | 崇闵 | 必当 | | | |
| | | | | | | | | | 必堂 | 良⿰阝申 | | |
| | | | | | | | | | 必⿱尚是 | | | |
| | | | | | | | | 崇况 | 必侄 | | | |

| | | | | | |
|---|---|---|---|---|---|
| | | | | 必倏 | 良注 |
| | | | | | 良证 |
| | | 汝谓 | 崇武 | 必富 | |
| | | | | 必邻 | |
| | | | | 必陈 | 良球 |
| | | | 崇愈 | 必鄘 | |
| | | | | 必偰 | 良僡 |
| | | | | | 良啬 |
| | | 汝托 | 崇赴 | 必逯 | |
| | | | 崇共 | 必伦 | |
| | | | | 必惆 | |
| | | | 崇弥 | 必迣 | |
| | | 汝讫 | | | |
| 左朝奉<br>不愆 | 善衡 | 汝试 | 崇欢 | 必标 | 良志 |
| | | | | | 良烶 |
| | | | | 必斡 | 良烯 |

| | | | | | |
|---|---|---|---|---|---|
| | 良⿰火旁 | | | | |
| | | 必楫 | | | |
| 友松 | 良⿰火带 | 必采 | 崇泗 | 汝讽 | |
| | | | 崇泳 | | |
| | 良堮 | 必烒 | 崇沄 | | |
| | 良煿 | 必⿰禾㐱 | | | |
| | 良焠 | | | | |
| | | 必榏 | | | |
| | | 必⿱罒果 | | | |
| | 良⿰火定 | 必格 | 崇澻 | | |
| | 良⿰火夜 | | | | |
| | | 必樸 | | | |
| | 良塑 | 必烓 | 崇渝 | 汝诈 | |
| | 良垛 | | | | |
| | | | 崇深 | 汝谭 | 善循 |
| | 良灿 | 必槟 | 崇澣 | | |
| | 良陵 | 必楅 | | | |

| | | | | | | | | | | | | |
|---|---|---|---|---|---|---|---|---|---|---|---|---|
| | | | | | | | | | 必杒 | | | |
| | | | | | | | 汝诱 | | | | | |
| | | | | | | | 汝诎 | 崇瀰 | | | | |
| | | | | | | | | 崇涘 | 必柬 | | | |
| | | | | | | | | | 必录 | | | |
| | | | | | | | | 崇涯 | 必栿 | | | |
| | | | | | | | | | 必樱 | | | |
| | | | | | | | | | 必梲 | | | |
| | | | | | | | | 崇浣 | 必欜 | | | |
| | | | | | | | | | 必相 | | | |
| | | | | | | | | 崇泛 | | | | |
| | | | | | | | | 崇溅 | 必榼 | | | |
| | | | | | | | 汝讥 | 崇減 | 必楪 | 良焕 | | |
| | | | | | | | | | | 良燨 | | |
| | | | | | | | | | 必珄 | | | |
| | | | | | | 赠忠训郎不惠 | 善衎 | 汝谅 | 崇父 | | | |

| | | | | | | | | | | | | | | | | |
|---|---|---|---|---|---|---|---|---|---|---|---|---|---|---|---|---|
| 良熫 | | | | | | | | | | | | | | | | |
| 必枨 | 必蘗 | | | 必椿 | | 必潴 | | 必贾 | | 必垩 | | | 必槏 | 必褐 | 必秘 | |
| 崇浥 | | 崇潢 | 崇濮 | 崇沵 | 崇宽 | 崇趑 | 崇琈 | 崇沰 | 崇泄 | 崇邁 | 崇墣 | 崇焕 | 崇坴 | | | 崇迳 |
| | | | | | 汝纾 | 汝请 | 汝誌 | | | 汝岩 | 汝省 | 汝奉 | | | | |
| | | | | | | 善衔 | | | | 善衔 | | 善衕 | | | | |

| | | | | |
|---|---|---|---|---|
| | | | 汝罕 | |
| | 承节郎不懘 | | | |
| | 承节郎不隐 | | | |
| 武翼郎士卮 | 忠翊郎不譤 | 善濠 | 汝涧 | 崇涞 |
| | | 善灏 | 汝傍 | |
| | | | 汝俸 | 崇律 |
| | | | 汝佖 | |
| | | | 汝佃 | 崇徥 |
| | | | 汝侲 | 崇徾 |
| | | 善茗 | 汝佸 | 崇藢 |
| | | | | 崇徛 |
| | | | 汝份 | |
| | | | 汝偘 | |
| | | 善浩 | | |

| | | | | | | |
|---|---|---|---|---|---|---|
| | | | 善温 | 汝伉 | | |
| | | | | 汝儇 | | |
| | | | 善演 | | | |
| 康国公、 | | | | | | |
| 谥敦恪 | 从义郎 | | | | | |
| 仲傪 | 士棣 | | | | | |
| | 秉义郎 | | | | | |
| | 士岵 | | | | | |
| | 朝请郎 | | | | | |
| | 士桎 | 不砉 | | | | |
| | 承义郎 | 秉义郎 | | | | |
| | 士颖 | 不竭 | 善畏 | 汝衡 | | |
| | | | | 汝衍 | 崇澍 | 必轮 |
| | | 承信郎 | | | | |
| | | 不蔽 | 善忠 | | | |
| | | | 善慧 | 汝福 | | |
| | | | | 汝概 | 崇瓙 | 必穗 |

| | | | | |
|---|---|---|---|---|
| | | | | 必穅 |
| | | | | 必稭 |
| | | | 崇臣 | 必芑 |
| | | | | 必⿰火菐 |
| | | | | 必渤 |
| | | | | 必烽 |
| | | | 崇⿰王步 | 必壇 |
| | | | | 必⿱化土 |
| | | | | 必⿱非土 |
| 不辱 | | | | |
| 承信郎不才 | 善人 | 汝爟 | 崇棚 | |
| | | | 崇校 | |
| | 善也 | 汝燎 | 崇迪 | 必玭 |
| | | | 崇⿺辶止 | 必钫 |
| | 善逢 | | 崇逢 | |
| | | 汝燠 | | |

| | | | | | | | | | | | | | |
|---|---|---|---|---|---|---|---|---|---|---|---|---|---|
| | | | | | | | | | 必凤 | | | | |
| 崇⿰礻同 | 崇滏 | | 崇⿰讠赞 | 崇婧 | 崇⿰讠畾 | 崇⿹𢦏言 | 崇⿰讠夫 | 崇谆 | 崇⿰讠冘 | 崇樸 | | 崇浗 | |
| 汝⿰礻离 | 汝⿰礻亟 | | 汝渤 | | | 汝⿰纟⿱目亏 | 汝墾 | | 汝曩 | 汝⿺辶合 | 汝镉 | 汝银 | 汝⿰木赤 |
| | 善礼 | | 善来 | | | | | | 善⿱至贝 | 善惯 | | 善榉 | |
| | 承节郎不琤 | 承信郎不益 | | | | | | | | 修武郎不媷 | | | |

| | | | | |
|---|---|---|---|---|
| 崇裸 | | | | |
| | 汝袷 | 善玎 | | |
| | 汝裱 | | | |
| 崇朵 | 汝僠 | 善逄 | 秉义郎不妒 | |
| 崇夏 | 汝瑱 | 善锡 | 承节郎不玶 | |
| 崇畐 | | | | |
| | 汝⿰王步 | 善锘 | | |
| | | 善而 | 奉信郎不闇 | |
| | | 善柎 | | |
| 崇渻 | 汝饰 | 善其 | | |
| | 汝⿰钅余 | | | |
| | 汝锌 | | | |
| | | | 不埙 | 敦武郎士祑 |

| | | | | | | | | | | | | |
|---|---|---|---|---|---|---|---|---|---|---|---|---|
| | | | | | 不近 | 善敺 | | | | | | |
| | | | | | | 善敌 | 汝声 | | | | | |
| | | | | | 不亏 | | | | | | | |
| | | | | | 不谄 | | | | | | | |
| | | | | 武翼大夫士褿 | 武经郎不遴 | 善膏 | | | | | | |
| | | | | | | 善稿 | 汝壕 | 崇瞙 | | | | |
| | | | | | | | | 崇䁮 | | | | |
| | | | | | | | | 崇睥 | | | | |
| | | | | | | | | 崇瞑 | | | | |
| | | | | | | | 汝坏 | 崇珍 | | | | |
| | | | | | | 善烹 | 汝鋈 | | | | | |
| | | | | | 不逌 | 善麻 | 汝庎 | 崇昤 | | | | |
| | | | | | | | | 崇眦 | 必弥 | | | |
| | | | | | | | 汝庲 | 崇赫 | | | | |
| | | | | | | | | 崇瞵 | | | | |
| | | | | | | 善廊 | 汝康 | 崇游 | | | | |

| | | | | | | | | | | | | |
|---|---|---|---|---|---|---|---|---|---|---|---|---|
| | | | | | | | | 崇肋 | | | | |
| | | | | | | 善嵘 | | | | | | |
| | | | | | 不迻 | | | | | | | |
| | | | | 秉义郎士税 | | | | | | | | |
| | | | | 忠翊郎士雅 | | | | | | | | |
| | | | | 成忠郎士祼 | 保义郎不逋 | 善委 | | | | | | |
| | | | | | 不退 | | | | | | | |
| | | | 嘉国公、谥修简仲葩 | 赠左通议大夫士玞 | 保义郎不群 | 善浚 | | | | | | |
| | | | | | 训武郎不愱 | 善纪 | | | | | | |
| | | | | | | 善继 | | | | | | |
| | | | | | | 善绎 | 汝宬 | | | | | |

| | | | | | | | | | | | | | | | | |
|---|---|---|---|---|---|---|---|---|---|---|---|---|---|---|---|---|
| | | | 必傺 | | | | | 必瀫 | 必儆 | | 必茵 | | | | | |
| 崇骧 | 崇骕 | 崇骐 | 崇泅 | | | | | 崇原 | | | 崇勘 | | 崇辑 | 崇勳 | | |
| 汝施 | | | 汝俊 | 汝侢 | | | 汝玲 | 汝觋 | | | 汝顺 | 汝但 | 汝旌 | | 汝顾 | 汝助 |
| | | | | | 善纩 | | 善盃 | 善叐 | | | 善聚 | | | | | |
| | | | | | | 忠训郎不佞 | | | | 朝奉大夫不侄 | | | | | | |

| | | | | | | | | | | | | |
|---|---|---|---|---|---|---|---|---|---|---|---|---|
| | | | | | | | 汝觋 | | | | | |
| | | | | | 右文林郎不僝 | 善请 | 汝顷 | | | | | |
| | | | | | | 善歆 | | | | | | |
| | | | | | 不欺 | | | | | | | |
| | | | | 朝散郎士珧 | 迪功郎不悄 | 善戒 | | | | | | |
| | | | | | | 善纠 | 汝荷 | 崇䕻 | 必淧 | | | |
| | | | | | | | | | 必渔 | | | |
| | | | | | | | 汝荐 | 崇熢 | | | | |
| | | | | | | | | 崇爁 | | | | |
| | | | | | | 善选 | | | | | | |
| | | | | 右班殿直士敟 | | | | | | | | |
| | | | | 从义郎士密 | | | | | | | | |
| | | | 崇德军 | | | | | | | | | |

| | | | | | | | | | | | | |
|---|---|---|---|---|---|---|---|---|---|---|---|---|
| | | | 节度使仲涣 | 左朝请大夫士项 | 从义郎不鉹 | 善周 | 汝谿 | | | | | |
| | | | | | | | 汝譞 | 崇邀 | | | | |
| | | | | | | 善每 | | | | | | |
| | | | | | | 善袭 | | | | | | |
| | | | | | 赠中大夫不铫 | 善用 | 汝念 | 崇桶 | | | | |
| | | | | | | | | 崇標 | 必璩 | | | |
| | | | | | | | | 崇枟 | 必律 | | | |
| | | | | | | | 汝蕙 | 崇洎 | | | | |
| | | | | | | | | 崇樟 | 必渥 | | | |
| | | | | | | | | | 必靓 | | | |
| | | | | | | | 汝忪 | 崇浒 | | | | |
| | | | | | | | | 崇栞 | | | | |
| | | | | | | | | 崇桷 | | | | |
| | | | | | | | 汝惼 | 崇采 | | | | |

| | | | | | | | | | | | | | | | | |
|---|---|---|---|---|---|---|---|---|---|---|---|---|---|---|---|---|
| | | | | | | | | | | | | | | | | |
| | | | | | | | | | | | | | | | | |
| | | | | | | | | | | | | | | | | |
| | | | | 必墼 | 必旌 | 必腞 | 必璈 | | 必绒 | 必絯 | | | | | | |
| | | | | 崇横 | | 崇桄 | 崇徽 | | | 崇杇 | 崇棁 | 崇枎 | 崇兰 | 崇芝 | | 崇柚 |
| | 汝恚 | 汝憨 | 汝慺 | | | | 汝悝 | 汝憝 | | | | 汝悊 | | 汝惠 | 汝惃 | |
| | | 善态 | | | | | | | | | | 善著 | | 善宝 | | |
| 不铠 | | | | | | | | | | | | | | | | |
| | | | | | | | | | | | | | | | | |
| | | | | | | | | | | | | | | | | |
| | | | | | | | | | | | | | | | | |
| | | | | | | | | | | | | | | | | |
| | | | | | | | | | | | | | | | | |

| | | | | | | | | | | | | |
|---|---|---|---|---|---|---|---|---|---|---|---|---|
| | | | | 赠光禄大夫士颐 | 保义郎不钝 | | | | | | | |
| | | | | | 武节郎不铠 | 善遵 | 汝侊 | 崇埈 | 必鉴 | | | |
| | | | | | | | | | 必崟 | | | |
| | | | | | | | | 崇埍 | 必釜 | | | |
| | | | | | | | | 崇堈 | | | | |
| | | | | | | | | 崇壏 | | | | |
| | | | | | | | 汝𬤕 | 崇樸 | 必鋽 | | | |
| | | | | | | | 汝𫐐 | | | | | |
| | | | | | | 善迓 | | | | | | |
| | | | | | | 善延 | 汝儲 | 崇栛 | | | | |
| | | | | | | | | 崇横 | | | | |
| | | | | | | | 汝儌 | 崇棱 | | | | |
| | | | | | | | | 崇格 | | | | |
| | | | | | | | | 崇榼 | | | | |
| | | | | | | | 汝俽 | | | | | |

| | | | | | | | | | | | | |
|---|---|---|---|---|---|---|---|---|---|---|---|---|
| | | | | | | 善革 | 汝檬 | 崇梁 | | | | |
| | | | | | | | | 崇枀 | | | | |
| | | | | | 武义大夫不镙 | 善迳 | 汝悊 | | | | | |
| | | | | | | | 汝急 | | | | | |
| | | | | | | | 汝惪 | | | | | |
| | | | | | 不铢 | | | | | | | |
| | | | | | 不镵 | 善逹 | | | | | | |
| | | | | | | 善述 | | | | | | |
| | | | | | | 善进 | | | | | | |
| | | | | | | 善[辶己] | 汝归 | 崇沨 | 必瑫 | | | |
| | | | | | | | 汝偿 | 崇[亻蜀] | | | | |
| | | | | | | | 汝偭 | 崇虒 | | | | |
| | | | | | | | 汝㐷 | 崇柏 | | | | |
| | | | | | | | | 崇椽 | | | | |
| | | | | | | | | 崇椹 | | | | |
| | | | | | | 善邀 | | | | | | |

| | | | | | | | | | | | | |
|---|---|---|---|---|---|---|---|---|---|---|---|---|
| | | | | | | 善迺 | | | | | | |
| | | | | | 右从事郎不钺 | 善邇 | 汝偭 | 崇煤 | | | | |
| | | | | | | 善濋 | 汝昐 | 崇[illegible] | | | | |
| | | | | | | | | 崇逹 | | | | |
| | | | | 赠光禄大夫士赖 | | | | | | | | |
| | | | | 武经郎士顿 | | | | | | | | |
| | | | | 忠翊郎士[illegible] | | | | | | | | |
| | | | 华阴侯仲瓖 | 右班殿直士仑 | | | | | | | | |
| | | | | 忠翊郎士合 | 秉义郎不侮 | 善闺 | 汝甄 | 崇峼 | 必侐 | | | |
| | | | | | | | | | 必苘 | | | |

| | | | | | | | | | | | | |
|---|---|---|---|---|---|---|---|---|---|---|---|---|
| | | | | | | | | 崇崃 | | | | |
| | | | | | | 善旨 | 汝吕 | 崇岑 | 必璯 | | | |
| | | | | | | | | | 必琫 | | | |
| | | | | | | | | | 必珋 | | | |
| | | | | | | | | | 必琯 | | | |
| | | | | | | | | 崇旎 | 必璬 | | | |
| | | | | | | 善傲 | | | | | | |
| | | | | | | 善徽 | 汝遀 | 崇崎 | | | | |
| | | | | | | | 汝怈 | 崇斻 | | | | |
| | | | | 秉义郎<br>士舍 | | | | | | | | |
| | | | | 秉义郎<br>士长 | | | | | | | | |
| | | | | 武翼郎<br>士佥 | 不复 | 善謦 | | | | | | |
| | | | | | | 善诔 | 汝暎 | | | | | |
| | | | | | | | 汝曹 | | | | | |

| | | | | | | | | | | | | | | | | |
|---|---|---|---|---|---|---|---|---|---|---|---|---|---|---|---|---|
| | | | | | | | | | | | | | | | | |
| | | | | | | | | | | | | | | | | |
| | | | | | | | | | | | | | | | | |
| | | | | | | | | | | | | | | | | |
| | | 崇盱 | 崇眗 | 崇曬 | | 崇聚 | 崇裊 | 崇众 | | | | | | | | |
| 汝䁧 | 汝眮 | 汝槮 | | 汝柾 | 汝檀 | 汝镳 | | | 汝铤 | 汝𬭸 | | 汝罔 | 汝珦 | 汝珽 | 汝珢 | 汝璜 |
| | | 善谒 | | | | 善倌 | | | | | 善偓 | 善倭 | 善侪 | | | |
| | | | | | | 不憓 | | | | | | | | | | |
| | | | | | | | | | | | | | | | | |
| | | | | | | | | | | | | | | | | |
| | | | | | | | | | | | | | | | | |
| | | | | | | | | | | | | | | | | |
| | | | | | | | | | | | | | | | | |

| | | | | | | | | | | | | |
|---|---|---|---|---|---|---|---|---|---|---|---|---|
| | | | | | | 善仢 | | | | | | |
| | | | | | | 善佋 | 汝崃 | | | | | |
| | | | | | | 善佽 | | | | | | |
| | 密国公允言 | 祁国公宗说 | 太子右监门率府副率仲岂 | 安陆侯士律 | 太子后内率府副率不渎 | | | | | | | |
| | | | 赠左领军卫将军仲郢 | 太子右监门率府副率士妥 | | | | | | | | |
| | | | | 华阴郡公士冯 | 保武郎不党 | | | | | | | |
| | | | | | 武翼郎不威 | 善珏 | 汝贤 | 崇嶷 | 必俊 | | | |
| | | | | | | | | | 必幸 | | | |
| | | | | | | | | | 必俖 | | | |

| | | | | | |
|---|---|---|---|---|---|
| | 汝节 | | | | |
| 善清 | 汝翼 | 崇矩 | 必先 | 良瑢 | 友晤 |
| | | | 必迲 | 良佐 | 友溠 |
| | | | | | 友澻 |
| | | | | | 友汀 |
| | | | 必世 | 良鉴 | |
| | | 崇寅 | 必昌 | | |
| | | | 必进 | | |
| | | 崇孝 | 必简 | 良瑞 | |
| | | | | 良琦 | |
| | | | | 良⿰王丕 | 友镤 |
| | | | | | 友镇 |
| | | | 必胜 | 良道 | |
| | | | | 良翰 | |
| | | | | 良进 | |
| | | | | 良通 | |
| | | | | 良逵 | |

| | | | | |
|---|---|---|---|---|
| 友许 | 良权 | 必端 | | |
| | 良稷 | 必贵 | | |
| 友徽 | 良昱 | 必用 | 崇龟 | |
| 友儀 | | | | |
| | 良得 | | | |
| 友伟 | 良遂 | | | |
| | 良遡 | | | |
| | 良遇 | | | |
| | | | 崇志 | 汝弼 |
| | | 必尊 | 崇德 | 汝郛 |
| | | 必从 | 崇光 | |
| | 良⿰王岂 | 必利 | | |
| | 良琇 | | | |
| | 良琜 | 必⿰彳由 | | |
| | 良珸 | | | |
| 友濦 | 良琭 | 必固 | 崇美 | |
| 友泌 | | | | |

| | | | | | | | | | | | | |
|---|---|---|---|---|---|---|---|---|---|---|---|---|
| | 友泝 | | | | | | | | | | | |
| | | 良珃 | | | | | | | | | | |
| | | 良璨 | | | | | | | | | | |
| | | | 必隆 | | | | | | | | | |
| | | 良砎 | 必纯 | | | | | | | | | |
| | | 良磁 | | | | | | | | | | |
| | | 良矶 | | | | | | | | | | |
| | | 良赞 | 必咏 | | | | | | | | | |
| | | 良谈 | | | | | | | | | | |
| | | 良诗 | | | | | | | | | | |
| | | | 必叶 | | | | | | | | | |
| | | | 必喻 | | | | | | | | | |
| | | | 必唯 | | | | | | | | | |
| | | | 必聰 | 崇寿 | | | | | | | | |
| | | | 必恕 | | | | | | | | | |
| | | 良泟 | 必宪 | | | | | | | | | |
| | | | | | 汝霖 | 善珍 | | | | | | |

| | | | | | | | | | | | | |
|---|---|---|---|---|---|---|---|---|---|---|---|---|
| | | | | | | | 汝果 | 崇干 | 必峵 | 良钡 | | |
| | | | | | | | | | | 良锋 | | |
| | | | | | | | | | 必峙 | | | |
| | | | | | 右班殿直不罚 | 善国 | 汝喜 | | | | | |
| | | | | | | 善尚 | | | | | | |
| | | | | | | 善通 | 汝革 | 崇亨 | 必申 | 良碛 | | |
| | | | | | | | | | | 良硂 | | |
| | | | | | 右班殿直不危 | | | | | | | |
| | | | | | 右班殿直不惑 | | | | | | | |
| | | | | | 不抑 | | | | | | | |
| | | | | | 不忒 | | | | | | | |
| | | | | | 不愚 | | | | | | | |
| | | | 汝南侯仲轲 | 安陆侯士偞 | 忠翊郎不败 | | | | | | | |

| | | | | | |
|---|---|---|---|---|---|
| 房陵侯士会 | 不倦 | | | | |
| | 赠右屯卫大将军不欺 | | | | |
| | 三班奉职不逸 | | | | |
| | 成忠郎不率 | 善俞 | 汝瑕 | 崇杓 | 必悚 |
| | | | | 崇橓 | 必潩 |
| | | | | | 必灭 |
| | | | | 崇鍉 | |
| 赠右屯卫大将军士诗 | 三班奉职不倾 | | | | |
| | 不伪 | | | | |
| | 不佞 | | | | |
| 高密郡 | 武翼大 | | | | |

| | | | | | | | | | | | | |
|---|---|---|---|---|---|---|---|---|---|---|---|---|
| | | | | 公士奇 | 夫不倚 | | | | | | | |
| | | | | | 武翼郎 | | | | | | | |
| | | | | | 不侈 | 善⿰木寺 | 汝张 | | | | | |
| | | | | | | | 汝邽 | 崇裸 | 必大 | 良昭 | | |
| | | | | | | | | 崇襚 | 必⿰钅匋 | 良浩 | | |
| | | | | | | | | | | 良溓 | | |
| | | | | | | | | 崇⿰衤会 | 必沨 | 良⿰亻胃 | | |
| | | | | | | | 汝弜 | 崇褅 | 必⿰氵施 | 良⿰钅隶 | | |
| | | | | | | | | | 必洇 | 良铎 | | |
| | | | | | 忠训郎 | | | | | | | |
| | | | | | 不倦 | | | | | | | |
| | | | | | 忠训郎 | | | | | | | |
| | | | | | 不僭 | 善刷 | 汝獬 | 崇⿰木产 | | | | |
| | | | | | 承节郎 | | | | | | | |
| | | | | | 不仔 | 善积 | | | | | | |
| | | | | | 不伎 | | | | | | | |
| | | | | | 不俭 | | | | | | | |

| | | | | | | |
|---|---|---|---|---|---|---|
| | 不侮 | | | | | |
| 丹阳侯士賁 | 赠朝请郎不傲 | 善翔 | 汝栎 | 崇琏 | 必润 | |
| | | | | | 必深 | |
| | | | | | 必湘 | |
| | | | | 崇珤 | | |
| | | | | 崇瑄 | 必瀛 | |
| | | | 汝祫 | 崇玚 | 必逮 | 良宷 |
| | | | | | 必迹 | 良钜 |
| | | | | | | 良钦 |
| | | | | | 必逾 | 良銮 |
| | | | | | | 良鉴 |
| | | | | | 必逅 | 良锪 |
| | | | | | | 良鏻 |
| | | | | | 必迨 | |
| | | | | 崇瑚 | 必逮 | 良沶 |
| | | | | | | 良潏 |

| | | | | | | | | | | | | | | | | |
|---|---|---|---|---|---|---|---|---|---|---|---|---|---|---|---|---|
| 良滮 | 良溇 | | | | | | | 良铧 | 良顺 | 良膝 | 良睍 | 良贺 | 良[illegible] | 良[illegible] | | |
| | | 必还 | 必逑 | 必足 | 必籧 | 必止 | 必迒 | 必邃 | | | | | | 必迹 | 必延 | 必迁 |
| | | | 崇理 | | | | | 崇珪 | | | | | | | 崇瑄 | 崇瑧 |

| | | | | | | | | | | | | | | | | |
|---|---|---|---|---|---|---|---|---|---|---|---|---|---|---|---|---|
| | | | | | 友瞦 | 友瞢 | | | | | | | | | | |
| | | | | 良俟 | 良倦 | | 良仆 | 良俪 | 良仓 | 良畬 | | | | | | |
| 必迸 | 必樯 | 必伉 | 必傂 | 必份 | 必洙 | | | | 必涛 | 必洸 | 必涌 | 必汶 | | 必溓 | 必湋 | |
| | | 崇璓 | | 崇璛 | | | | | | | | | 崇瑜 | 崇瑚 | | 崇瓌 |
| | | | | 汝休 | | | | | | | | | | | | |

| | | | | | | | | | | | | | | | | |
|---|---|---|---|---|---|---|---|---|---|---|---|---|---|---|---|---|
| | | | | | | | | | | | | 友僖 | 友杰 | | | |
| 良达 | 良逊 | 良官 | 良伯 | | | 良迪 | | | | | 良佮 | 良宾 | | 良容 | 良遝 | 良亶 |
| 必广 | 必厚 | 必庇 | | 必廉 | 必度 | 必庌 | 必庲 | 必庯 | 必廙 | 必廕 | 必廛 | 必荚 | | | | |
| 崇珙 | 崇瑀 | | | | | | 崇玒 | | | | | 崇玠 | | | | |
| 汝恕 | | | | | | | 汝愸 | | | | | 汝启 | | | | |
| 善彀 | | | | | | | | | | | | | | | | |

| | | | | | | | | | | | | | | | | |
|---|---|---|---|---|---|---|---|---|---|---|---|---|---|---|---|---|
| 良富 | 良宛 | 良宁 | 良⿱宀廷 | 良涌 | 良濔 | 良潜 | | 良寏 | | | | | | 良⿱宀百 | 良宵 | 良旁 |
| 必蓉 | 必莘 | | | 必蘅 | | 必迸 | 必芌 | 必浩 | 必汯 | 必涣 | | | | 必簩 | 必遻 | |
| | | | | 崇璊 | | | | 崇琬 | | | 崇璧 | | 崇苍 | 崇沆 | | |
| | | | | | | | | 汝患 | | | | 汝应 | 汝恚 | 汝忞 | | |
| | | | | | | | | 善聿 | | | | 善珏 | | | | |

| |
|---|
| |
| |
| 良宇　良宝 |
| |
| 崇封 |
| 汝愚 |
| |
| 承节郎不伪　承节郎不伦　西头供奉官不亿　右班殿直不愚　不佸　三班奉职不侵　不伐　儒林郎 |
| |
| |
| |
| |
| |

| | | | | | |
|---|---|---|---|---|---|
| 不佞 | 善庠 | 汝诩 | 崇[illegible] | | |
| | | | 崇证 | 必循 | 良珖 |
| | | | | 必徹 | |
| | | | | 必徽 | 良桨 |
| | | | | 必[illegible] | |
| | | | | 必徯 | 良𫓧 |
| | | | | | 良[illegible] |
| | | | | 必徚 | |
| | | | | 必彶 | 良枘 |
| | | | 崇课 | 必征 | 良注 |
| | | | | 必衡 | |
| | | | | 必衎 | 良通 |
| | | | | | 良洁 |
| | | | 崇护 | 必徕 | 良瑮 |
| | | | | | 良瑑 |
| | | | | | 良瑫 |
| | | | | | 良珉 |

| | | | | | | |
|---|---|---|---|---|---|---|
| | | | | | | 良瑸 |
| | | | | | | 良珈 |
| | | | | | 必徆 | 良涓 |
| | | | 汝谊 | | | |
| | | 善序 | | | | |
| | | 善庇 | | | | |
| | 训武郎不憧 | 善昌 | 汝贤 | 崇谈 | | |
| | | | | 崇赞 | | |
| 太子右监门率府率士领 | 不悚 | | | | | |
| | 不懦 | 善利 | | | | |
| | | 善密 | | | | |
| | 不侨 | 善适 | | | | |
| | | 善询 | | | | |

| | | | | | | | | | | | | |
|---|---|---|---|---|---|---|---|---|---|---|---|---|
| | | | | | | | | | | | | |
| | | | | | | | | | | | | |
| | | | | | | | | | | | | |
| | | | | | 必旸 | | | | 必侨 | 必倜 | 必僐 | 必供 |
| | | | | | 崇绅 | 崇纶 | 崇级 | 崇绖 | 崇缓 | | 崇绘 | |
| | | | | 汝谐 | 汝稌 | | | | | | | |
| 善削 | | | | 善治 | | | | | | | | |
| 不遐 | | | 不倨 | 秉义郎不俗 | | | | | | | | |
| | 右班殿直士廑 | 右班殿直士扶 | 内殿崇班士铢 | | | | | | | | | |
| | | | | | | | | | | | | |
| | | | | | | | | | | | | |
| | | | | | | | | | | | | |

| | | | | | | | | | | | | |
|---|---|---|---|---|---|---|---|---|---|---|---|---|
| | | | | | | | 汝穗 | 崇言 | | | | |
| | | | | | | | | 崇璪 | | | | |
| | | | | | | 善浩 | 汝⿰禾昷 | 崇桠 | 必倩 | | | |
| | | | | | | | | 崇渚 | | | | |
| | | | | | | | | 崇⿰王桼 | | | | |
| | | | | | 秉义郎不侻 | 善能 | 汝鑯 | 崇璲 | | | | |
| | | | | | | 善处 | 汝⿱雨劳 | | | | | |
| | | | | | | 善青 | 汝⿰钅笱 | 崇载 | | | | |
| | | | | 右班殿直士⿱大畾 | | | | | | | | |
| | | | 赠右屯卫大将军仲謇 | 太子右监门率府率士洁 | | | | | | | | |
| | | | | 左领军卫将军 | | | | | | | | |

| | | | | | | | |
|---|---|---|---|---|---|---|---|
| | 士䨼 | 不快 | | | | | |
| 冯翊侯仲讦 | 冯翊侯士年 | 右监门卫大将军、领贵州防御使不矜 | 善闵 | 汝明 | | | |
| | | | | 汝忍 | 崇洐 | 必楠 | |
| | | | | | | 必榉 | |
| | | | | | | 必格 | |
| | | | | | | 必株 | |
| | | | | | | 必楕 | |
| | | | | | 崇瀰 | 必榎 | 良炷 |
| | | | | | 崇注 | | |
| | | | | | 崇澭 | | |
| | | | | 汝冲 | | | |
| | | 右侍卫不惑 | 善问 | 汝钢 | | | |

| | | | | | | |
|---|---|---|---|---|---|---|
| | | | 汝僇 | 崇悀 | | |
| 东平侯士躬 | 修武郎不忒 | 善仁 | 汝慼 | 崇裕 | | |
| | | | | 崇哲 | 必俪 | 良弘 |
| | | | | | | 良溪 |
| | | | 汝遭 | | | |
| | | | 汝[illegible] | 崇艺 | | |
| | | | | 崇业 | 必淬 | |
| | | | | | 必[illegible] | |
| | | | | | 必[illegible] | |
| | | 善修 | | | | |
| | 三班奉职不骄 | | | | | |
| | 三班奉职不[illegible] | | | | | |
| 太子右内率府 | | | | | | |

| | | | | | | | | | | | | |
|---|---|---|---|---|---|---|---|---|---|---|---|---|
| | | | | 副率士可 | 不移 | | | | | | | |
| | | | | 东平侯士棘 | 成忠郎不倦 | 善品 | 汝弻 | 崇钦 | 必沪 | | | |
| | | | | | | | | | 必游 | | | |
| | | | | | | | 汝参 | 崇信 | | | | |
| | | | | | | | 汝奭 | | | | | |
| | | | | | | 善倠 | 汝翼 | | | | | |
| | | | | | 忠训郎不伪 | 善俊 | | | | | | |
| | | | | | 三班奉职不俭 | 善攸 | | | | | | |
| | | | | | 修职郎不伐 | 善弢 | 汝鼐 | 崇周 | 必嘉 | 良暎 | | |
| | | | | | | | | | | 良顪 | 友镈 | |
| | | | | | | | 汝鼒 | 崇璨 | 必瀓 | 良坲 | | |
| | | | | | | | | | | 良淑 | | |

| | | | |
|---|---|---|---|
| | | 必干 | 良墊 |
| | 崇珑 | 必涝 | |
| 汝鼏 | 崇儇 | 必柟 | 良朴 |
| | | | 良枝 |
| | 崇僖 | | |
| | 崇佺 | | |
| 汝鼐 | | | |
| 汝榎 | | | |
| 汝榆 | 崇鄍 | | |
| | 崇郛 | 必汀 | |
| | | 必溢 | |
| | 崇邓 | 必淠 | |
| | | 必𣲗 | |
| | | 必湮 | |
| | | 必测 | |
| | 崇郪 | 必溱 | |
| | | 必泾 | |

| | | | | | | |
|---|---|---|---|---|---|---|
| | | | | | | 良炤 |
| 东阳侯士稹 | 武经大夫不一 | 善炭 | 汝涓 | | | |
| | | | 汝弼 | 崇御 | 必佶 | 良嫌 |
| | | 善晥 | | | | |
| | | | 汝稼 | | | |
| | | | 汝秠 | | | |
| | | 善伴 | 汝秬 | | | |
| | | | 汝稷 | | | |
| | | | 汝稔 | | | |
| | 忠训郎不佞 | 善系 | 汝龢 | 崇洪 | 必琿 | |
| | | | | 崇濅 | 必宋 | |
| | | | 汝因 | 崇灅 | | |
| | 赠武翼郎不傲 | 善俊 | 汝模 | | | |
| | | | | | 必溍 | |

| | | | | | |
|---|---|---|---|---|---|
| | 良灯 | 必条 | | | |
| | 良佟 | 必仟 | | | |
| | | 必仅 | | | |
| | 良椽 | 必俻 | 崇通 | 汝隽 | 善煜 |
| | | 必皓 | | | |
| | | 必岳 | | | |
| | | 必侠 | 崇衕 | | |
| | | | 崇徲 | | |
| | 良晔 | 必诘 | | | |
| | 良晖 | 必诗 | 崇徑 | 汝琅 | |
| | | | 崇偭 | 汝琫 | 善烜 |
| | | | | | 善焯 |
| 友至 | 良炉 | 必欣 | | | |
| | 良燧 | 必纪 | 崇后 | | |
| | 良识 | 必迪 | | | |
| | 良熩 | 必遥 | | | |
| | 良熠 | | | | |

| | | | | | | | | | | | | |
|---|---|---|---|---|---|---|---|---|---|---|---|---|
| | | | | | | 善炳 | 汝现 | 崇垌 | 必镈 | | | |
| | | | | | | | | | 必循 | | | |
| | | | | | | | | 崇惰 | 必綦 | | | |
| | | | | | | | | 崇愃 | | | | |
| | | | | | | | | 崇潩 | 必忼 | | | |
| | | | | | | | 汝玵 | | | | | |
| | | | | | | | 汝璃 | 崇溯 | | | | |
| | | | | | | | | 崇浺 | | | | |
| | | | | | | | | 崇溱 | | | | |
| | | | | | | | 汝骍 | 崇椈 | | | | |
| | | | | | | | | 崇璬 | | | | |
| | | | 开国公仲全 | 奉化侯士隽 | 康州团练使不溢 | 善成 | | | | | | |
| | | | | | | 善辅 | | | | | | |
| | | | | | | 善述 | | | | | | |
| | | | | | | 善端 | | | | | | |

| | | | | | | | |
|---|---|---|---|---|---|---|---|
| | | 善渊 | | | | | |
| | | 善国 | | | | | |
| | | 善弼 | | | | | |
| | 从义郎不惑 | | | | | | |
| | 右班殿直不愚 | | | | | | |
| 东阳侯士琫 | 左侍禁不磷 | 善仁 | 汝正 | 崇德 | | | |
| | | | | 崇功 | | | |
| | | | | 崇讱 | 必欢 | 良海 | 友浤 |
| | | | | | | 良诒 | |
| | | | | | | 良访 | |
| | | | | | 必歆 | 良錝 | |
| | | | | | | 良钞 | |
| | | | | | | 良鏄 | |
| | | | | 崇谊 | 必垓 | 良枢 | |

| | | | |
|---|---|---|---|
| | | 崇奇 | |
| | 必墚 | | |
| 良蕙 | 必垧 | | |
| 良沅 | 必塚 | | |
| | 必域 | 崇亳 | |
| | 必墦 | | |
| | 必塘 | | |
| 良茵 | | | |
| 良茂 | 必壕 | 崇京 | 汝直 |
| | 必埽 | | |
| 良欅 | | | |
| 良杫 | | | |
| 良榆 | 必墿 | | |
| | 必垷 | | |
| 良梭 | | | |
| 良梴 | | | |
| 良榞 | | | |

| | | | | | |
|---|---|---|---|---|---|
| | | 汝忠 | | | |
| | 善修 | | | | |
| | 善休 | | | | |
| | 善仔 | | | | |
| 承节郎不俱 | 善臧 | | | | |
| | 善河 | 汝霰 | 崇道 | 必堇 | |
| | | 汝棣 | | | |
| | | 汝雱 | | | |
| | 善嘉 | | | | |
| 不党 | | | | | |
| 左文林郎不疑 | 善谷 | 汝加 | 崇玩 | 必偶 | |
| | | | 崇赋 | | |
| | | 汝长 | | | |
| | 善从 | 汝彦 | 崇谋 | 必湜 | |
| | | | | 必澈 | 良探 |

良侻
良臬

必大
必靦
必逻
必逦
必蓫
必淔

崇谌
崇[illegible]
崇𫍯
崇謕
崇洙
崇迴

汝蓬
汝迫

善择
善仔

不㤓
不悱
不恧
右班殿直不谄

赠右屯卫大将军士贝
祁州团

| | | | | | | | | | | | | | | | | |
|---|---|---|---|---|---|---|---|---|---|---|---|---|---|---|---|---|
| | | | | | | | 良⿰钅彖 | 良⿰钅帝 | 良铫 | | 良⿰钅颀 | 良销 | 良铒 | | | |
| | | | | | | | 必朴 | | | 必栱 | 必栝 | | | 必濒 | | |
| | | | | | | 崇贵 | 崇老 | | | | | | | | | |
| | | | | | | 汝嘉 | | | | | | | | | 汝能 | 汝翼 |
| | | | | | | 善庄 | | | | | | | | | | |
| 右班殿直不溇 | | 保义郎不为 | | | | 不慊 | | | | | | | | | | |
| 练使士黔 | | | | 西头供奉官士侥 | | | | | | | | | | | | |

| | | | | | | | | | | | | |
|---|---|---|---|---|---|---|---|---|---|---|---|---|
| | | | | | 保义郎不吝 | | | | | | | |
| | | | | 赠武德大夫士遒 | 赠武翼郎不蕴 | 善仪 | | | | | | |
| | | | | | | 善明 | | | | | | |
| | | | | | | 善修 | | | | | | |
| | | | | | | 善仁 | | | | | | |
| | | | | | | 善週 | 汝岑 | | | | | |
| | | | | | | | 汝⿱山从 | | | | | |
| | | | | | | | 汝薛 | | | | | |
| | | | | | | 善遃 | 汝弓 | | | | | |
| | | | | | | 善遣 | 汝⿱艹寿 | 崇橚 | 必⿰土网 | 良滂 | | |
| | | | | | | | | | 必埭 | 良⿰彳覃 | | |
| | | | | | | | | | | 良徽 | | |
| | | | | | | | | | 必⿰禾圭 | | | |
| | | | | | | | | 崇栟 | 必褕 | | | |

| | | | | | | | | | | | | |
|---|---|---|---|---|---|---|---|---|---|---|---|---|
| | | | | | | | | 崇絜 | 必[illegible] | | | |
| | | | | | | | | | 必炅 | | | |
| | | | | | | | | | 必樸 | | | |
| | | | | | | | 汝蓂 | 崇迶 | | | | |
| | | | | | | | | 崇[illegible] | 必埜 | | | |
| | | | | | | | | | 必[illegible] | | | |
| | | | | | | | 汝芝 | | | | | |
| | | | | | | | 汝芸 | 崇悚 | 必騵 | | | |
| | | | | | | | 汝菲 | | | | | |
| | | | | | | | 汝药 | | | | | |
| | | | | | | | 汝薔 | 崇徒 | | | | |
| | | | | | 成忠郎不隐 | 善信 | | | | | | |
| | | | | | | 善一 | 汝璆 | 崇健 | 必劝 | 良造 | | |
| | | | | | | | | | | 良逮 | | |
| | | | | | | | | | 必勋 | | | |
| | | | | | | 善锌 | 汝镫 | | | | | |

| | | | | | | | | | |
|---|---|---|---|---|---|---|---|---|---|
| | | | | 汝钒 | | | | | |
| | | | | 汝银 | | | | | |
| | | | | 汝钺 | 崇琛 | 必懺 | | | |
| | | 不求 | | | | | | | |
| | 承务郎士锐 | 不惓 | | | | | | | |
| | | 不惰 | | | | | | | |
| 右千牛卫将军仲夔 | 太子右监门率府率士荐 | | | | | | | | |
| | 太子右监门率府率士玫 | | | | | | | | |
| | 华阴侯士玣 | 三班奉职不⿰忄罙 | | | | | | | |

| | | | | | |
|---|---|---|---|---|---|
| 修武郎不懦 | 善胜 | | | | |
| | 善应 | | | | |
| | 善益 | 汝范 | 崇谍 | 必迬 | 良⿰火兹 |
| | | | 崇䜣 | 必乃 | 良薡 |
| | | | | | 良萼 |
| | | | | | 良蕧 |
| | | | 崇许 | | |
| | | | 崇订 | 必伕 | |
| | | | 崇⿰讠禾 | 必宪 | |
| | | | | 必家 | |
| | | 汝榛 | 崇谭 | 必钊 | |
| | | | | 必⿰钅柬 | |
| | | | | 必钎 | |
| | | | 崇⿰讠喜 | 必镬 | |
| | | | 崇诊 | 必饰 | |
| | | | 崇诮 | 必鏊 | |

| | | | | | | |
|---|---|---|---|---|---|---|
| | | | 崇诙 | 必诺 | | |
| | | | ⿰讠甫 | | | |
| 武节郎不噪 | 善长 | | | | | |
| | 善渊 | 汝厥 | 崇忘 | 必逭 | 良瓀 | |
| | | 汝勇 | 崇忞 | 必递 | 良钻 | 友傲 |
| | | | | | 良钢 | |
| | | | 崇⿱禾心 | 必⿺辶支 | | |
| | | | | 必逢 | 良锡 | |
| | | | | 必迂 | | |
| | | | 崇⿱匽心 | 必旃 | 良灴 | |
| | | | | | 良⿱敖火 | |
| | | | | 必棈 | | |
| | | | | 必柛 | | |
| | | 汝券 | 崇⿱罒忌 | 必⿰纟京 | | |
| | | | | 必⿺走车 | 良应 | |
| | | | 崇⿱列心 | 必⿺辶瞿 | | |

| | | | | | | | | | | | | | | | |
|---|---|---|---|---|---|---|---|---|---|---|---|---|---|---|---|
| | | | | | | | | | | | | | | | |
| | | | | | | | | | | | | | | | |
| | | | | | | | | | | | | | | | |
| | | 良霙 | 良雯 | 良霄 | 良霈 | | | | | | | | | | |
| 必䞝 | 必偊 | 必偦 | | | | 必鍑 | 必釴 | 必铗 | 必镓 | | 必仰 | 必远 | | | |
| | 崇怟 | | | | | 崇悛 | | | | 崇懽 | 崇缌 | 崇惎 | | 崇蓑 | |
| | 汝勨 | | | | | | | | | | 汝勣 | 汝勤 | | 汝明 | |
| | | | | | | | | | | | | | 善浣 | 善津 | |
| | | | | | | | | | | | | | | | 成忠郎不憯 |
| | | | | | | | | | | | | | | | |
| | | | | | | | | | | | | | | | |
| | | | | | | | | | | | | | | | |
| | | | | | | | | | | | | | | | |

| | | | | | | | | | | | | |
|---|---|---|---|---|---|---|---|---|---|---|---|---|
| | | | | | 成忠郎不悚 | | | | | | | |
| | | | | | 保义郎不怡 | | | | | | | |
| | | | | | 不惭 | | | | | | | |
| | | | 冯翊侯仲旲 | 太子右监门率府率士知 | | | | | | | | |
| | | | | 太子右内率府副率士比 | | | | | | | | |
| | | | | 通议大夫士香 | 赠中大夫不挟 | 善诗 | 汝楫 | 崇心 | 必道 | | | |
| | | | | | | | 汝惪 | 崇钠 | 必[illegible] | | | |
| | | | | | | 善建 | | | | | | |

| | | | | | | | |
|---|---|---|---|---|---|---|---|
| 冯翊侯 | 奉化侯 | 秉义郎 | | | | | |
| | 左班殿直士缝 | 不骄 | | | | | |
| | | 儒林郎不器 | | | | | |
| | | | | | 崇锢 | | |
| | | | | | 崇耑 | 必齐 | |
| | | | | 汝埴 | 崇广 | | |
| | | | | | 崇志 | 必遲 | |
| | | | | 汝亮 | 崇意 | | |
| | | | | | | | 良楠 |
| | | | | | | | 良梓 |
| | | | | | 崇玺 | 必潍 | 良楙 |
| | | | 善详 | 汝闳 | 崇杲 | 必溁 | |
| | | | | | 崇铸 | | |
| | | | | 汝祁 | 崇锓 | 必琣 | |
| | | | 善珒 | 汝靖 | | | |

| | | | | | | | | | | | | |
|---|---|---|---|---|---|---|---|---|---|---|---|---|
| | | | 仲瓘 | 士岑 | 不僭 | 善强 | 汝斌 | 崇坒 | | | | |
| | | | | | | | | 崇塈 | 必冰 | | | |
| | | | | | | | | 崇墀 | | | | |
| | | | | | 不愚 | | | | | | | |
| | | | | | 不弃 | | | | | | | |
| | | | | | 三班奉职不启 | | | | | | | |
| | | | | | 不刚 | 善思 | 汝玫 | 崇瑳 | | | | |
| | | | | | | | | 崇琄 | 必橚 | | | |
| | | | | | | | | 崇慧 | 必槻 | 良錍 | | |
| | | | | | | | | | | 良鈂 | | |
| | | | | | | | | | | 良铅 | | |
| | | | | | | | | | | 良銉 | | |
| | | | | | | | | | 必榗 | 良锽 | | |
| | | | | | | | | | | 良鍝 | | |
| | | | | | | | | 崇志 | 必橼 | | | |
| | | | | | | | | 崇峤 | 必迵 | 良玻 | | |

| | | | | | | | | | | | | |
|---|---|---|---|---|---|---|---|---|---|---|---|---|
| | | | | | | | 汝瑂 | 崇镗 | | | | |
| | | | | | | | | 崇铄 | 必涓 | | | |
| | | | | 右班殿直士鲸 | | | | | | | | |
| | | | | 右班殿直士叆 | | | | | | | | |
| | | | 高密侯仲鞸 | 清源侯士冰 | 西头供奉官不辄 | 善敏 | 汝诏 | 崇古 | 必盛 | | | |
| | | | | | | | | | 必诜 | 良槐 | | |
| | | | | | | | | | | 良椟 | | |
| | | | | | | | | | | 良⿰木聿 | | |
| | | | | | | | | | | 良⿰木路 | | |
| | | | | | | | 汝楫 | 崇裔 | | | | |
| | | | | | | | | 崇缙 | | | | |
| | | | | | 不折 | | | | | | | |
| | | | | | 武翼郎 | | | | | | | |

| | | | | | |
|---|---|---|---|---|---|
| 不轻 | 善敭 | 汝泩 | 崇渊 | | |
| | | | 崇汯 | 必瓌 | 良楀 |
| | | | | | 良栫 |
| | | | 崇汴 | 必古 | 良璁 |
| | | | | | 良琈 |
| | | | | | 良珷 |
| | | | | | 良琫 |
| | | | | | 良玐 |
| | | | | 必炽 | 良珠 |
| | | | | | 良玑 |
| | | | | | 良玔 |
| | | | | | 良琦 |
| | | | | 必熺 | |
| | | | | 必炘 | |
| | | | | 必炳 | 良现 |
| | | | | | 良理 |
| | | | | 必爔 | |

| | | | | | | | | | | | | |
|---|---|---|---|---|---|---|---|---|---|---|---|---|
| | | | | | | | | 崇沂 | 必禧 | | | |
| | | | | | | | | | 必禰 | | | |
| | | | | | | | | 崇汶 | 必仉 | 良梃 | | |
| | | | | | | | | 崇洤 | | | | |
| | | | | | | | | 崇洙 | 必祒 | | | |
| | | | | | | 善致 | | | | | | |
| | | | | | | 善时 | 汝毕 | | | | | |
| | | | | | | | 汝芾 | 崇庆 | 必徹 | | | |
| | | | | | | | | 崇萦 | 必禩 | | | |
| | | | | | | 善政 | | | | | | |
| | | | | | | 善教 | | | | | | |
| | | | | | | 善改 | | | | | | |
| | | | | | 从义郎 | | | | | | | |
| | | | | | 不辍 | | | | | | | |
| | | | | 河内侯 | 朝散郎 | | | | | | | |
| | | | | 士虢 | 不疑 | | | | | | | |
| | | | | | 忠训郎 | | | | | | | |

| | | | | | | | | | | | | |
|---|---|---|---|---|---|---|---|---|---|---|---|---|
| | | | | | 不惑 | | | | | | | |
| | | | | 左武卫大夫士愗 | 武经郎不倦 | 善长 | | | | | | |
| | | | | | | 善安 | 汝雷 | 崇⿺辶草 | 必⿰日夆 | | | |
| | | | | | | | 汝比 | 崇⿰氵煮 | 必⿰日开 | | | |
| | | | | | | | | 崇⿰木将 | 必⿰氵麓 | | | |
| | | | | | | | | | 必⿰氵辞 | | | |
| | | | | | | | | | 必⿰氵蘥 | | | |
| | | | | | | 善实 | | | | | | |
| | | | | | | 善谞 | 汝⿸广惠 | 崇艳 | | | | |
| | | | | | | | 汝愈 | 崇淖 | | | | |
| | | | | | | | | 崇⿰氵息 | | | | |
| | | | | | | | | 崇涂 | 必洘 | | | |
| | | | | | | | | 崇瀨 | | | | |
| | | | | | | | | 崇⿰禾辟 | | | | |
| | | | | | | | | 崇秨 | | | | |

| | | | |
|---|---|---|---|
| | 崇泄 | | |
| | 崇泓 | | |
| 汝恣 | 崇密 | | |
| | 崇沪 | | |
| | 崇[illegible] | | |
| | 崇莅 | | |
| | 崇僂 | | |
| | 崇渟 | | |
| 汝态 | 崇旿 | 必镛 | 良碫 |
| | | | 良浆 |
| | | | 良圣 |
| | 崇昭 | 必镈 | |
| | | 必铲 | |
| | | 必[illegible] | |
| | 崇昱 | 必镦 | |
| | | 履镳 | |
| 汝志 | | | |

| | | | | | | | | | | | | |
|---|---|---|---|---|---|---|---|---|---|---|---|---|
| | | | | | | | 汝[⿱⺮惠] | 崇持 | | | | |
| | | | | | | | 汝[⿱⺮憲] | 崇壸 | | | | |
| | | | | | 保义郎不侮 | 善渊 | | | | | | |
| | | | | | | 善谨 | | | | | | |
| | | | | | | 善文 | | | | | | |
| | | | | | 秉义郎不茹 | | | | | | | |
| | | | | | 成忠郎不愠 | 善同 | | | | | | |
| | | | | | | 善均 | | | | | | |
| | | | | 赠武翼大夫士许 | 文林郎不僭 | 善灵 | | | | | | |
| | | | | | 训武郎不佴 | 善汘 | 汝颉 | 崇洗 | 必坚 | 良镆 | | |
| | | | | | | | | | 必[⿱丕土] | | | |

| | | | | | |
|---|---|---|---|---|---|
| | | | | 必型 | |
| 不伟 | | | | | |
| 赠武翼大夫不佼 | 善汨 | 汝济 | 崇䈣 | 必𤪊 | |
| | | | 崇䈉 | 必璬 | |
| | | | 崇戚 | | |
| | | | 崇琟 | 必球 | |
| | | | | 必璹 | |
| | | | | 必垩 | |
| | | | 崇邑 | | |
| | | 汝显 | 崇俅 | | |
| | | | 崇偰 | 必镒 | |
| | | | | 必怨 | |
| | | | 崇仙 | 必忝 | |
| | | 汝嗛 | 崇個 | 必杶 | 良灸 |
| | 善坉 | 汝效 | | | |

| | | | | | | | | | | | | |
|---|---|---|---|---|---|---|---|---|---|---|---|---|
| | | | | | | | 汝霖 | 崇涟 | 必⿱癶廾 | | | |
| | | | | | 不佾 | | | | | | | |
| | | | | | 赠通直郎不傅 | 善岫 | 汝汴 | 崇扑 | 必⿰王贞 | | | |
| | | | | 承议郎士桴 | 武翼郎不瑕 | 善牲 | | | | | | |
| | | | | | | 善林 | 汝奋 | | | | | |
| | | | | | 从义郎不玷 | | | | | | | |
| | | | | | 不玩 | | | | | | | |
| | | | 河内侯仲谦 | 太子右监门率府率士见 | 不谄 | | | | | | | |
| | | | | 信都侯士奄 | 忠翊郎不傲 | 善冲 | 汝忠 | | | | | |
| | | | | | | | 汝懋 | | | | | |

| | | | | | | | | | | | |
|---|---|---|---|---|---|---|---|---|---|---|---|
| | | | | | 武翼郎不忮 | 善先 | | | | | |
| | | | | | | 善奭 | 汝定 | 崇迓 | | | |
| | | | | | | | 汝官 | 崇迪 | 必升 | 良琨 | |
| | | | | | | | | | | 良[王於] | |
| | | | | | | | | | | 良珢 | |
| | | | | | | | | 崇连 | 必祥 | 良侊 | |
| | | | | | | | | | | 良溪 | |
| | | | | | | | | | 必[衤逢] | | |
| | | | | | | | | 崇迈 | 必袷 | | |
| | | | | | | | 汝寅 | 崇达 | 必裿 | 良玞 | 友橞 |
| | | | | | | | | | | | 友杞 |
| | | | | | | | | | | 良瑎 | |
| | | | | | | | | | | 良珊 | |
| | | | | | | | | | | 良渗 | |
| | | | | | | 善遹 | 汝平 | 崇俊 | | | |
| | | | | | | | | 崇绩 | | | |

必钆

崇泽

汝忻

保义郎不挠
不屈
不鲜
保义郎不弃

右监门率府率仲词
右监门率府率仲禄
右监门率府率仲湍

| | | | | | | | | | | | | |
|---|---|---|---|---|---|---|---|---|---|---|---|---|
| | | | 太子右内率府副率仲乙 | | | | | | | | | |
| | | | 太子右内率府副率仲岩 | | | | | | | | | |
| | | | 太子右内率府副率仲嚭 | | | | | | | | | |
| | | | 博平侯仲璓 | 西头供奉官士礴 | 不宰 | | | | | | | |
| | | | | | 承信郎不占 | | | | | | | |

| | | | | | | | | | | | | |
|---|---|---|---|---|---|---|---|---|---|---|---|---|
| | | | | | 不惑 | | | | | | | |
| | | | | 武德郎士蘋 | 不择 | 善逊 | | | | | | |
| | | | | | | 善得 | 汝采 | 崇廛 | 必镕 | 良濎 | | |
| | | | | | | | | | 必⿰钅番 | | | |
| | | | | | | | | 崇廙 | 必⿰钅只 | | | |
| | | | | | | | | | 必镉 | | | |
| | | | | | | | | 崇序 | 必镞 | | | |
| | | | | | | | | | 必⿰钅畾 | | | |
| | | | | | | | | 崇廉 | | | | |
| | | | | | | | | 崇唐 | 必⿰钅厷 | 良⿰王壘 | | |
| | | | | | | | | | | 良琩 | | |
| | | | | | | | | | | 良瓂 | | |
| | | | | | | | | | | 委珴 | | |
| | | | | | | | 汝抚 | | | | | |
| | | | | | | | 汝搏 | 崇麾 | | | | |
| | | | | | | | 汝⿰扌肘 | | | | | |

| | | | |
|---|---|---|---|
| | | 崇府 | 汝抃 |
| | | 崇庾 | |
| | 必淞 | | |
| | 必傪 | | |
| | 必僙 | | |
| | 必佇 | | |
| 良瀐 | 必偎 | 崇庚 | |
| | | 崇赓 | 汝据 |
| | 必泄 | | |
| | 必瀰 | | |
| | 必浡 | 崇庙 | |
| | 必汶 | 崇庽 | |
| | 必溱 | | |
| | 必澓 | 崇庲 | 汝椽 |
| | 必佪 | | |
| | 必倠 | 崇[illegible] | |
| | | 崇庇 | 汝拗 |

| | | | | | | | | | | | | | | | | |
|---|---|---|---|---|---|---|---|---|---|---|---|---|---|---|---|---|
| 必臚 | 必朊 | 必腆 | 必伻 | 必俾 | 必钢 | 必紃 | 必褠 | | | 必燸 | 必祢 | | | 必鉡 | 必鏚 | |
| | | 崇谥 | | | 崇译 | | 崇席 | 崇尾 | 崇雍 | | 崇庎 | 崇庡 | 崇廦 | | 崇廪 | 崇庞 |
| | | | | | 汝抡 | | 汝措 | | | | 汝推 | | | | 汝梃 | |
| | | | | | 善迈 | | | | | | | | | | | |

| | | | |
|---|---|---|---|
| 必濂 | 崇籎 | | |
| | 崇篯 | | |
| | 崇鼓 | 汝仲 | 善迹 |
| 必緆 | 崇诬 | | |
| 必缩 | 崇諀 | 汝挟 | |
| | | 汝提 | |
| | 崇谒 | | |
| 必琭 | | | |
| 必瓇 | | | |
| 必溪 | | | |
| 必玗 | 崇誯 | | |
| | 崇詯 | | |
| 必玟 | 崇抪 | 汝据 | |
| | 崇𫍲 | | |
| 必溇 | 崇讱 | 汝撄 | |
| | 崇诹 | | |
| | 崇认 | | |

| | | | | |
|---|---|---|---|---|
| | | 汝伐 | 崇岩 | |
| | | | 崇硩 | |
| | | | 崇砌 | |
| | | 汝伥 | 崇仄 | |
| | | 汝优 | | |
| | | 汝御 | 崇碌 | |
| | 善俟 | | | |
| 秉义郎 | | | | |
| 不债 | 善潍 | 汝标 | 崇讹 | |
| | | | 崇铣 | 必柳 |
| | | | 崇玵 | 必复 |
| | | 汝栵 | | |
| | 善源 | 汝栲 | | |
| | | 汝橘 | | |
| | | 汝樲 | 崇闰 | 必鏦 |
| | 善结 | | | |
| 不捄 | | | | |

| | | | | | | | | | | | | |
|---|---|---|---|---|---|---|---|---|---|---|---|---|
| | | | | | 赠奉直大夫不怀 | 善永 | 汝倬 | | | | | |
| | | | | | | | 汝絛 | 崇瞻 | 必缓 | | | |
| | | | | | | | | | 必绪 | | | |
| | | | | | | | 汝备 | 崇筌 | | | | |
| | | | | | | | 汝鬲 | 崇澥 | | | | |
| | | | | | | | 汝隆 | | | | | |
| | | | | | | 善秉 | 汝仕 | 崇樌 | 必科 | | | |
| | | | | | | | | | 必炷 | | | |
| | | | | | | | | 崇揣 | | | | |
| | | | | | | | 汝倍 | 崇枳 | 必哆 | 良坛 | | |
| | | | | | | | | | 必焜 | | | |
| | | | | | | | | 崇楎 | 必煁 | | | |
| | | | | | | | | | 必烟 | | | |
| | | | | | | | | | 必煬 | | | |
| | | | | | | | | | 必𬉼 | | | |

| | | | | | | | | | | | | | | | | |
|---|---|---|---|---|---|---|---|---|---|---|---|---|---|---|---|---|
| | | | | | | | | | | | | | | | | |
| | | | | | | | | | | | | | | | | |
| | | | | | | 良附 | | | | | | | | | | |
| | 必苂 | | | 必慧 | 必悊 | 必意 | 必启 | 必波 | 必澌 | 必泌 | | 必炅 | 必火 | 必膏 | | |
| 崇檏 | 崇橪 | 崇櫑 | | 崇岗 | | | 崇岐 | 崇峛 | | | 崇崑 | 崇岦 | | 崇嵒 | 崇屺 | 崇嵪 |
| | 汝仞 | | 汝傳 | 汝佚 | | | | 汝傚 | | | | | | | 汝便 | |
| | | | | 善福 | | | | | | | | | | | | |
| | | | | | | | | | | | | | | | | |
| | | | | | | | | | | | | | | | | |
| | | | | | | | | | | | | | | | | |
| | | | | | | | | | | | | | | | | |
| | | | | | | | | | | | | | | | | |
| | | | | | | | | | | | | | | | | |

| | | | | | |
|---|---|---|---|---|---|
| | | | | | 崇嵀 |
| | | | 善生 | 汝倡 | 崇椆 |
| | | | | 汝偪 | 崇椅 |
| | | | | | 崇榎 |
| | | | | 汝仇 | |
| 太子右内率府副率仲礌 | | | | | |
| 赠右屯卫大将军仲玕 | 太子右内率府副率士涑 | | | | |
| | 右班殿 | | | | |

| | | | | | | | |
|---|---|---|---|---|---|---|---|
| | 直士瓨 | | | | | | |
| | 右班殿直士勢 | | | | | | |
| | 保义郎士佩 | 不换 | | | | | |
| 赠右领军卫将军仲轸 | | | | | | | |
| 赠右千牛卫大将军仲球 | 武经郎士兖 | 赠武略大夫不溢 | 善僘 | 汝桴 | 崇晖 | 必忎 | 良珇 |
| | | | | | | 必悉 | 良玢 |
| | | | | | | 必慈 | |
| | | | | | 崇瞳 | | |
| | | | | 汝修 | 崇⿰目非 | | |

| | | | | | | | | | | | | |
|---|---|---|---|---|---|---|---|---|---|---|---|---|
| | | | | | | 善时 | 汝潅 | 崇渥 | | | | |
| | | | | | | | | 崇䁐 | 必憃 | | | |
| | | | | | | | | | 必惷 | | | |
| | | | | | | | | | 必[illegible] | | | |
| | | | | | | 善畋 | 汝栩 | 崇[illegible] | | | | |
| | | | | | | | 汝柄 | | | | | |
| | | | | | | 善采 | | | | | | |
| | | | | | | 善澄 | | | | | | |
| | | | 益川侯 | 武经郎 | | | | | | | | |
| | | | 仲堤 | 士渶 | 不驰 | | | | | | | |
| | | | | 忠训郎 | | | | | | | | |
| | | | | 士[illegible] | | | | | | | | |
| | | | | 秉义郎 | | | | | | | | |
| | | | | 士纫 | | | | | | | | |
| | | | | 忠训郎 | | | | | | | | |
| | | | | 士𫄨 | | | | | | | | |
| | | | 赠右屯 | | | | | | | | | |

| | | |
|---|---|---|
| 卫大将军仲肩 | 右班殿直士翺 | |
| | 从义郎士憢 | |
| | 从义郎士禝 | |
| | 从义郎士梁 | |
| | 右班殿直士旐 | |
| | 秉义郎士祲 | |
| 华原侯仲俞 | 内殿崇班士穿 | 不惑 |
| | 武翼郎士忥 | 不愠 |
| | | 承节郎 |

| | | | | | | | | | | | | |
|---|---|---|---|---|---|---|---|---|---|---|---|---|
| | | | | | 不违 | | | | | | | |
| | | | | 赠武德郎士氛 | 修武郎不恤 | 善傁 | 汝炀 | 崇眅 | 必珧 | | | |
| | | | | | | | | | 必环 | | | |
| | | | | | | | | | 必⿰王叕 | | | |
| | | | | | | | | | 必⿰王辟 | | | |
| | | | | | | | | 崇⿰目更 | 必抍 | | | |
| | | | | | | | | | 必梞 | | | |
| | | | | | | | 汝能 | 崇吁 | | | | |
| | | | | | | | | 崇椄 | | | | |
| | | | | | | | | 崇⿰目逮 | | | | |
| | | | | | | | | 崇琓 | | | | |
| | | | | | | 善渊 | 汝珞 | 崇桸 | | | | |
| | | | | | | | | 崇邅 | | | | |
| | | | | | | | | 崇篷 | | | | |
| | | | | | | | 汝诪 | 崇树 | | | | |
| | | | | | | | 汝轪 | | | | | |

| | | | | | | | |
|---|---|---|---|---|---|---|---|
| | 忠翊郎士蒙 | | | | | | |
| 赠武卫大将军仲敉 | 修武郎士柄 | 赠奉议郎不侮 | 善达 | | | | |
| | | | 善迹 | 汝豫 | 崇瑛 | | |
| | | | | | 崇球 | 必夸 | |
| | | | | 汝莘 | 崇琕 | 必谟 | 良迹 |
| | | | | | | 必志 | 良堞 |
| | | | | 汝速 | | | |
| | | | | 汝稽 | | | |
| | | | 善笾 | 汝游 | 崇琨 | | |
| | | | | | 崇玱 | 必逭 | 良翚 |
| | | | | | 崇瑂 | 必跂 | |
| | | | | | 崇璆 | 必桓 | |
| | | | | 汝瀍 | 崇琜 | 必榹 | |
| | | | | | 崇珒 | 必訾 | |

| | | | | | | | | | | | | | | | | |
|---|---|---|---|---|---|---|---|---|---|---|---|---|---|---|---|---|
| | | | | | | | | | 必松 | 必梭 | 必汗 | 必[illegible] | 必汄 | | | |
| 崇溪 | | 崇[illegible] | 崇卷 | 崇缁 | 崇嵋 | 崇惟 | 崇钎 | 崇咏 | 崇峿 | | 崇瓕 | 崇键 | | 崇瑫 | 崇暶 | 崇[illegible] |
| | 汝光 | 汝垠 | | | | 汝俙 | | | 汝岳 | | | 汝力 | | | | |
| | | 善遨 | | | | | | | | | | | | | | |

| | | | | |
|---|---|---|---|---|
| | | 汝坡 | | |
| | 崇将 | 汝登 | 善蓬 | |
| | 崇牖 | | | |
| 必侅 | 崇[illegible] | | | |
| 必[illegible] | | | | |
| | 崇钧 | 汝铖 | 善彬 | 信义郎不伐 |
| 必減 | 崇珧 | | | |
| 必熛 | | | | |
| | 崇珮 | | | |
| | 崇瑊 | | | |
| | 崇[illegible] | 汝丽 | | |
| | 崇沓 | 汝敩 | | |
| | 崇琠 | 汝性 | | |
| 必汴 | 崇瑾 | 汝择 | 善孝 | |
| 必锦 | | | | |
| 必宙 | 崇莹 | 汝搢 | | |

| | | | | | | | | | | | | |
|---|---|---|---|---|---|---|---|---|---|---|---|---|
| | | | | | | | | | 必密 | | | |
| | | | | | | | | | 必寀 | 良盎 | | |
| | | | | | | | 汝招 | 崇澡 | | | | |
| | | | | | | | | 崇淮 | | | | |
| | | | | | | | | 崇洶 | | | | |
| | | | | | | | | 崇漒 | | | | |
| | | | | | | | 汝握 | 崇铲 | | | | |
| | | | | | | | | 崇珜 | 必灆 | | | |
| | | | | | | | | | 必滬 | | | |
| | | | | | | | | | 必泆 | | | |
| | | | | | | | | 崇璬 | 必仗 | | | |
| | | | | | | | | | 必沼 | | | |
| | | | | | | | 汝攄 | 崇墼 | 必桂 | | | |
| | | | | | | | | | 必枚 | | | |
| | | | | | | | | | 必枏 | | | |
| | | | | | 不欺 | | | | | | | |

宋史卷二二七

表第一八

# 宗室世系十三

| | | | | | | | | | | | | |
|---|---|---|---|---|---|---|---|---|---|---|---|---|
| | | 南康郡王、谥纯僖宗立 | 太子右内率府副率仲舒 | | | | | | | | | |
| | | | 安陆侯仲琳 | 武当侯士颗 | 武翼大夫不佞 | | | | | | | |
| | | | | | 赠太中大夫不 | | | | | | | |

| | | | | | | | | | | | | |
|---|---|---|---|---|---|---|---|---|---|---|---|---|
| | | | | | 侮 | 善结 | 汝劼 | 崇⿰讠介 | 必⿱宀公 | | | |
| | | | | | | 善继 | 汝饬 | | | | | |
| | | | | | | | 汝助 | 崇⿰讠尤 | 必⿱大土 | 良樱 | | |
| | | | | | | | | 崇酒 | 必超 | 良俵 | | |
| | | | | | | | | | | 良俸 | | |
| | | | | | | | | 崇暤 | 必名 | | | |
| | | | | | | | | | 必嘤 | | | |
| | | | | | | | | | 必嘕 | 良他 | | |
| | | | | | | | 汝励 | 崇谡 | 必清 | 良蓁 | | |
| | | | | | | | | | 必⿰氵虒 | | | |
| | | | | | | | | | 必沐 | | | |
| | | | | | | | | 崇譬 | | | | |
| | | | | | | | 汝勃 | | | | | |
| | | | | | | | 汝勋 | 崇⿱乃又 | 必复 | | | |
| | | | | | | | 汝勣 | | | | | |
| | | | | | 赠右奉直大夫 | | | | | | | |

| | | | | | |
|---|---|---|---|---|---|
| 不迷 | 善良 | 汝诸 | | | |
| | | 汝说 | | | |
| | | 汝谦 | 崇似 | 必汉 | 良圠 |
| | | | 崇僎 | 必遈 | |
| | | 汝谊 | 崇俌 | 必遏 | 良琬 |
| | | | 崇俨 | 必洵 | 良璲 |
| | | | | | 良玘 |
| | | | | 必遘 | |
| | | | 崇修 | 必汤 | |
| | | | | 必遵 | 良莁 |
| | | 汝言 | 崇价 | 必达 | |
| | | | 崇俣 | | |
| | | | 崇游 | | |
| 武节郎不侑 | 善行 | 汝思 | | | |
| | 善衕 | | | | |
| | 善卫 | | | | |

| | | | | | | |
|---|---|---|---|---|---|---|
| | | 忠训郎不绿 | | | | |
| | | 左班殿直不锐 | 善祚 | 汝瑷 | | |
| 太子右内率府副率仲晼 | | | | | | |
| 福国公仲纂 | 崇国公士昇 | 三班殿直不危 | 善舉 | | | |
| | | 保义郎不偶 | 善泽 | 汝晙 | 崇正 | |
| | | | | 汝旸 | 崇偂 | 必邋 |
| | | | | | | 必迦 |
| | | | | | | 必遡 |
| | | | | | 崇但 | |
| | 普宁郡 | 右班殿 | | | | |

| | | | | | | | | | | | | |
|---|---|---|---|---|---|---|---|---|---|---|---|---|
| | | | | 公士稔 | 直不骞 | | | | | | | |
| | | | | | 不偃 | | | | | | | |
| | | | | | 修武郎 | | | | | | | |
| | | | | | 不他 | 善缄 | 汝璪 | 崇祼 | | | | |
| | | | | | | | | 崇禯 | | | | |
| | | | | | | 善纪 | 汝栯 | 崇基 | | | | |
| | | | | | | | | 崇景 | | | | |
| | | | | | | | 汝聑 | 崇温 | 必倓 | | | |
| | | | | | | | | 崇誉 | 必𬣙 | | | |
| | | | | | | | | 崇赍 | | | | |
| | | | | | | | | 崇旹 | | | | |
| | | | | | | | 汝翼 | 崇辩 | 必橝 | | | |
| | | | | 左侍禁 | 三班奉 | | | | | | | |
| | | | | 士除 | 职不愚 | | | | | | | |
| | | | | | 赠武显 | | | | | | | |
| | | | | | 郎不抑 | 善修 | | | | | | |
| | | | | | | 善仅 | 汝贯 | 崇孩 | | | | |

| | | | | |
|---|---|---|---|---|
| | 善弼 | 崇昞 | 必樻 | |
| | | | 必楠 | |
| 善博 | 汝晣 | 崇濼 | | |
| | | 崇淐 | 必熙 | 良但 |
| | | | | 良偰 |
| | | | 必櫔 | 良仙 |
| | | | | 良傒 |
| | | | 必栈 | |
| | | 崇滨 | 必优 | |
| | | | 必⿰亻臽 | |
| | | 崇洄 | 必栲 | |
| | | | 必栋 | 良⿰王隶 |
| | | | 必梴 | 良瑁 |
| | | 崇□ | 必淙 | |
| | | | 必浦 | |
| | 汝旼 | 崇珦 | 必遈 | 良全 |
| | | | | 良似 |

| | | | | |
|---|---|---|---|---|
| | 良似 | 必濰 | 崇杰 | |
| | | | 崇琢 | |
| 友直 | 良坺 | 必丞 | 崇漯 | 汝普 |
| | 良坦 | | | |
| | 良浚 | | | |
| | 良深 | 必熊 | | |
| | | 必芝 | 崇源 | |
| | 良琲 | 必藏 | | |
| | 良环 | | | |
| | | | 崇潢 | |
| | 良瓘 | 必棋 | 崇浤 | |
| | | 必横 | | |
| | | 必杈 | | |
| | | | 崇琦 | 汝镨 |
| | | 必柣 | 崇玑 | |
| | | | 崇瑅 | |
| | | | 崇珍 | 汝晏 |

| | | | | |
|---|---|---|---|---|
| | | 崇瓌 | | |
| | 汝睍 | 崇灏 | 必栱 | 良伃 |
| | | | | 良作 |
| | | | 必淏 | |
| | | | 必授 | |
| | | | 必拂 | |
| | 汝钰 | 崇渫 | 必煮 | |
| | | 崇滮 | | |
| 善时 | | | | |
| 善仁 | 汝曦 | 崇逥 | 必澄 | 良僎 |
| | | | | 良倅 |
| | | | | 良傚 |
| | | | 必泾 | 良偋 |
| | | | 必授 | |
| | | 崇迷 | | |
| | | 崇𨑒 | | |
| 善信 | 汝镗 | 崇袖 | | |

| | | | |
| --- | --- | --- | --- |
| | 崇椅 | 必廉 | 良徲 |
| | | | 良徊 |
| | | | 良⿰彳英 |
| | 崇祎 | | |
| | 崇周 | 必诣 | |
| | | 必诶 | 良彷 |
| | 崇翊 | 必评 | |
| | 崇欑 | | |
| 汝畬 | 崇垛 | 必镀 | |
| | | 必铁 | |
| | 崇壕 | | |
| | 崇墦 | 必兮 | |
| | 崇⿰土逹 | 必⿰氵冬 | |
| | | 必淍 | |
| | | 必澋 | |
| 汝洙 | 崇祴 | 必梓 | 良瑨 |
| | | | 良⿰钅秦 |

| | | | | | | | |
|---|---|---|---|---|---|---|---|
| | | | | | | | 良辂 |
| | | | | 汝迷 | | | |
| | | | | 汝惪 | 崇澄 | 必烽 | |
| | | | | | | 必焃 | |
| | | | | | | 必变 | |
| | | | | | | 必焌 | |
| | 右班殿直士书 | | | | | | |
| 汉国公仲来 | 彭城侯士俔 | 赠右千牛卫大将军、追封魏国公不侻 | | | | | |
| | | 赠武翼郎不争 | 善策 | | | | |
| | | | 善鲁 | 汝久 | | | |
| | | | 善闻 | | | | |

| | | | | | | | | | | | | | | | | |
|---|---|---|---|---|---|---|---|---|---|---|---|---|---|---|---|---|
| | | | | | | | | | | | | | | | | |
| | 友璇 | 友墐 | | | | | | | | | | | | | | |
| 良镳 | 良镨 | | | | | 良璁 | 良⿰王厶 | | | | 良澴 | | | | | |
| 必瀍 | | | 必浪 | 必涣 | 必炜 | 必⿰火青 | | 必⿰氵华 | 必熠 | | 必镆 | 必锜 | 必机 | 必栦 | | |
| 崇⿱木心 | | | | 崇⿱占心 | | | | | | 崇若 | 崇⿱出心 | | | | | |
| 汝亦 | | | | | | | | | | | | | | | | |
| 善泗 | | | | | | | | | | | | | | | 善信 | 善道 |
| | | | | | | | | | | | | | | | | |
| | | | | | | | | | | | | | | | | |
| | | | | | | | | | | | | | | | | |
| | | | | | | | | | | | | | | | | |
| | | | | | | | | | | | | | | | | |
| | | | | | | | | | | | | | | | | |

| | | | | | | |
|---|---|---|---|---|---|---|
| | | 善瑶 | 汝倣 | 崇湜 | 必桧 | |
| | | | 汝儆 | | | |
| | | | 汝仅 | 崇旺 | 必譯 | 良泓 |
| | | | 汝倜 | | | |
| | | | 汝佳 | 崇槢 | 必俫 | |
| | | | | 崇櫻 | | |
| | 武翼郎不怀 | | | | | |
| | 承节郎不柔 | 善富 | | | | |
| | 不吝 | | | | | |
| | 承节郎不侮 | | | | | |
| | 不俅 | | | | | |
| 赠金紫光禄大夫士扦 | 训武郎不矜 | 善辅 | 汝直 | 崇训 | 必康 | 良湄 |

| | | | | | | | | | | | | |
|---|---|---|---|---|---|---|---|---|---|---|---|---|
| | | | | | | | | | | 良瑧 | | |
| | | | | | | | | | | 良玭 | 友滐 | |
| | | | | | | | | | 必巩 | | | |
| | | | | | | | | | 必泰 | | | |
| | | | | | | | 汝强 | | | | | |
| | | | | | | 善轸 | 汝南 | | | | | |
| | | | | | | | 汝圭 | 崇祁 | 必安 | | | |
| | | | | | | | | | 必丰 | 良肜 | | |
| | | | | | | | | | | 良朊 | | |
| | | | | | | | | | | 良膰 | | |
| | | | | | | | | | | 良滗 | | |
| | | | | | | | | | 必岂 | 良惠 | | |
| | | | | | | | | 崇文 | | | | |
| | | | | | | | | 崇岳 | 必通 | | | |
| | | | | | | | | | 必溍 | | | |
| | | | | | | | | 崇杓 | 必住 | | | |
| | | | | | | | | | 必佮 | | | |

| | | | | | |
|---|---|---|---|---|---|
| | | | | 必佋 | |
| | | | | 必俰 | 良浴 |
| | | | | 必恪 | 良濆 |
| | | 汝真 | | | |
| | | 汝翯 | 崇琼 | | |
| | | | 崇璪 | | |
| 左朝散大夫不倚 | 善誉 | 汝岳 | 崇杈 | 必衎 | |
| | | 汝义 | 崇檬 | 必儆 | |
| | | | 崇桭 | 必戡 | |
| | | | 崇栫 | | |
| | | 汝巢 | 崇槄 | | |
| | 善举 | 汝岌 | | | |
| | | 汝岪 | 崇禝 | 必咸 | |
| | | | | 必戬 | |
| | 善及 | 汝耑 | 崇祯 | 必垲 | 良铁 |

| | | | | | | | | | | | | | | | | |
|---|---|---|---|---|---|---|---|---|---|---|---|---|---|---|---|---|
| 必增 | 必基 | 必烽 | 必炌 | | | 必壇 | 必坏 | | | | | | | | | |
| 崇裀 | | | | 崇神 | 崇⿰衤翟 | 崇⿰衤利 | | | | | 崇迈 | 崇逵 | | | 崇澾 | 崇蓳 |
| | | | | 汝岠 | | | | | | | 汝渭 | 汝品 | 汝嚣 | 汝任 | 汝傅 | |
| | | | | | | | | | | | 善莢 | | | 善朴 | | |
| | | | | | | | | | 朝奉郎不吝 | | 赠武略郎不伐 | | | | | |

| | | | | | | | | | | | | | |
|---|---|---|---|---|---|---|---|---|---|---|---|---|---|
| | | | | | | | | 崇苁 | | | | | |
| | | | | | | | | 崇苾 | | | | | |
| | | | | | | | 汝侉 | | | | | | |
| | | | | | 赠银青光禄大夫不愚 | 善裄 | 汝乘 | 崇祁 | | | | | |
| | | | | | | | | 崇裾 | 必濾 | | | | |
| | | | | | | | | 崇袚 | | | | | |
| | | | | | | | 汝傀 | 崇孟 | | | | | |
| | | | | | | | | 崇俉 | 必珦 | | | | |
| | | | | | | | 汝俱 | 崇复 | | | | | |
| | | | | | | 善揆 | 汝原 | 崇庄 | | | | | |
| | | | | | | | 汝仮 | | | | | | |
| | | | | | | 善庆 | | | | | | | |
| | | | | | 不息 | | | | | | | | |
| | | | | | 不恙 | | | | | | | | |
| | | | | 太子右 | | | | | | | | | |

| | | | | | |
|---|---|---|---|---|---|
| 内率府副率士锣 | | | | | |
| 赠武略大夫士浚 | 武翼郎不竞 | 善交 | | | |
| | | 善广 | 汝倾 | 崇诣 | 必相 |
| | | | | | 必樸 |
| | | | 汝柔 | 崇哲 | |
| | | | | 崇穟 | |
| | | | | 崇妙 | |
| | | | | 崇稷 | |
| | | | 汝厷 | | |
| | | 善廉 | 汝翰 | 崇肆 | |
| | | | | 崇沧 | 必榐 |
| | | | 汝庸 | | |
| | | 善膺 | 汝彰 | 崇瑕 | 必沆 |

| | | | | | | | | | | | | | | | | |
|---|---|---|---|---|---|---|---|---|---|---|---|---|---|---|---|---|
| | 良⿰木刈 | | | | | | | | | | | | | | | |
| | 必澞 | 必洎 | | | | | | | | 必澜 | 必况 | 必潽 | 必滴 | 必崿 | | |
| 崇铨 | | 崇错 | 崇鉴 | 崇⿰禾彖 | 崇淡 | 崇符 | 崇灘 | 崇汗 | | 崇琫 | | 崇玎 | 崇瑨 | 崇璇 | 崇玞 | 崇珠 |
| | | 汝笏 | 汝激 | | | 汝梁 | | 汝果 | | | | 汝必 | | | | |
| | | | 善擢 | | | | | 善璪 | 善清 | | | | | | | |

| | | | | |
|---|---|---|---|---|
| | | | 崇𬭼 | |
| | 善能 | | | |
| 承节郎不求 | 善寿 | | | |
| | 善和 | | | |
| 从义郎不忧 | 善寿 | 汝寘 | | |
| | 善嚞 | 汝淀 | | |
| | 善矜 | | | |
| | 善渊 | | | |
| | 善聪 | | | |
| | 善仁 | | | |
| | 善问 | 汝旺 | | |
| | | 汝昕 | | |
| 秉义郎不器 | 善溜 | 汝琄 | 崇熘 | |
| | | | 崇荚 | 必塎 |

| | | | | | | | | | | | | |
|---|---|---|---|---|---|---|---|---|---|---|---|---|
| | | | | | | 善⿸麻香 | | | | | | |
| | | | | 武德郎士调 | 承节郎不窥 | | | | | | | |
| | | | | | 不忽 | | | | | | | |
| | | | | | 不晖 | 善迋 | | | | | | |
| | | | | | | 善辟 | 汝耸 | | | | | |
| | | | | | | | 汝迹 | 崇宭 | 必濉 | | | |
| | | | | | | | | | 必漯 | | | |
| | | | | | | | | 崇穹 | 必濇 | | | |
| | | | | | | | | | 必沈 | | | |
| | | | | | | | | | 必泒 | | | |
| | | | | | | 善阌 | 汝观 | 崇信 | | | | |
| | | | | | | | | 崇诚 | 必瞵 | | | |
| | | | | | | | | | 必晦 | | | |
| | | | | | | | | | 必畯 | | | |
| | | | | | | | | 崇诧 | | | | |
| | | | | | | | 汝履 | 崇诇 | | | | |

| | | | | | |
|---|---|---|---|---|---|
| | 必赞 | 崇芎 | | | |
| | 必僮 | | | | |
| 良璗 | | | | | |
| 良望 | 必偋 | | | | |
| | 必仿 | 崇迁 | 汝石 | | |
| | 必僅 | | | | |
| 良昝 | | | | | |
| 良奮 | | | | | |
| 良瀴 | 必逌 | 崇冋 | 汝壮 | 善惟 | 不伎 |
| | | | 汝鄹 | | |
| | | 崇䛬 | | | |
| | | 崇郯 | | | |
| | | 崇鄑 | | | |
| | | 崇郢 | | | |
| | | 崇鄘 | | | |
| | | 崇鄪 | | | |
| | | 崇𫍰 | | | |

| | | | | | | | | | | | | |
|---|---|---|---|---|---|---|---|---|---|---|---|---|
| | | | 必柖 | 崇萸 | | | | | | | | |
| | | | 必彷 | | | | | | | | | |
| | | | 必徛 | | | | | | | | | |
| | | | 必伐 | | | | | | | | | |
| | | | 必蘨 | 崇璵 | 汝倅 | 善服 | | | | | | |
| | | | 必俅 | | | | | | | | | |
| | | | 必瞰 | 崇[illegible] | | | | | | | | |
| | | | 必悁 | | | | | | | | | |
| | | | 必怡 | | | | | | | | | |
| | | | 必瀾 | 崇譞 | 汝莅 | | | | | | | |
| | | | 必譔 | | | | | | | | | |
| | | | 必琟 | 崇萋 | | | | | | | | |
| | | | 必诰 | | | | | | | | | |
| | | | 必詥 | | | | | | | | | |
| | | | 必誺 | | | | | | | | | |
| | | | 必逑 | | | | | | | | | |
| | | | 必过 | | | | | | | | | |

| | | | | | | | | | | | | | | | | |
|---|---|---|---|---|---|---|---|---|---|---|---|---|---|---|---|---|
| | | | | | | | 良鐀 | 良鎏 | 良鍧 | 良鑫 | | | | | | |
| 必廥 | | | 必侏 | 必涂 | 必潪 | 必溘 | 必溓 | 必渶 | | 必沚 | | 必瞦 | 必律 | 必榼 | 必札 | 必朴 |
| 崇宅 | 崇歹 | 崇寴 | | 崇柁 | | | | | | 崇楼 | 崇谆 | 崇诒 | 崇玏 | | | |
| 汝傣 | | 汝俾 | | | | | | | | 汝价 | | 汝侃 | | | | |
| | | | | | | | | | | | | 善笃 | | | | |

| | | | | | | | | | | | | | | | | |
|---|---|---|---|---|---|---|---|---|---|---|---|---|---|---|---|---|
| 必扃 | 必扁 | 必𠩄 | | | | 必宔 | 必倖 | | | | 必檀 | | | | | |
| | | | 崇边 | 崇达 | 崇䌽 | 崇縜 | 崇缇 | 崇椂 | 崇枊 | | 崇尔 | 崇濡 | 崇鋈 | 崇金 | 崇铁 | 崇锑 |
| | | | 汝伏 | | | | | 汝佗 | | | 汝致 | | 汝蕴 | | | |
| | | | | | | | | | | 善参 | 善向 | | | | | |

| | | | | | | | | | | | | |
|---|---|---|---|---|---|---|---|---|---|---|---|---|
| | | | | | | | 汝稳 | 崇瑨 | 必淳 | | | |
| | | | | | | | | 崇璚 | | | | |
| | | | | | | | | 崇珢 | 必确 | | | |
| | | | | | | | | | 必礌 | | | |
| | | | | | | | 汝凯 | | | | | |
| | | | | | | | 汝雰 | 崇釿 | | | | |
| | | | | | 不欺 | | | | | | | |
| | | | | 武德郎士輗 | 武节郎不息 | | | | | | | |
| | | | | | 承信郎不恚 | | | | | | | |
| | | | | | 不忒 | | | | | | | |
| | | | | | 不忽 | 善拂 | | | | | | |
| | | | | | | 善捧 | 汝兹 | | | | | |
| | | | | | | | 汝畅 | | | | | |
| | | | | 武德郎士跦 | 赠朝议大夫不 | | | | | | | |

| | | | | | |
|---|---|---|---|---|---|
| 吝 | 善积 | 汝雨 | 崇脊 | | |
| | | | 崇榎 | 必庄 | |
| | | | 崇吁 | 必楹 | |
| | | 汝霩 | 崇琥 | | |
| | | | 崇淑 | | |
| | | | 崇睦 | | |
| | 善穆 | | | | |
| | 善砉 | | | | |
| | 善罶 | 汝硕 | 崇炅 | 必侄 | 良琛 |
| | | | | | 良玶 |
| | | | | 必倜 | |
| | 善猷 | 汝蛙 | 崇棏 | | |
| | | | 崇桢 | 必焰 | 良董 |
| | | 汝仃 | | | |
| | 善蕙 | 汝璒 | 崇佑 | 必建 | |
| | | | 崇仃 | 必迴 | |
| | | 汝瑮 | 崇昴 | 必逯 | |

良照

必铗 必锋 必鍭 必锪 必锓 必钞 必鍉 必浦 必濮 必鸿 必遡 必追 必蓫 必[illegible] 必邃 必燹 必逕

崇珴 崇玒 崇耄 崇旨 崇芮

汝珲 汝璼

| | | | | | | | | | | | | |
|---|---|---|---|---|---|---|---|---|---|---|---|---|
| | | | | | | | | 崇[illegible] | 必镤 | | | |
| | | | | | | | | | 必鏥 | | | |
| | | | | | | 善卫 | 汝湨 | | | | | |
| | | | | | | | 汝㳽 | | | | | |
| | | | | 从义郎 | 忠训郎 | | | | | | | |
| | | | | 士邸 | 不其 | 善仁 | | | | | | |
| | | | | | 秉义郎 | | | | | | | |
| | | | | | 不亦 | 善仉 | 汝㪚 | 崇[illegible] | 必治 | | | |
| | | | | | | | | | 必凝 | | | |
| | | | | | | | | | 必凉 | | | |
| | | | | | | 善㨼 | 汝喭 | | | | | |
| | | | | | 秉义郎 | | | | | | | |
| | | | | | 不愚 | 善仁 | 汝峃 | | | | | |
| | | | | | | 善傅 | 汝岱 | 崇有 | 必澍 | | | |
| | | | | | | | | 崇香 | 必蔇 | | | |
| | | | | | | | | 崇胄 | 必[illegible] | | | |
| | | | | | | | | | 必[illegible] | | | |

| | | | | | | | | | |
|---|---|---|---|---|---|---|---|---|---|
| | | | | | | | | | |
| | | | | | | | | | |
| | | | | | | | | | |
| 必荟 | 必藩 | 必蔍 | 必蘘 | | | | | | |
| | | 崇膏 | | | | | | | |
| | | | | | 汝偺 | | | | |
| | | | | 善保 | 善俘 | 善倞 | | | |
| | | | | | | 成忠郎不惑 | | | |
| | | | | | | | | 太子右内率府副率士陪 | 供备库 |
| | | | | | | | 太子右内率府副率仲𫓧 | 济阳侯仲养 | |
| | | | | | | | | | |
| | | | | | | | | | |
| | | | | | | | | | |

| | | | | | | | | | | | | |
|---|---|---|---|---|---|---|---|---|---|---|---|---|
| | | | | 副使士伀 | 忠翊郎不已 | 善奭 | 汝德 | 崇宪 | 必遒 | | | |
| | | | | | | | | | 必适 | | | |
| | | | | | | | | | 必述 | | | |
| | | | | | | | | 崇宁 | 必爊 | | | |
| | | | | | | | | | 必炬 | | | |
| | | | | | | | | 崇卯 | 必颀 | 良衙 | | |
| | | | | | | | | | 必贮 | | | |
| | | | | | | | 汝衎 | 崇憙 | 必华 | | | |
| | | | | | | | | | 必肓 | 良诠 | | |
| | | | | | | | | 崇恕 | 必宣 | 良偻 | | |
| | | | | | | | | | | 良侣 | | |
| | | | | | | | | 崇寗 | | | | |
| | | | | | 保义郎不雎 | | | | | | | |
| | | | | | 不茹 | 善镛 | 汝违 | | | | | |
| | | | | | | | 汝霷 | 崇裖 | | | | |

| | | | | | | |
|---|---|---|---|---|---|---|
| | | | | 崇神 | | |
| | | 善钲 | 汝霄 | 崇芥 | 必筌 | |
| | | | | 崇茵 | | |
| | | | | 崇蘨 | 必⿱⺮⿰钅仑 | |
| | | | 汝灵 | 崇⿰礻圭 | | |
| | | | | 崇栞 | | |
| | | 善镐 | 汝⿱雨往 | | | |
| | | | 汝⿱雨冬 | 崇漆 | | |
| | | | 汝雺 | 崇沚 | | |
| 赠武翼郎士骖 | 不愚 | | | | | |
| | 承信郎不欺 | 善绛 | 汝瑢 | | | |
| | | | 汝玶 | 崇遨 | 必𬭚 | 良⿰土斗 |
| | | | | | 必锷 | |
| | | | | | 必⿰钅隶 | |
| | | | | | 必⿰钅会 | 良俪 |

| | | | | | | | | | | | | |
|---|---|---|---|---|---|---|---|---|---|---|---|---|
| | | | | | | | | 崇杌 | | | | |
| | | | | | | | | 崇栓 | 必流 | | | |
| | | | | | | | | 崇柩 | | | | |
| | | | | | | 善悊 | 汝迪 | | | | | |
| | | | | | | | 汝⿺辶岂 | 崇⿰王斗 | | | | |
| | | | | | | | 汝递 | | | | | |
| | | | | | | | 汝送 | | | | | |
| | | | | | | 善恧 | 汝璠 | 崇瑵 | | | | |
| | | | | | 不冈 | | | | | | | |
| | | | | | 武经郎不机 | | | | | | | |
| | | | | 秉义郎士⿰讠娄 | | | | | | | | |
| | | | | 忠翊郎士掀 | 不贰 | 善娬 | 汝⿱𢀖土 | | | | | |
| | | | | | | | 汝汕 | 崇超 | 必钧 | | | |
| | | | | | | | | | 必铦 | | | |

| | | | | | | | | | | | | |
|---|---|---|---|---|---|---|---|---|---|---|---|---|
| | | | | | | | | | 必钺 | | | |
| | | | | | | | | | 必镨 | | | |
| | | | | | | | | 崇赳 | 必铠 | 良普 | | |
| | | | | | | | 汝得 | 崇越 | | | | |
| | | | | | | 善材 | 汝俯 | 崇钊 | 必缗 | | | |
| | | | | | | | | | 必綵 | | | |
| | | | | | | | | 崇睪 | 必磁 | | | |
| | | | | | | | | | 必碌 | | | |
| | | | | | | | | 崇利 | | | | |
| | | | | | | | | 崇□ | | | | |
| | | | | | | | | 崇叶 | | | | |
| | | | | | | | | 崇[illegible] | | | | |
| | | | | | | 善埙 | 汝供 | 崇禚 | | | | |
| | | | | | | | | 崇裣 | 必畹 | | | |
| | | | | | | | | 崇村 | | | | |
| | | | | | | | 汝琙 | | | | | |
| | | | | | | 善傧 | 汝仙 | | | | | |

| | | | | | | | | | | | | |
|---|---|---|---|---|---|---|---|---|---|---|---|---|
| | | | | | | | 汝杨 | | | | | |
| | | | | | | | 汝傜 | 崇杶 | | | | |
| | | | | | | | | 崇栃 | 必焇 | | | |
| | | | | | | | | | 必煐 | | | |
| | | | | | | | | 崇⿰木林 | | | | |
| | | | | | | | 汝⿰亻带 | | | | | |
| | | | | | | 善颇 | 汝仆 | 崇郊 | 必⿰氵囟 | | | |
| | | | | | | | | | 必瀍 | | | |
| | | | | | | | | 崇郓 | 必⿱宀亏 | | | |
| | | | | | | | | | 必礶 | | | |
| | | | 广平侯仲⿰钅巢 | 武经郎士⿰亻步 | 不愠 | | | | | | | |
| | | | | 忠成郎士种 | 赠奉直大夫不⿰忄宾 | 善杰 | 汝谔 | 崇遴 | 必吁 | | | |
| | | | | | | | 汝⿰讠林 | | | | | |
| | | | | | | 善佳 | 汝诚 | 崇连 | 必晤 | 良塍 | | |

| | | | | | | | | | | | | | | | | |
|---|---|---|---|---|---|---|---|---|---|---|---|---|---|---|---|---|
| | | | | | | | | | | | | | | | | |
| | | | | | | | | | | | | | | | | |
| 良膝 | 良臛 | 良朦 | | | | | | | | | | | | | | |
| | | | 必昳 | 必睭 | 必睆 | 必睲 | 必䀯 | 必睎 | 必根 | 必普 | | | | | | |
| | | | 崇递 | | | | | | 崇遁 | | | | 崇霣 | | 崇[illegible] | 崇遗 |
| | | | | | | | | | | | 汝诺 | 汝[illegible] | 汝讕 | 汝[illegible] | 汝谖 | |
| | | | | | | | | | | | | | | | | |
| | | | | | | | | | | | | | | | | |
| | | | | | | | | | | | | | | | | |
| | | | | | | | | | | | | | | | | |
| | | | | | | | | | | | | | | | | |
| | | | | | | | | | | | | | | | | |
| | | | | | | | | | | | | | | | | |

| | | | | | | | | | | | | |
|---|---|---|---|---|---|---|---|---|---|---|---|---|
| | | | | | | | | 崇⿺辶聂 | | | | |
| | | | | | | | 汝⿰讠亦 | | | | | |
| | | | | | | | 汝暬 | 崇⿺辶巨 | | | | |
| | | | | | | | | 崇⿺辶歷 | | | | |
| | | | | | | | | 崇⿺辶卿 | | | | |
| | | | | | | | 汝遴 | 崇镗 | | | | |
| | | | | | | | | 崇⿰钅芮 | | | | |
| | | | | | | | | 崇𬬭 | | | | |
| | | | | | | | | 崇镘 | | | | |
| | | | | | | | | 崇⿰钅乘 | | | | |
| | | | | | | | 汝造 | 崇馨 | 必⿰王央 | | | |
| | | | | | | | | 崇镧 | 必琉 | | | |
| | | | | | | | | | 必⿰王尃 | | | |
| | | | | | | | | | 必玳 | | | |
| | | | | | | | | | 必瑁 | | | |
| | | | | | | | 汝远 | 崇珢 | | | | |
| | | | | | | | 汝遥 | 崇⿱宀果 | | | | |

| | | | | | | |
|---|---|---|---|---|---|---|
| 北海侯 | 秉义郎 | 成忠郎 | | | | |
| | 成忠郎士寄 | | | | | |
| | 右班殿直士迒 | | | | | |
| 眉州防御使仲颐 | 右班殿直士瀌 | | | | | |
| | | | | 汝谍 | 崇杰 | |
| | | | | 汝缤 | 崇𬭚 | 必玡 |
| | | | | 汝潽 | | |
| | | | | | | 必佫 |
| | | | | | 崇珈 | 必任 |
| | | | | 汝浩 | 崇瑱 | |
| | | | | | 崇㝏 | |
| | | | | | 崇赛 | |
| | | | | | 崇亶 | |

| | | | | | | | | | | | | |
|---|---|---|---|---|---|---|---|---|---|---|---|---|
| | | 东阳侯宗迴 | 仲烁 | 士柴 | 不忼 | 善并 | 汝谣 | | | | | |
| | | | 太子右内率府副率仲亨 | | | | | | | | | |
| | | | 太子右内率府副率仲彤 | | | | | | | | | |
| | | | 太子右内率府副率仲产 | | | | | | | | | |
| | | | 太子右内率府副率仲□ | | | | | | | | | |

| | | | | | | | | | | | | |
|---|---|---|---|---|---|---|---|---|---|---|---|---|
| | | | 南康侯仲行 | 建安侯士臬 | 赠朝散大夫不迪 | 善言 | 汝玐 | 崇望 | 必倍 | | | |
| | | | | | | | | | 必伦 | 良议 | | |
| | | | | | | | | | | 良讱 | | |
| | | | | | | | | | 必儁 | | | |
| | | | | | | | | 崇懿 | 必代 | 良譈 | | |
| | | | | | | | | | 必傅 | | | |
| | | | | | | | | | 必侣 | | | |
| | | | | | | | | | 必侩 | | | |
| | | | | | | | | | 必伣 | | | |
| | | | | | | | | | 必坡 | | | |
| | | | | | | | | | 必垒 | | | |
| | | | | | | | | | 必仍 | | | |
| | | | | | | | | | 必御 | | | |
| | | | | | | | | 崇応 | 必侒 | | | |
| | | | | | | | | 崇恝 | 必昒 | | | |

| | | | |
|---|---|---|---|
| 必钺 | | | |
| 必燃 | 崇蕈 | | |
| 必傧 | 崇孔 | | |
| | 崇宋 | 汝制 | 善积 |
| 必雫 | 崇域 | 汝廷 | 善行 |
| | 崇蓺 | 汝璞 | |
| | | 汝玿 | |
| | | 汝瓚 | |
| | 崇郘 | | |
| | 崇郅 | | |
| | 崇邠 | 汝玩 | |
| 必代 | | | |
| 必僓 | 崇莱 | | |
| 必忤 | | | |
| 必佟 | | | |
| 必俤 | 崇莅 | 汝琀 | |
| 必禔 | 崇意 | | |

| | | | | | | | | | | | | |
|---|---|---|---|---|---|---|---|---|---|---|---|---|
| | | | | | | | 汝玥 | 崇淄 | 必貐 | 良玴 | | |
| | | | | | | | | | 必徐 | | | |
| | | | | | | | | 崇柜 | 必任 | | | |
| | | | | | | | 汝恮 | 崇堦 | | | | |
| | | | | | | | 汝垌 | 崇麟 | | | | |
| | | | | | 右班殿直不曲 | | | | | | | |
| | | | | | 不逾 | | | | | | | |
| | | | | | 不迎 | | | | | | | |
| | | | | | 不拟 | | | | | | | |
| | | | | 武经郎士䊒 | 保义郎不意 | | | | | | | |
| | | | | | 不武 | | | | | | | |
| | | | 开国伯仲瞒 | 右侍禁士宰 | 不惑 | | | | | | | |
| | | | | 武节郎士遃 | 不倿 | | | | | | | |

| | | | | | |
|---|---|---|---|---|---|
| 不怒 | 善铦 | 汝浍 | 崇附 | 必逡 | 良坎 |
| | | | | | 良垙 |
| | | | | | 良堙 |
| | | | | 必遮 | |
| | | | 崇阡 | 必鍝 | |
| | | | | 必鋘 | |
| | | | | 必憲 | |
| | | | | 必塞 | |
| | | | | 必窮 | |
| | | 汝渡 | 崇暚 | 必俩 | |
| | | | | 必骼 | |
| | | | | 必偔 | |
| | | | 崇家 | | |
| | | | 崇宔 | 必珅 | |
| | | | | 必玉 | |
| | | | | 必墪 | |
| | | 汝澧 | | | |

| | | | | | | | | | | | | |
|---|---|---|---|---|---|---|---|---|---|---|---|---|
| | | | | | | | 汝漪 | 崇宧 | | | | |
| | | | | | | | 汝崟 | 崇⿰亻⿱曰亏 | | | | |
| | | | | | | | | 崇仆 | 必稪 | | | |
| | | | | | | 善鎰 | 汝涘 | 崇柎 | 必⿱将灬 | | | |
| | | | | | | | | 崇梐 | | | | |
| | | | | | | | | 崇杭 | | | | |
| | | | | | | | | 崇⿰阝宏 | 必璀 | | | |
| | | | | | | | | | 必琢 | | | |
| | | | | | | | 汝沾 | 崇栫 | | | | |
| | | | | | | | | 崇侨 | | | | |
| | | | | | 不恕 | | | | | | | |
| | | | | | 不俗 | 善寔 | | | | | | |
| | | | | | | 善察 | | | | | | |
| | | | | | | 善宏 | | | | | | |
| | | | | 武翼大夫士啍 | 从义郎不矜 | 善贾 | | | | | | |
| | | | | | | 善瑝 | | | | | | |

| | | | | | | | | | | | | |
|---|---|---|---|---|---|---|---|---|---|---|---|---|
| | | | | | 不愚 | | | | | | | |
| | | | | | 保义郎不器 | 善相 | | | | | | |
| | | | | | 不党 | | | | | | | |
| | | 汝阴侯宗育 | | | | | | | | | | |
| | 郇国公允成 | 遂国公、谥昭裕宗颜 | 华阴侯仲连 | 太子右内率府副率士箸 | | | | | | | | |
| | | | | 巴州刺史士颊 | 三班奉职不扳 | | | | | | | |
| | | | | | 保义郎不乖 | | | | | | | |
| | | | 太子右内率府 | | | | | | | | | |

| | | | | | | | | | | | | |
|---|---|---|---|---|---|---|---|---|---|---|---|---|
| | | | 副率仲銙 | | | | | | | | | |
| | | | 太子右内率府副率仲丹 | | | | | | | | | |
| | | 安陆侯宗讷 | 赠右屯卫大将军仲缄 | 太子右内率府副率士馨 | | | | | | | | |
| | | | | 盐川侯士舜 | 西头供奉官不伐 | 善渊 | 汝蔍 | 崇义 | 必大 | 良弼 | | |
| | | | | | | | | | | 良能 | | |
| | | | | | | | | | | 良真 | | |
| | | | | | | | | 崇焞 | 必璘 | | | |
| | | | | | | | | | 必碱 | | | |

必矸

善明

善权

训武郎不磷

武翼郎不忧

不已

忠翊郎不危

从义郎不惧

训武郎不惑 善桦 汝鹏 崇先

崇丙

崇隆

崇俐

| | | | | | | | | | | | | | | | | |
|---|---|---|---|---|---|---|---|---|---|---|---|---|---|---|---|---|
| | | | | | | | | | | | | | | | | |
| | | | | | | | | | | | | | | | | |
| | | | | | | | 良柊 | | | | | | | | | |
| 必壤 | 必徙 | 必圻 | 必掖 | 必据 | 必抡 | 必揀 | 必握 | | | 必纬 | 必倂 | 必媚 | 必为 | 必章 | 必城 | 必至 |
| | 崇峃 | | | | | | 崇愁 | 崇笔 | 崇拱 | 崇宇 | | | 崇旰 | | | 崇奕 |
| | | | | | | | | 汝栗 | 汝檦 | | | | | | | 汝醴 |
| | | | | | | | | | | | | | | | | |
| | | | | | | | | | | | | | | | | |
| | | | | | | | | | | | | | | | | |
| | | | | | | | | | | | | | | | | |
| | | | | | | | | | | | | | | | | |
| | | | | | | | | | | | | | | | | |
| | | | | | | | | | | | | | | | | |

| | | | | | | |
|---|---|---|---|---|---|---|
| | | | | | 必坊 | |
| | | | | | 必埘 | |
| | | | | | 必坑 | |
| | | | | 崇笈 | 必铁 | |
| | | | | | 必钫 | |
| | | | | | 必镫 | |
| | | | | 崇遍 | | |
| | | | | 崇侚 | 必檄 | |
| | | 善述 | 汝霈 | 崇涧 | | |
| | | | 汝诗 | 崇象 | 必漫 | |
| | | | 汝埏 | 崇斐 | | |
| | | | | 崇棐 | | |
| | | | | 崇雄 | 必銮 | 良埙 |
| | | | | 崇湋 | 必晫 | |
| 太子右内率府副率士 | | | | | | |

| | | | | | | | | | | | | |
|---|---|---|---|---|---|---|---|---|---|---|---|---|
| | | | | 翊 | | | | | | | | |
| | | 赠太子右卫率府率宗颃 | | | | | | | | | | |
| | | 华阴侯宗鼎 | 申国公谥良僖仲嬰 | 太子右内率府率士弇 | 不亏 | | | | | | | |
| | | | | 荣州刺史士襄 | 训忠郎不際 | | | | | | | |
| | | | | | 修武郎不愆 | | | | | | | |
| | | | | | 承直郎不谋 | | | | | | | |
| | | | | | 武经郎不苛 | 善泾 | 汝荣 | | | | | |
| | | | | | | | 汝梓 | 崇楚 | | | | |

| | | | | | |
|---|---|---|---|---|---|
| | 必逗 | | | | |
| | 必逕 | | | | |
| | 必簉 | 崇詥 | | | |
| | 必邅 | 崇谖 | | | |
| 良滨 | 必[illegible] | | | | |
| | 必迓 | | | | |
| | 必遨 | 崇订 | 汝惟 | 善潜 | 不识 |
| | | | | | 文林郎 |
| | | | | 善能 | |
| | | | | 善时 | |
| | | | 汝乂 | | |
| | 必愃 | | | | |
| | 必栉 | 崇湎 | | | |
| | 必砻 | 崇涀 | | | |
| | | 崇掠 | | | |
| | | 崇升 | | | |
| | 必瓗 | 崇肃 | | | |

| | | | | | | | | | | | | | | |
|---|---|---|---|---|---|---|---|---|---|---|---|---|---|---|
| | | | | 良栘 | | | | | | | | | | |
| 必机 | 必趰 | | | 必芾 | 必䓜 | | | | | | | | | |
| | | | | 崇惪 | | 崇寓 | 崇借 | | | | | | | |
| | | 汝愓 | 汝球 | 汝琢 | | | 汝舒 | | | | | | 汝吁 | |
| | | | 善珣 | | | | | 善津 | | | | | 善彰 | 善友 |
| | | | | | | | | | 不忍 | 保义郎不殊 | 不悚 | 不愚 | 修武郎不懈 | |
| | | | | | | | | | | | | | 华阴侯士怦 | |

| | | | | | | | | | | | |
|---|---|---|---|---|---|---|---|---|---|---|---|
| | | | | | | 善信 | | | | | |
| | | | | | | 善时 | | | | | |
| | | | | | | 善诱 | | | | | |
| | | | | | 武翼大夫不瑕 | 善继 | | | | | |
| | | | | | | 善嚚 | 汝畊 | 崇慊 | | | |
| | | | | | 武节郎不愚 | 善守 | 汝听 | 崇约 | 必俭 | | |
| | | | | | | | | | 必诚 | | |
| | | | | | | | | 崇绛 | | | |
| | | | | | | | | 崇继 | | | |
| | | | | | | | | 崇纯 | | | |
| | | | | | | | 汝作 | 崇愿 | | | |
| | | | | | | | | 崇慈 | 必迥 | | |
| | | | | | | | | 崇耻 | | | |
| | | | | | | | | 崇忍 | 必悦 | | |
| | | | | | | | | | 必惃 | | |

| | | | | | | | | | | | | | | | | |
|---|---|---|---|---|---|---|---|---|---|---|---|---|---|---|---|---|
| | | | | | | | | | | | | | | | | |
| | | | | | | | | | | 友锖 | 友⿰钅复 | | | | | |
| 良镛 | 良璠 | 良碧 | | | | | | | 良璿 | 良⿰王余 | | 良⿰王尃 | | 良⿰钅赍 | | |
| 必椽 | 必榆 | | 必檖 | 必栵 | | | | 必寿 | 必瀞 | | | | 必⿰亻口 | 必譓 | 必珏 | 必锡 |
| 崇泾 | 崇清 | | | | 崇剡 | 崇纮 | 崇讄 | 崇礼 | | | | | 崇仁 | | 崇俭 | 崇本 |
| 汝迨 | | | | | 汝耄 | 汝𫢸 | | 汝为 | | | | | | | 汝猷 | 汝柟 |
| | | | | | | | | 善昳 | | | | | | | | |
| | | | | | | | | | | | | | | | | |
| | | | | | | | | | | | | | | | | |
| | | | | | | | | | | | | | | | | |
| | | | | | | | | | | | | | | | | |
| | | | | | | | | | | | | | | | | |
| | | | | | | | | | | | | | | | | |

| | | | | | | | | | | | | |
|---|---|---|---|---|---|---|---|---|---|---|---|---|
| | | | | | | | | 崇焕 | | | | |
| | | | | | | | 汝相 | 崇质 | | | | |
| | | | | | | | | 崇轼 | | | | |
| | | | | | | | | 崇辙 | | | | |
| | | | | | | | | 崇[illegible] | | | | |
| | | | | | | | | 崇轻 | | | | |
| | | | | | | | 汝居 | 崇奭 | | | | |
| | | | | | | | | 崇勣 | 必[illegible] | | | |
| | | | | | | | | 崇榘 | | | | |
| | | | | | | | | 崇鼐 | | | | |
| | | | | | | | 汝湛 | | | | | |
| | | | | | | 善同 | 汝协 | | | | | |
| | | | | | | 善诚 | | | | | | |
| | | | | | | 善稽 | | | | | | |
| | | | | | 武翼大夫不思 | 善强 | 汝忱 | 崇事 | 必楮 | 良佪 | | |
| | | | | | | 善广 | 汝槻 | | | | | |

| | | | | | | | | | | | | | | | |
|---|---|---|---|---|---|---|---|---|---|---|---|---|---|---|---|
| | | | | | | | | | | | | | | | |
| | | | | | | | | | | | | | | | |
| | | | | | | | | | | | | | | | |
| | | | | 必⿰王柬 | 必瑖 | 必蘐 | 必櫌 | | 必铽 | 必锋 | 必镘 | | | 必铸 | |
| | 崇稃 | 崇徭 | | 崇壞 | | | 崇弨 | | 崇皆 | 崇辛 | | 崇⿰牜巟 | 崇蕃 | 崇扆 | 崇垩 |
| 汝秧 | 汝⿰禾㐱 | | 汝东 | 汝⿰车氐 | | | | | 汝师 | | | 汝纪 | | | |
| | 善彧 | | | | | | | 善应 | 善导 | | | | | | |
| | | | | | | | | 修武郎不毖 | | | | | | | |
| | | | | | | | | | | | | | | | |
| | | | | | | | | | | | | | | | |
| | | | | | | | | | | | | | | | |
| | | | | | | | | | | | | | | | |
| | | | | | | | | | | | | | | | |

| | | | | | | | | | | | | | | | | |
|---|---|---|---|---|---|---|---|---|---|---|---|---|---|---|---|---|
| | | | | | | | | | | | | | | | | |
| | | | | | | | | | | | | | | | | |
| | | | | | | | | | | | | | 良坣 | | | |
| 必镤 | 必镤 | 必钱 | 必钞 | | | | | 必相 | 必楪 | 必椽 | 必瀴 | 必潦 | 必树 | 必棍 | 必椅 | 必槽 |
| 崇璊 | | | 崇斑 | 崇珴 | | | | 崇瀹 | 崇渟 | | 崇沦 | | 崇漕 | | | |
| | | | | | 汝弸 | 汝准 | 汝畤 | 汝徐 | | | 必该 | | | | | |
| | | | | | | 善息 | | 善庚 | | | | | | | | |

| | | | | | | | | | | | | |
|---|---|---|---|---|---|---|---|---|---|---|---|---|
| | | | | | | | | | 必樗 | | | |
| | | | | | | | 汝捷 | 崇漖 | 必钋 | | | |
| | | | | | | | | | 必铣 | | | |
| | | | | | | | | | 必镑 | | | |
| | | | | | | | | 崇汜 | | | | |
| | | | | | | | 汝谓 | 崇汛 | | | | |
| | | | | | | | | 崇涓 | | | | |
| | | | | | | | | 崇慄 | | | | |
| | | | | | | | | 崇愊 | | | | |
| | | | | | 保义郎不党 | | | | | | | |
| | | | | 如京副使士评 | 右班殿直不危 | | | | | | | |
| | | | | | 保义郎不比 | | | | | | | |
| | | | | | 承节郎不蠹 | | | | | | | |

| | | | | | |
|---|---|---|---|---|---|
| | 成忠郎不惧 | | | | |
| | 不刚 | | | | |
| | 不弊 | | | | |
| | 不革 | | | | |
| 右侍禁士斑 | 不危 | 善交 | | | |
| | | 善褒 | | | |
| | 从事郎不梗 | | | | |
| | 赠秉义郎不迁 | 善泰 | | | |
| | | 善沐 | 汝乙 | 崇佞 | 必葵 |
| | | | | | 必苕 |
| | | | | 崇磬 | |
| | | | 汝丁 | 崇仪 | 必溓 |
| | | | | 崇儁 | 必绛 |

| | | | | |
|---|---|---|---|---|
| | | | 必绢 | |
| | | 崇僐 | | |
| | 汝遁 | 崇儁 | | |
| | | 崇熔 | | |
| | | 崇僘 | 必遭 | |
| | 汝夫 | | | |
| 善珅 | 汝冀 | 崇洽 | 必镛 | |
| | | | 必钒 | |
| | 汝敳 | 崇召 | 必滕 | 良镫 |
| | | | 必胙 | |
| | | 崇羲 | | |
| | | 崇音 | | |
| 善渐 | 汝衜 | | | |
| | 汝皆 | 崇整 | | |
| | 汝绘 | | | |
| | 汝莔 | | | |
| 善兑 | 汝樠 | | | |

| | | | | | | |
|---|---|---|---|---|---|---|
| | | 善符 | | | | |
| 赠朝奉郎士觚 | 赠朝议大夫不系 | 善俦 | 汝週 | 崇瑞 | 必前 | |
| | | | | 崇琛 | 必勛 | 良材 |
| | | | | | 必熹 | 良驭 |
| | | | | 崇琎 | 必铜 | |
| | | | | | 必铼 | |
| | | 善伦 | | | | |
| | | 善攸 | | | | |
| | | 善備 | 汝逊 | | | |
| | | | 汝连 | 崇豪 | 必滔 | 良锷 |
| | | | 汝适 | | | |
| | | 善佚 | 汝倎 | 崇灌 | | |
| | | | | 崇藤 | | |
| | | | | 崇塘 | 必锍 | |
| | | | | 崇湮 | 必桥 | |

| | | | | | |
|---|---|---|---|---|---|
| | | 汝榴 | 崇想 | 必泸 | 良端 |
| | | | 崇凭 | | |
| | | | 崇悲 | 必杤 | |
| | | | | 必棍 | 良濊 |
| | | | 崇⿱尨心 | 必歷 | |
| | | | | 必⿱仍土 | |
| | | 汝楈 | 崇代 | | |
| 朝散郎不疑 | 善嘉 | | | | |
| | 善淑 | | | | |
| 承事郎不非 | 善勋 | 汝暵 | 崇秀 | 必⿰车容 | |
| | | 汝旦 | | | |
| | 善焄 | 汝圉 | 崇屋 | | |
| | | | 崇杨 | 必涂 | |
| | | | | 必⿱木言 | |
| | | | 崇干 | | |

| | | | | | |
|---|---|---|---|---|---|
| | | 汝同 | 崇皋 | 必宁 | |
| | | | | 必宿 | 良㳽 |
| | | | 崇仵 | | |
| | | 汝刴 | | | |
| | | 汝扃 | 崇族 | 必皞 | |
| 承直郎不矜 | 善达 | 汝巳 | 崇瑶 | 必乂 | 良儴 |
| | | | | 必充 | 良仩 |
| 赠朝散大夫不弊 | 善伋 | 汝淑 | | | |
| | | 汝成 | | | |
| | | 汝坚 | | | |
| | | 汝恩 | | | |
| | | 汝瞰 | | | |
| | | 汝讱 | 崇昞 | | |
| | | | 崇晓 | | |

| | | | | | |
|---|---|---|---|---|---|
| 必浙 | 崇铉 | | | | |
| 必[illegible] | 崇锲 | | | | |
| | | | 善仍 | | |
| | | | | 忠翊郎 | |
| 必迅 | 崇倠 | 汝寠 | 善僎 | 不踈 | |
| 必邵 | 崇循 | 汝锪 | 善佑 | | |
| | 崇径 | | | | |
| 必邴 | 崇待 | | | | |
| | | | | 秉义郎 | 左侍禁 |
| | | 汝立 | 善教 | 不满 | 士岐 |
| | | 汝[illegible] | | | |
| | | 汝系 | | | |
| | 崇镗 | 汝缅 | | | |
| | | | | | 内殿崇 |
| | | | | 不已 | 班士[illegible] |
| | | | | 不器 | |
| | | | | | 秉义郎 |

| | | | | | | | | | | | | |
|---|---|---|---|---|---|---|---|---|---|---|---|---|
| | | | | 士荠 | | | | | | | | |
| | | | | 武翼郎士宛 | | | | | | | | |
| | | | | 武翼郎士⿰王至 | | | | | | | | |
| | | | 东平侯仲唅 | 太子右监门率府率士⿰⿱日双欠 | | | | | | | | |
| | | | | 博平侯士诤 | 左班殿直不胶 | | | | | | | |
| | | | | | 左班殿直不挠 | | | | | | | |
| | | | | | 不害 | | | | | | | |
| | | | | 赠右中大夫士瑃 | 秉义郎不违 | 善逸 | | | | | | |

| | | | | | | | | | | | | |
|---|---|---|---|---|---|---|---|---|---|---|---|---|
| | | | | | | 善远 | | | | | | |
| | | | | | 忠训郎不朋 | | | | | | | |
| | | | | | 左朝请大夫不茹 | 善池 | 汝勃 | | | | | |
| | | | | | | | 汝[illegible] | 崇膏 | | | | |
| | | | | | | | | 崇罳 | | | | |
| | | | | | | | | 崇[illegible] | | | | |
| | | | | | 不迟 | | | | | | | |
| | | | | | 不速 | | | | | | | |
| | | | | | 不荒 | | | | | | | |
| | | | | | 不迎 | | | | | | | |
| | | | | 右侍禁士刚 | 承信郎不谅 | 善籥 | 汝滨 | 崇根 | | | | |
| | | | | | | | | 崇比 | | | | |
| | | | | | | | | 崇昈 | 必樠 | 良烩 | | |

| | | | | | | | | | | | | | | | | |
|---|---|---|---|---|---|---|---|---|---|---|---|---|---|---|---|---|
| | 良倈 | 良倠 | | | | | 良溱 | 良洐 | | | | | | 良[illegible] | 良[illegible] | 良鍑 |
| 必侍 | | 必鋈 | 必鎌 | | 必檄 | 必橦 | 必榑 | 必椱 | 必樳 | | 必梼 | 必疠 | 必揟 | 必梻 | | 必棣 |
| 崇[illegible] | | | 崇及 | | | | | 崇喜 | 崇樏 | 崇荣 | 崇嘉 | 崇盖 | 崇昀 | | | |
| 汝[illegible] | | | 汝洋 | 汝溶 | | | | | | | 汝澶 | | | | | |

| | | | | | | | | | | | | |
|---|---|---|---|---|---|---|---|---|---|---|---|---|
| | | | | | | | | | 必衜 | | | |
| | | | | | 成忠郎不硁 | | | | | | | |
| | | | | | 不嚣 | | | | | | | |
| | | 彭城郡公宗严 | 同州观察使仲虞 | | | | | | | | | |
| | | | 太子右内率府副率仲新 | | | | | | | | | |
| | | | 洋国公仲防 | 太子右内率府副率士琅 | | | | | | | | |
| | | | | 赠左领军卫将 | 忠翊郎 | | | | | | | |

| | | | | | | | | | | | | |
|---|---|---|---|---|---|---|---|---|---|---|---|---|
| | | | | 军士观 | 不隋 | | | | | | | |
| | | | | | 忠训郎不珪 | | | | | | | |
| | | | | 左侍禁士专 | 保义郎不刚 | 善𬱖 | 汝澄 | 崇⿺辶面 | | | | |
| | | | | | | | | 崇⿺辶方 | | | | |
| | | | | | | | 汝沂 | 崇⿺辶睘 | | | | |
| | | | | | | | | 崇遉 | | | | |
| | | | | | | | | 崇逖 | 必估 | | | |
| | | | | | | | | 崇⿺辶直 | | | | |
| | | | | | | | | 崇⿰王曳 | | | | |
| | | | | | | | 汝汶 | | | | | |
| | | | | | | | 汝淯 | 崇迳 | 必轸 | | | |
| | | | | | | | | 崇⿺辶頁 | | | | |
| | | | | | | | | 崇迖 | | | | |
| | | | | | | | | 崇⿺辶巫 | 必轮 | | | |
| | | | | | 成忠郎 | | | | | | | |

| | | | | | | | | | | | | |
|---|---|---|---|---|---|---|---|---|---|---|---|---|
| | | | | | 不弢 | 善道 | | | | | | |
| | | | | | 不珪 | | | | | | | |
| | | | | | 不噪 | | | | | | | |
| | | | | 武经郎 | 从事郎 | | | | | | | |
| | | | | 士岩 | 不愦 | | | | | | | |
| | | | | | 朝散郎 | | | | | | | |
| | | | | | 不溌 | 善楗 | | | | | | |
| | | | | | 承信郎 | | | | | | | |
| | | | | | 不汨 | 善化 | | | | | | |
| | | | | | 成忠郎 | | | | | | | |
| | | | | | 不沮 | | | | | | | |
| | | | | | 不老 | | | | | | | |
| | | | | | 不滥 | | | | | | | |
| | | | | | 不徂 | 善认 | | | | | | |
| | | | | | | 善调 | | | | | | |
| | | | | | 忠翊郎 | | | | | | | |
| | | | | | 不桎 | 善嘉 | | | | | | |

| | | | | |
|---|---|---|---|---|
| 崇堁 | 崇铒 | 崇宁 | 崇湄 | |
| 汝珨 | 汝瑚 | | | |
| 善弻 | 善谔 | 善评 | 善训 | 善谂 |
| 忠翊郎不求 | 不桂 | 不悒 | 不致 | 不物 |
| 供备库副使士僄 | 武翼大夫士蕴 | 右班殿直士旁 | | |

| | | | | | | | | | | | | |
|---|---|---|---|---|---|---|---|---|---|---|---|---|
| | | | | 崇坺 | | | | | | | | |
| | | | | 崇镣 | 汝瑳 | | | | | | | |
| | | | | 崇铔 | | | | | | | | |
| | | | | | 汝珥 | | | | | | | |
| | | | | | | | | 武翼郎士倭 | | | | |
| | | | | | | | | 右班殿直士工 | | | | |
| | | | | | | | 不淀 | 武翼郎士粒 | | | | |
| | | | | | 汝熜 | 善大 | 不澎 | | | | | |
| | | | | 崇壢 | 汝浩 | | | | | | | |
| | | | | 崇滌 | | | | | | | | |
| | | | | 崇潡 | | | | | | | | |
| | | | | 崇浙 | | | | | | | | |
| | | | | 崇缦 | 汝垄 | 善嗣 | | | | | | |
| | | | | 崇铩 | 汝厓 | | | | | | | |

| | | | | | | | | | | | | |
|---|---|---|---|---|---|---|---|---|---|---|---|---|
| | | | | | | 善谊 | | | | | | |
| | | | 赠右卫大将军仲商 | 太子右内率府副率士治 | | | | | | | | |
| | | | | 右侍禁士⿰日帚 | 不同 | | | | | | | |
| | | | | | 不嚣 | 善仁 | | | | | | |
| | | | | | | 善抱 | | | | | | |
| | | | | | 不毁 | | | | | | | |
| | | | | | 不息 | | | | | | | |
| | | | | 左屯卫大将军士绥 | 不晖 | | | | | | | |
| | | | | | 赠训武郎不凝 | 善长 | 汝昼 | 崇桔 | 必堮 | | | |
| | | | | | | 善亨 | 汝珽 | 崇佳 | 必⿰王⿱宀吉 | | | |

| | | | | | | | | | | | | |
|---|---|---|---|---|---|---|---|---|---|---|---|---|
| | | | | | | | | 崇梯 | 必桰 | 良熠 | | |
| | | | | 武显郎士稽 | 左承议郎不悱 | 善循 | 汝怀 | | | | | |
| | | | | | | | 汝怿 | 崇逮 | 必僚 | | | |
| | | | | | | | | | 必谅 | | | |
| | | | | | | | | 崇迬 | | | | |
| | | | | | | 善修 | | | | | | |
| | | | | | | 善纵 | 汝慥 | | | | | |
| | | | | | | | 汝愫 | | | | | |
| | | | | | | | 汝惴 | 崇僷 | | | | |
| | | | | | | | | 崇俩 | 必趯 | 良玺 | | |
| | | | | | | | | | | 良坚 | | |
| | | | | | | | | | | 良莹 | | |
| | | | | | | | | | | 良尘 | | |
| | | | | | | | | 崇仍 | 必迺 | | | |
| | | | | | 左文林郎不怍 | | | | | | | |

| | | | | | | |
|---|---|---|---|---|---|---|
| | | 左从事郎不恌 | 善最 | | | |
| | | | 善坚 | | | |
| | | 不楼 | 善珹 | 汝臤 | | |
| | | | | 汝蘖 | | |
| | | | | 汝辂 | 崇陛 | 必纬 |
| | | | | | 崇松 | |
| | | | 善瑜 | | | |
| | | | 善璨 | | | |
| | | | 善璿 | | | |
| | 左班殿直士蕑 | | | | | |
| 南阳侯仲檐 | 武节郎士訌 | 忠训郎不惑 | 善进 | | | |
| | | | 善任 | | | |
| | | 忠训郎不过 | 善俟 | | | |

| | | | | | | |
|---|---|---|---|---|---|---|
| | 不速 | | | | | |
| | 保义郎不迂 | 善倴 | 汝瑅 | 崇憩 | | |
| | 不迁 | 善侊 | | | | |
| | | 善佚 | | | | |
| | 不逵 | 善道 | | | | |
| | 不改 | 善进 | | | | |
| 武节郎士至 | 保义郎不壹 | | | | | |
| | 赠修武郎不竞 | 善铭 | 汝垲 | | | |
| | | | 汝赖 | 崇乐 | | |
| | | | 汝溝 | 崇齿 | 必鐎 | 良壞 |
| | | | 汝揆 | | | |
| | | | 汝止 | | | |
| | | | 汝棟 | | | |
| | 赠忠翊 | | | | | |

| | | | | | | | | | | | | | | | | |
|---|---|---|---|---|---|---|---|---|---|---|---|---|---|---|---|---|
| | | 必愿 | 必纾 | 必缃 | 必繐 | | | | | | | | | | | |
| | | 崇撤 | 崇泾 | 崇滅 | | 崇墐 | | | | | | 崇琥 | | | | 崇烯 |
| | | 汝弼 | 汝璧 | | | | 汝壦 | 汝龄 | 汝鍉 | 汝烀 | 汝晤 | 汝神 | | | 汝杆 | 汝仪 |
| 善俊 | | 善民 | 善晋 | | | | | 善普 | | | | 善正 | | | 善政 | |
| 郎不同 | 承信郎 | 不欺 | | | | | | | | | | | 不愠 | 成忠郎 | 不回 | |
| | 忠训郎 | 士阶 | | | | | | | | | | | | | | |

| | | | | | | | | | | | | |
|---|---|---|---|---|---|---|---|---|---|---|---|---|
| | | | | | | | 汝持 | 崇俊 | | | | |
| | | | | | | | 汝廉 | 崇启 | | | | |
| | | | | | | 善致 | | | | | | |
| | | | | | | 善教 | 汝霖 | 崇⿰钅是 | | | | |
| | | | | | | | | 崇器 | 必蕙 | 良镖 | | |
| | | | | | | | 汝睭 | 崇官 | 必熑 | | | |
| | | | | | | | | | 必煠 | | | |
| | | | | | | | 汝圜 | 崇⿱艹瑞 | | | | |
| | | | | | | | 汝闵 | | | | | |
| | | | | | 承节郎 | | | | | | | |
| | | | | | 不悱 | 善学 | | | | | | |
| | | | | | 保义郎 | | | | | | | |
| | | | | | 不恻 | 善衮 | 汝悁 | | | | | |
| | | | | 右班殿 | | | | | | | | |
| | | | | 直士兼 | | | | | | | | |
| | | | | 右班殿 | | | | | | | | |
| | | | | 直士⿰耒朱 | | | | | | | | |

| | | | | | | |
|---|---|---|---|---|---|---|
| | | 士邈 | 不戁 | | | |
| | | | 忠翊郎 | | | |
| | | | 不悚 | 善质 | 汝柔 | 崇庵 |
| | | | | | | 崇[illegible] |
| | | | | | | 崇庢 |
| | | | | | | 崇[illegible] |
| | | | | | 汝孚 | |
| | | | | 善法 | 汝孺 | |
| | | | 不克 | | | |
| | | | 不隐 | 善纪 | 汝肖 | 崇[illegible] |
| | | | | | 汝孮 | |
| | | | | 善昕 | 汝薪 | |
| | | | 不殖 | | | |
| 安陆侯 | 济阴侯 | 赠右屯 | | | | |
| 宗鲁 | 仲随 | 卫大将 | | | | |
| | | 军士茂 | | | | |
| | | 河内侯 | 左侍禁 | | | |

| | | | | | | | | | | | | |
|---|---|---|---|---|---|---|---|---|---|---|---|---|
| | | | | 士骈 | 不盈 | | | | | | | |
| | | | | 赠朝散大夫士𫍲 | 不怨 | | | | | | | |
| | | | | | 赠通议大夫不猷 | 善养 | 汝或 | 崇勋 | 必鼎 | 良璪 | | |
| | | | | | | | | 崇劝 | 必巽 | 良滋 | | |
| | | | | | | | | 崇勤 | | | | |
| | | | | | | | | 崇勅 | 必观 | | | |
| | | | | | | | 汝竑 | 崇助 | | | | |
| | | | | | | | | 崇励 | | | | |
| | | | | | | | | 崇昜 | 必岘 | | | |
| | | | | | | | 沈忱 | 崇劼 | | | | |
| | | | | | | | 汝炜 | | | | | |
| | | | | | | 善羲 | | | | | | |
| | | | | | | 善蔚 | 汝澂 | 崇[illegible] | | | | |

| | | | | | | | | | | | | |
|---|---|---|---|---|---|---|---|---|---|---|---|---|
| | | | | | | | | 崇镓 | | | | |
| | | | | | | | | 崇榏 | | | | |
| | | | | | | | | 崇梴 | | | | |
| | | | | | | | 汝濨 | 崇梧 | 必焞 | | | |
| | | | | | | | | 崇梢 | 必焟 | | | |
| | | | | | | | 汝⿰氵禾 | 崇榕 | 必琅 | | | |
| | | | | | | | | | 必玥 | | | |
| | | | | | | | | 崇⿰木粘 | | | | |
| | | | | | | | | 崇楼 | | | | |
| | | | | | | 善觯 | 汝虎 | 崇竬 | 必⿰王厶 | | | |
| | | | | | | 善虡 | 汝洿 | | | | | |
| | | | | | | | 汝瀀 | 崇稹 | | | | |
| | | | | | | | 汝沿 | | | | | |
| | | | 洋国公仲铣 | 右监门卫大将军士际 | | | | | | | | |
| | | | 赠右屯 | | | | | | | | | |

| | | | | | | | | | | | | |
|---|---|---|---|---|---|---|---|---|---|---|---|---|
| | | | 卫大将军仲喜 | | | | | | | | | |
| | | 普宁侯宗儒 | 冯翊侯仲盘 | 东阳侯士鲠 | 训武郎不忮 | 善峰 | | | | | | |
| | | | | | 朝请大夫不求 | 善玗 | 汝贺 | 崇鍪 | | | | |
| | | | | | | | | 崇鋚 | 必轓 | | | |
| | | | | | | | | | 必轵 | | | |
| | | | | | 忠训郎不违 | | | | | | | |
| | | | | | 不恌 | | | | | | | |
| | | | | 右班殿直士寘 | | | | | | | | |
| | | | | 赠右朝散大夫士诟 | 从事郎不湑 | 善归 | 汝忽 | | | | | |
| | | | | | 不慓 | | | | | | | |

| | | | | | |
|---|---|---|---|---|---|
| | 左朝散郎不化 | 善拯 | | | |
| | | 善揆 | | | |
| | | 善揄 | 汝习 | 崇铻 | 必迪 |
| 武节郎士褰 | 左朝请郎不助 | | | | |
| | 赠从义郎不将 | 善久 | 汝益 | 崇冢 | |
| | | | 汝复 | 崇珅 | 必鍑 |
| | | | | 崇夐 | 必镜 |
| | | | | | 必鏊 |
| | 左朝请郎不迎 | 善信 | | | |
| | | 善端 | | | |
| | | 善愔 | | | |
| | | 善迈 | | | |
| | | 善过 | | | |

| | | | | | | | | | | | | |
|---|---|---|---|---|---|---|---|---|---|---|---|---|
| | | | | | | 善遇 | 汝酢 | 崇镑 | | | | |
| | | | | | | | | 崇抗 | | | | |
| | | | | | | | | 崇搯 | 必泮 | | | |
| | | | | | 成忠郎不殉 | 善贤 | | | | | | |
| | | | | | 不竞 | | | | | | | |
| | | | | | 不武 | | | | | | | |
| | | | | 武经大夫士永 | | | | | | | | |
| | | | | 武经郎士飘 | 保义郎不惮 | | | | | | | |
| | | | | | 承信郎不扬 | 善显 | | | | | | |
| | | | | | | 善颢 | | | | | | |
| | | | | | | 善额 | 汝钦 | 崇璞 | 必邈 | | | |
| | | | | | | | | | 必适 | | | |
| | | | | | | | | 崇珛 | 必遣 | 良榕 | | |

| | | | | | | | | | | | | | | | | |
|---|---|---|---|---|---|---|---|---|---|---|---|---|---|---|---|---|
| | | | | | | | 良溢 | | | | | | 良棕 | 良桦 | 良椽 | 良格 |
| | 必宰 | 必青 | | | | | 必宁 | 必宲 | 必寥 | 必寀 | 必温 | 必濂 | 必澪 | | | |
| 崇俥 | | 崇倈 | | | 崇莱 | 崇荟 | | | 崇菁 | 崇莳 | 崇蒀 | 崇玻 | | | | |
| | | 汝玣 | 汝琨 | 汝侍 | | | | | | 汝镇 | | | | | | |
| | | | | 善颜 | | | | | | | | | | | | |

| | | | | | | | | | | | | |
|---|---|---|---|---|---|---|---|---|---|---|---|---|
| | | | | | | | | 崇咦 | | | | |
| | | | | | | | 汝曨 | 崇侏 | 必窑 | | | |
| | | | | | | | | | 必寃 | | | |
| | | | | | | 善獭 | 汝栈 | | | | | |
| | | | | | 保义郎不愀 | 善琈 | 汝爔 | | | | | |
| | | | | | | | 汝爝 | 崇肖 | | | | |
| | | | | | | | | 崇佾 | | | | |
| | | | | | | | | 崇荓 | | | | |
| | | | | | | | | 崇肓 | | | | |
| | | | | | | | | 崇胄 | 必湑 | | | |
| | | | | | | | 汝羡 | | | | | |
| | | | | | | | 汝焯 | | | | | |
| | | | | | | | 汝蕢 | | | | | |
| | | | | 左班殿直士藟 | | | | | | | | |
| | | | | 武翼郎 | 修职郎 | | | | | | | |

| | | | | | |
|---|---|---|---|---|---|
| 士獒 | 不佚 | | | | |
| | 忠翊郎不遽 | 善招 | 汝温 | 崇似 | 必珪 |
| | | | | | 必瑑 |
| | | | | 崇峻 | 必璜 |
| | | | | 崇嶆 | |
| | | 善榆 | 汝漾 | | |
| | | | 汝涯 | | |
| | | | 汝楪 | | |
| | 承信郎不迮 | 善言 | 汝敦 | | |
| | | 善诣 | 汝慢 | 崇熺 | |
| | | | | 崇潸 | |
| | | | 汝荃 | | |
| | | 善谣 | 汝囷 | 崇浧 | |
| | | | 汝琁 | | |
| | | | 汝炆 | | |

| | | | | | | | | | | | | |
|---|---|---|---|---|---|---|---|---|---|---|---|---|
| | | | | 武经郎士箅 | | | | | | | | |
| | | | | 朝奉大夫士井 | 从政郎不斐 | 善同 | | | | | | |
| | | | | | 不迃 | | | | | | | |
| | | | | | 不迷 | | | | | | | |
| | | | 汝阳侯仲午 | 左班殿直士愠 | 不矜 | 善言 | 汝□ | | | | | |
| | | | | | | | 汝乐 | 崇□ | | | | |
| | | | | | | 善亶 | 汝平 | | | | | |
| | | | | | | | 汝克 | | | | | |
| | | | | | | | 汝宏 | 崇憃 | 必⿱雨羽 | | | |
| | | | | | | | | | 必偃 | | | |
| | | | | | | | 汝⿰忄遂 | 崇卑 | | | | |
| | | | | | | | | 崇⿰钅从 | | | | |
| | | | | | | | | 崇秭 | | | | |
| | | | | | | | 汝恢 | | | | | |

| | | | | | | | | | | | | |
|---|---|---|---|---|---|---|---|---|---|---|---|---|
| | | | | | | | 汝[illegible] | 崇徖 | | | | |
| | | | | | 不代 | | | | | | | |
| | | | | 右侍禁 | | | | | | | | |
| | | | | 士倰 | 不屈 | | | | | | | |
| | | | | | 从政郎 | | | | | | | |
| | | | | | 不倚 | 善寿 | | | | | | |
| | | | | 左班殿 | | | | | | | | |
| | | | | 直士万 | | | | | | | | |
| | | | | 右班殿 | | | | | | | | |
| | | | | 直士输 | | | | | | | | |
| | | | | 忠训郎 | | | | | | | | |
| | | | | 士翰 | | | | | | | | |
| | | | | 从义郎 | | | | | | | | |
| | | | | 士赚 | | | | | | | | |
| | | | | 秉义郎 | | | | | | | | |
| | | | | 士彪 | 不迹 | | | | | | | |
| | | 南康侯 | 太子右 | | | | | | | | | |

| | | | | | | |
|---|---|---|---|---|---|---|
| 宗仁 | 内率府副率仲励 | | | | | |
| | 太子右内率府副率仲果 | | | | | |
| | 景国公仲篪 | 太子右内率府副率士模 | | | | |
| | | 东头供奉官士富 | 赠武功大夫不榴 | 善彤 | 汝棐 | 崇型 |
| | | | | | 汝恭 | |
| | | | 忠翊郎不滞 | 善匽 | | |

| | | | | | | | | | | | | |
|---|---|---|---|---|---|---|---|---|---|---|---|---|
| | | | | | | 善艮 | 汝敉 | 崇⿱大正 | 必⿰氵以 | | | |
| | | | | | | | | 崇儵 | 必教 | | | |
| | | | | | | | | 崇侉 | | | | |
| | | | | | | | | 崇佗 | 必敾 | | | |
| | | | | | 秉义郎 | | | | | | | |
| | | | | | 不奢 | | | | | | | |
| | | | | 左侍禁 | 修武郎 | | | | | | | |
| | | | | 左颧 | 不惰 | 善豆 | 汝辟 | | | | | |
| | | | | | | | 汝诚 | 崇逜 | | | | |
| | | | | | 武节郎 | | | | | | | |
| | | | | | 不恬 | 善叶 | 汝麐 | | | | | |
| | | | | 武德郎 | 承节郎 | | | | | | | |
| | | | | 士芊 | 不趌 | | | | | | | |
| | | | | | 成忠郎 | | | | | | | |
| | | | | | 不兼 | 善谭 | 汝麝 | 崇暜 | | | | |
| | | | | | | | | 崇昔 | 必昨 | | | |
| | | | | | | 善诚 | 汝霙 | 崇⿱艹替 | 必远 | | | |

| | | | | | | | | | | | | |
|---|---|---|---|---|---|---|---|---|---|---|---|---|
| | | | | | | | | 崇历 | 必兹 | | | |
| | | | | | | | | 崇畣 | 必莒 | | | |
| | | | | | | | | | 必芒 | | | |
| | | | | | | | | | 必搴 | | | |
| | | | | | | 善诱 | | | | | | |
| | | | | 赠武功大夫士夔 | 赠武略大夫不愿 | 善冻 | 汝昂 | 崇忻 | | | | |
| | | | | | | | | 崇怖 | | | | |
| | | | | | | | | 崇悦 | | | | |
| | | | | | | | | 崇愉 | | | | |
| | | | | | | | | 崇怡 | 必迢 | | | |
| | | | | | | | | | 必遥 | | | |
| | | | | | | | | 崇愰 | 必迁 | | | |
| | | | | | | | | 崇慓 | 必遂 | | | |
| | | | | | | | | 崇憓 | | | | |
| | | | | | | | | 崇⿰忄共 | | | | |

| | | | | |
|---|---|---|---|---|
| | | | | 赠武义 |
| | | | | 不𨻳 |
| | | | | 成忠郎 |
| 必瑙 | | | | |
| 必玓 | 崇㦤 | 汝昺 | | |
| | 崇恫 | 汝曅 | 善源 | |
| | 崇怈 | | | |
| 必趲 | 崇怏 | 汝昪 | | |
| | 崇㤭 | 汝晢 | | |
| 必蓪 | 崇概 | 汝昱 | | |
| 必遞 | | | | |
| 必迹 | | | | |
| 必遻 | | | | |
| 必遲 | 崇恮 | 汝升 | | |
| 必作 | | | | |
| 必㑫 | | | | |
| 必傸 | 崇㤐 | | | |

| | | | | | | | | | | | | |
|---|---|---|---|---|---|---|---|---|---|---|---|---|
| | | | | | 郎不躐 | 善灊 | 汝蕖 | | | | | |
| | | | | | | 善泌 | | | | | | |
| | | | | | | 善洤 | 汝里 | 崇鑒 | 必珍 | | | |
| | | | | | | | 汝蕽 | 崇贯 | 必璊 | | | |
| | | | | | | | | | 必環 | | | |
| | | | | | | | | 崇费 | | | | |
| | | | | | | | | 崇赑 | | | | |
| | | | | | | | | 崇贾 | | | | |
| | | | | | | | | 崇赀 | | | | |
| | | | | | | | | 崇贺 | | | | |
| | | | | | | | 汝鲅 | 崇熻 | | | | |
| | | | | | | | 汝栅 | | | | | |
| | | | | | | 善潭 | | | | | | |
| | | | | | | 善淙 | 汝俵 | | | | | |
| | | | | | | | 汝优 | | | | | |
| | | | | | | | 汝佫 | | | | | |
| | | | | | 武翼郎 | | | | | | | |

| | | | | |
|---|---|---|---|---|
| | 不饰 | 善汲 | 汝效 | 崇绣 |
| | | | 汝敂 | |
| | | | 汝软 | 崇统 |
| | | 善濯 | 汝烨 | |
| 左班殿直士疌 | | | | |
| 中奉大夫士菶 | 保义郎不[illegible] | | | |
| | 训武郎不处 | 善遂 | 汝寀 | 崇浸 |
| | | | | 崇瀘 |
| | | | 汝髤 | |
| | | | 汝汇 | |
| | | | 汝罙 | 崇枪 |
| | | | | 崇橡 |
| | | | 汝集 | |
| | 成忠郎 | | | |

| | | | | |
|---|---|---|---|---|
| 崇纠 | 汝贾 | 善怫 | | |
| | 汝颟 | 善邕 | | |
| | | 善锌 | 不缪 | 士来 |
| | | | | 忠训郎 |
| | | | | 士禹 |
| | | | | 忠翊郎 |
| 崇沓 | | | | |
| 崇砉 | 汝秾 | | | |
| | 汝科 | 善还 | | |
| | | 善途 | | |
| | | 善远 | | |
| | 汝[illegible] | 善遽 | 夫不比 | |
| | | | 朝请大 | |
| | | | 不忽 | |
| | | | 不尤 | |
| | | | 承节郎 | |
| | 汝求 | 善述 | 不识 | |

| | | | | | | | | | | | | |
|---|---|---|---|---|---|---|---|---|---|---|---|---|
| | | | | | | | | 崇⿰纟遂 | 必纹 | | | |
| | | | | | | | | | 必综 | | | |
| | | | | | | | | | 必⿰纟其 | | | |
| | | | | | | 善从 | 汝瑜 | | | | | |
| | | | | | | | 汝⿰目条 | 崇訡 | | | | |
| | | | | | | | | 崇⿰讠多 | 必俄 | | | |
| | | | | 秉义郎士謦 | | | | | | | | |
| | | | | 赠修武郎士庄 | 赠武节大夫不割 | 善稷 | 汝麒 | | | | | |
| | | | | | | | 汝聘 | | | | | |
| | | | | | | | 汝彪 | 崇琏 | | | | |
| | | | | | | | 汝洿 | 崇序 | 必怬 | 良塱 | | |
| | | | | | | | 汝沰 | 崇炷 | | | | |
| | | | | | | 善裯 | 汝逢 | | | | | |
| | | | | | 不忽 | | | | | | | |

| | | | | | |
|---|---|---|---|---|---|
| 从义郎不溥 | 善斌 | 汝俭 | 崇遈 | 必椐 | 良焄 |
| | | | | 必梓 | |
| | | | | 必猗 | |
| | | | 崇遛 | | |
| | | | 崇迸 | | |
| | | 汝缚 | 崇遞 | 必棇 | |
| | | | 崇逞 | | |
| | | 汝傴 | 崇暵 | | |
| | | | 崇蒉 | | |
| | 善捷 | 汝僾 | 崇漭 | | |
| | | | 崇洅 | | |
| | | 汝傔 | 崇潎 | 必乘 | |
| | | 汝傆 | 崇濩 | | |
| | | 汝仉 | 崇郘 | | |
| | | 汝儥 | 崇漩 | | |
| | | 汝琜 | | | |

| | | | | | | |
|---|---|---|---|---|---|---|
| | | | | | | 必班 |
| 高密郡东阳侯公仲弓 | 士韬 | 不儒 | | | | |
| | | 忠翊郎不茹 | 善学 | | | |
| | | | 善举 | | | |
| | | 成忠郎不投 | | | | |
| | | 不蓬 | | | | |
| | | 修武郎不萸 | 善瓒 | | | |
| | | | 善茂 | | | |
| | | | 善桄 | 汝翩 | 崇燥 | 必铼 |
| | | | | | | 必鉹 |
| | | | | | | 必铆 |
| | | | | | 崇焰 | |
| | | | | | 崇烛 | |

| | | | | | |
|---|---|---|---|---|---|
| | | | 汝翲 | 崇焆 | 必铖 |
| | | | | | 必镨 |
| | | | | 崇焜 | |
| | | | | 崇烊 | |
| | | | | 崇熽 | |
| | | | 汝朔 | 崇爖 | 必伏 |
| | | | | 崇[illegible] | |
| | | | | 崇熛 | |
| | | | | 崇烃 | 必儆 |
| | 不萌 | | | | |
| | 承信郎不荒 | | | | |
| | 不华 | | | | |
| 武功大夫士区 | 修武郎不谱 | 善柔 | | | |
| | | 善[illegible] | 汝戚 | 崇谨 | |
| | | 善[illegible] | | | |

| | | | | | |
|---|---|---|---|---|---|
| | 善弋 | 汝仝 | 崇笶 | | |
| | | | 崇轸 | 必涽 | |
| | | | | 必瀫 | |
| | | | 崇近 | | |
| | | | 崇富 | 必鞆 | |
| | | | | 必钧 | 良钘 |
| | | 汝佥 | | | |
| | 善样 | | | | |
| | 善直 | | | | |
| 训武郎不迹 | 善刚 | 汝亨 | 崇翼 | | |
| | | | 崇劭 | | |
| | | | 崇企 | | |
| | | 汝卓 | 崇嚞 | | |
| | | | 崇籥 | | |
| | | | 崇车 | | |
| | | | 崇蛈 | | |

| | | | | | | |
|---|---|---|---|---|---|---|
| 必瀐 | 崇瑠 | | | | | |
| 必溲 | 崇针 | 汝右 | | | | |
| | 崇羃 | 汝俭 | | | | |
| | 崇葆 | | | | | |
| | | | | 不讹 | | |
| | | | | 保义郎不择 | 左侍禁士甄 | |
| | | | | | 忠训郎士薾 | |
| | 崇儛 | 汝章 | 善胃 | 从义郎不抗 | 敦武郎士驯 | 汉东郡公仲弗 |
| | 崇伣 | | | | | |
| | 崇偻 | | | | | |
| 必钿 | 崇倢 | 汝琤 | | | | |
| 必镙 | | | | | | |
| | 崇侁 | | | | | |
| | 崇侨 | | | | | |

| | | | | | | | | | | | | |
|---|---|---|---|---|---|---|---|---|---|---|---|---|
| | | | 必铜 | | | | | | | | | |
| | | | | 崇泾 | | | | | | | | |
| | | | 必楙 | 崇溥 | | | | | | | | |
| | | | | 崇渐 | | | | | | | | |
| | | | 必铪 | 崇㶖 | | | | | | | | |
| | | | 必镤 | | | | | | | | | |
| | | | | 崇仙 | 汝璔 | | | | | | | |
| | | | 必濡 | 崇佛 | | | | | | | | |
| | | | | 崇俟 | | | | | | | | |
| | | | 必镧 | 崇从 | 汝𪻐 | | | | | | | |
| | | | | | 汝坚 | 善甲 | | | | | | |
| | | | | | 汝道 | | | | | | | |
| | | | | 崇洴 | 汝焕 | | | | | | | |
| | | | | 崇灖 | | | | | | | | |
| | | | | 崇滴 | | | | | | | | |
| | | | | | | 善由 | | | | | | |
| | | | | | | 善轴 | | | | | | |

| | | | | | | | | | | | | |
|---|---|---|---|---|---|---|---|---|---|---|---|---|
| | | | | | | | | | | | | |
| | | | | | | | | | | | | |
| | | | | | | | | | | | | |
| | | | | | | | | | | | | |
| | | | | 崇佃 | 崇偕 | 崇塄 | | | | | | |
| | | | | 汝珣 | | | 汝缉 | 汝繗 | 汝⿰纟志 | | | |
| | 善揖 | 善材 | 善楷 | | | | | | | | | |
| 修职郎不倿 | 成忠郎不侮 | | | | | | | | 承节郎不儛 | 不倚 | 不阂 | 保义郎 |
| | | | | | | | | | | | 宣义郎士囷 | |
| | | | | | | | | | | | | |
| | | | | | | | | | | | | |
| | | | | | | | | | | | | |

| | | | | | | | | | | | | |
|---|---|---|---|---|---|---|---|---|---|---|---|---|
| | | | | | 不阙 | | | | | | | |
| | | | | | 左从政郎不戚 | 善奇 | 汝濎 | 崇铁 | | | | |
| | | | | | | | | 崇镤 | | | | |
| | | | | 宣教郎士榛 | | | | | | | | |
| | | | | 右班殿直士诚 | | | | | | | | |
| | | | 简国公、谥良显仲谈 | 赠通议大夫士鹜 | 成忠郎不愳 | 善达 | 汝瓘 | | | | | |
| | | | | | | 善从 | 汝囦 | | | | | |
| | | | | | 朝请大夫不慭 | 善称 | | | | | | |
| | | | | | | 善琈 | 汝濾 | | | | | |
| | | | | | 不憩 | | | | | | | |
| | | | | 右班殿 | | | | | | | | |

| | | | | | |
|---|---|---|---|---|---|
| 直士守 | 不辱 | | | | |
| 赠通奉大夫士费 | 右从事郎不𢤱 | | | | |
| | 从政郎不念 | | | | |
| | 通直郎不忿 | 善困 | | | |
| 中大夫士鹏 | 赠朝散大夫不志 | 善诣 | 汝究 | 崇佩 | 必嗢 |
| | | | 汝寉 | 崇儁 | |
| | | | | 崇倨 | |
| | | | | 崇偌 | |
| | | | 汝宙 | 崇增 | |
| | | | | 崇傂 | |
| | | | 汝窦 | | |

| | | | | |
|---|---|---|---|---|
| | 善备 | 汝宐 | 崇儀 | 必沅 |
| | | | | 必澔 |
| | | | | 必沿 |
| | | 汝寀 | 崇偞 | |
| | | | 崇偬 | |
| | | 汝寀 | 崇傛 | 必溧 |
| | | 汝扂 | 崇琙 | 必汚 |
| | | | 崇堪 | |
| | | | 崇翌 | |
| 赠朝议大夫不惖 | 善训 | 汝俌 | 崇衙 | 必焄 |
| | | | | 必原 |
| | | | | 必意 |
| | | | | 必麃 |
| | | | | 必絲 |
| 通直郎 | | | | |

| | | | | | | | | | | | | |
|---|---|---|---|---|---|---|---|---|---|---|---|---|
| | | | | | 不[illegible] | 善谦 | 汝损 | | | | | |
| | | | | | | | 汝铍 | 崇煁 | | | | |
| | | | | | | | 汝錤 | | | | | |
| | | | | 秉义郎 | | | | | | | | |
| | | | | 士铮 | 不[illegible] | | | | | | | |
| | | | | | 承议郎 | | | | | | | |
| | | | | | 不恐 | 善诰 | 汝璿 | | | | | |
| | | | | | | | 汝𬞟 | 崇汕 | | | | |
| | | | | | | 善认 | 汝偋 | | | | | |
| | | | 高密郡 | 赠武翼 | | | | | | | | |
| | | | 公仲稜 | 大夫士 | | | | | | | | |
| | | | | 壁 | | | | | | | | |
| | | | | 敦武郎 | 忠翊郎 | | | | | | | |
| | | | | 士忤 | 不侈 | | | | | | | |
| | | | | | 承节郎 | | | | | | | |
| | | | | | 不侗 | 善纮 | 汝绸 | 崇浒 | | | | |
| | | | | | | | | 崇浏 | 必[illegible] | | | |

| | | | | | | | | | | | | | | |
|---|---|---|---|---|---|---|---|---|---|---|---|---|---|---|
| 必晍 | 必晐 | | | | | | | | | 必效 | | | | 必垺 |
| | | 崇漌 | 崇溓 | 崇逮 | 崇漨 | | | | 崇巡 | 崇迟 | 崇運 | | | 崇燎 |
| | | 汝诒 | | | 汝樆 | 汝壎 | | 汝梴 | 汝杜 | | | 汝桻 | 汝⿰木赞 | 汝榑 |
| | | | | | | | 善绍 | 善缕 | | | | 善𫄸 | 善⿰纟聿 | 善⿰纟赍 |
| | | | | | | | 修武郎不测 | | | | | 忠翊郎不侉 | | |

| | | | | | | | | | | | | |
|---|---|---|---|---|---|---|---|---|---|---|---|---|
| | | | | | | 善继 | 汝桐 | 崇炵 | 必堉 | | | |
| | | | | | 从义郎 | | | | | | | |
| | | | | | 不傲 | 善懦 | 汝篪 | 崇焠 | | | | |
| | | | | | | | | 崇烽 | | | | |
| | | | | | | | | 崇㶬 | | | | |
| | | | | | | | | 崇烻 | | | | |
| | | | | | | | | 崇炟 | | | | |
| | | | | | | | | 崇熛 | | | | |
| | | | | | | | 汝棣 | | | | | |
| | | | | | 不倨 | 善彩 | 汝微 | | | | | |
| | | | | | | | 汝炁 | 崇槸 | 必消 | | | |
| | | | | | | | | 崇禣 | | | | |
| | | | | | | | | 崇𥘅 | | | | |
| | | | | | | | | 崇𥘇 | 必𬃷 | | | |
| | | | | | | | | 崇祄 | 必雍 | | | |
| | | | | | | | | 崇行 | | | | |
| | | | | | | | | 崇瑜 | 必梴 | 良赐 | | |

| | | | | | | | | | | | | |
|---|---|---|---|---|---|---|---|---|---|---|---|---|
| | | 良䝬 | | | | | | | | | | |
| | | | 必樴 | | | | | | | | | |
| | | | | 崇淀 | | | | | | | | |
| | | | | 崇浑 | | | | | | | | |
| | | | 必霳 | 崇瑑 | 汝羔 | | | | | | | |
| | | | 必霁 | | | | | | | | | |
| | | | 必霖 | | | | | | | | | |
| | | | | 崇铆 | | | | | | | | |
| | | | | | | | 不倥 | | | | | |
| | | | | 崇稂 | 汝菶 | 善庀 | 不琪 | 保义郎士傧 | | | | |
| | | | | 崇沁 | 汝茞 | 善家 | | | | | | |
| | | | | 崇栖 | | | | | | | | |
| | | | | 崇稙 | | | | | | | | |
| | | | | 崇极 | | | | | | | | |
| | | | | | 汝荛 | | | | | | | |
| | | | | | 汝蓮 | 善醇 | | | | | | |

| | | | | | |
|---|---|---|---|---|---|
| | | | 汝蓿 | | |
| | | 善宛 | 汝蕙 | | |
| | | | 汝荣 | | |
| | | | 汝㭎 | | |
| | | | 汝橝 | | |
| | | | 汝槄 | | |
| | | 善毫 | | | |
| | | 善幸 | | | |
| | | 善粇 | | | |
| 武经郎士琨 | 成忠郎不谥 | 善缙 | 汝栢 | 崇焌 | 必坩 |
| | | | | 崇煓 | |
| | | | 汝柿 | | |
| | | | 汝柣 | 崇熑 | |
| | | | 汝楬 | 崇燻 | |
| | | | | 崇𬊤 | |
| | | | | 崇㶾 | |

| | | | | | | | | | | | | |
|---|---|---|---|---|---|---|---|---|---|---|---|---|
| | | 右侍禁宗奭 | | 从义郎士助 | 不動 | | 汝根<br>汝樜<br>汝槦<br>汝椹<br>汝梃<br>汝樸<br>汝檖 | 崇燣<br>崇烽 | 必聚<br>必臬 | | | |

许王房

| | | | | | | | | | | | | |
|---|---|---|---|---|---|---|---|---|---|---|---|---|
| 许王、赠 | 二子不及 | 新平郡 | 赠安德 | | | | | | | | | |

| | | | | | | | | | | | | |
|---|---|---|---|---|---|---|---|---|---|---|---|---|
| 皇太子、谥昭成元僖 | 名、以允成子继其孙。 | 王，谥恭靖宗保 | 军节度使，谥纯僖仲恕 | 燕国公士盉 | 忠训郎不愆 | 善元 | | | | | | |
| | | | | | 从义郎不偕 | 善述 | | | | | | |
| | | | | | | 善士 | 汝得 | | | | | |
| | | | | | | 善品 | 汝陈 | 崇甚 | | | | |
| | | | | | | | | 崇澜 | 必恂 | | | |
| | | | | | | | | | 必昊 | | | |
| | | | | | | | 汝见 | 崇洼 | | | | |
| | | | | | | | | 崇洑 | | | | |
| | | | | | | | | 崇昝 | | | | |
| | | | | | | 善容 | | | | | | |
| | | | | | | 善千 | 汝益 | 崇綡 | 必玟 | 良铜 | | |
| | | | | | | 善厚 | | | | | | |
| | | | | | | 善后 | 汝惠 | 崇辜 | 必梿 | | | |
| | | | | | | | | 崇襄 | 必燊 | | | |

| | | | | | |
|---|---|---|---|---|---|
| | | | 崇㐭 | | |
| 不偒 | 善泰 | 汝进 | 崇春 | 必澜 | |
| | | | | 必漭 | |
| | | | 崇监 | 必濨 | |
| | | | 崇是 | 必瀸 | |
| | | 汝玖 | 崇傈 | 必汧 | |
| | | | 崇邕 | | |
| | | | 崇蕐 | 必铪 | |
| | | | 崇芬 | 必铬 | |
| | | | | 必美 | |
| | 善叙 | 汝徽 | 崇接 | 必憓 | |
| | | | | 必忔 | 良堥 |
| | | | | 必悟 | |
| | | | 崇抖 | 必忤 | |
| | | | | 必慎 | |
| | | | | 必忲 | |
| | | | 崇拯 | 必泺 | |

| | | | | | | | | | | | | |
|---|---|---|---|---|---|---|---|---|---|---|---|---|
| | | | | 右侍禁 | | | | | | | | |
| | | | | 士阜 | | | | | | | | |
| | | | | 赠银青 | 赠通议 | | | | | | | |
| | | | | 光禄大 | 大夫不 | | | | | | | |
| | | | | 夫士泊 | 紊 | 善麟 | | | | | | |
| | | | | | | 善瓘 | 汝侔 | | | | | |
| | | | | | | 善璿 | 汝倎 | 崇霏 | | | | |
| | | | | | | | | 崇萬 | 必杯 | 良淌 | | |
| | | | | | | | | | 必杬 | | | |
| | | | | | | | | 崇点 | 必栾 | | | |
| | | | | | | | | | 必桨 | | | |
| | | | | | | | | 崇崴 | 必豇 | | | |
| | | | | | | | 善璛 | 汝伸 | 崇仟 | 必椂 | 良玺 | | |
| | | | | | | 善瑨 | 汝侁 | 崇湲 | | | | |
| | | | | | | | | 崇流 | | | | |
| | | | | | | | 汝倭 | 崇汧 | | | | |
| | | | | | | | | 崇淲 | | | | |

| | | | | | | | | | | | | |
|---|---|---|---|---|---|---|---|---|---|---|---|---|
| | | | | | | | | 崇潘 | | | | |
| | | | | | | | | 崇涫 | | | | |
| | | | | | | | 汝愿 | | | | | |
| | | | | | | | 汝洟 | 崇滋 | | | | |
| | | | | | | | | 崇漉 | | | | |
| | | | | | | | 汝俿 | 崇绸 | | | | |
| | | | | | | | | 崇缰 | | | | |
| | | | | | | | | 崇綖 | | | | |
| | | | | | | | | 崇绛 | | | | |
| | | | | | 朝请大夫不吝 | 善扩 | | | | | | |
| | | | | | | 善璪 | 汝衮 | 崇恽 | 必可 | | | |
| | | | | | 不敏 | | | | | | | |
| | | | | 右侍禁士请 | 承节郎不满 | 善浦 | 汝矜 | | | | | |
| | | | | 成忠郎士乂 | | | | | | | | |

| | | | | | |
|---|---|---|---|---|---|
| 彭城侯仲鞠 | 成忠郎士廓 | | | | |
| | 武翼郎士谡 | 成忠郎不降 | | | |
| | | 武翼郎不革 | | | |
| | | 不敦 | 善钧 | 汝倢 | |
| | | | | 汝伻 | 崇湦 |
| | | | | | 崇淍 |
| | | | | | 崇漇 |
| | | | 善劮 | | |
| | | 不抑 | | | |
| | 东头供奉官士熠 | 赠从义郎不溢 | 善齐 | | |
| | | | 善抡 | 汝倰 | |
| | | | 善侊 | 汝颛 | |

| | | | | | | | | | | | | | | |
|---|---|---|---|---|---|---|---|---|---|---|---|---|---|---|
| | | | | | | | | | | | | | | |
| | | | | | | | | | | | | | | |
| | | | | | | | | | | | | | | |
| | | | | 必蒉 | | | | | | | | | | |
| | | 崇廞 | 崇廭 | 崇庬 | | 崇陇 | 崇郝 | | | 崇住 | | | | |
| 汝俐 | 汝仜 | 汝俟 | | | 汝倩 | 汝偲 | | | | 汝颃 | 汝锌 | | | |
| | | 善忱 | | | 善愉 | | | 善愲 | 善嗣 | 善吟 | 善唐 | 善迴 | 善同 | 善遥 |
| | | | | | | | | | 不濡 | 忠训郎不磷 | | | | 忠翊郎不偊 |
| | | | | | | | | | | 武经郎士诠 | | | | |
| | | | | | | | | | | | | | | |
| | | | | | | | | | | | | | | |
| | | | | | | | | | | | | | | |
| | | | | | | | | | | | | | | |

| | | | | | | | | | | | | |
|---|---|---|---|---|---|---|---|---|---|---|---|---|
| | | | | | | 善遁 | 汝莘 | 崇衡 | | | | |
| | | | | | | 善簉 | 汝芆 | 崇凌 | | | | |
| | | | | | | | 汝苯 | 崇偙 | | | | |
| | | | | | | | 汝芎 | 崇倅 | | | | |
| | | | | | | 善⿺辶重 | 汝竱 | 崇便 | | | | |
| | | | | | | | | 崇⿰亻奥 | | | | |
| | | | | | | | | 崇⿰亻元 | | | | |
| | | | | | | | 汝⿰立复 | | | | | |
| | | | | | 训武郎 | | | | | | | |
| | | | | | 不砆 | 善奕 | | | | | | |
| | | | | | | 善享 | | | | | | |
| | | | | | 不懦 | | | | | | | |
| | | | 汉东郡 | 右班殿 | | | | | | | | |
| | | | 公仲杵 | 直士暖 | | | | | | | | |
| | | | | 右班殿 | | | | | | | | |
| | | | | 直士鹈 | | | | | | | | |
| | | | | 右侍禁 | | | | | | | | |

| | | | | | | | | | | | | |
|---|---|---|---|---|---|---|---|---|---|---|---|---|
| | | | | 士菿 | | | | | | | | |
| | | | | 右班殿直士啴 | | | | | | | | |
| | | | 荣州防御使仲詻 | 右班殿直士禒 | | | | | | | | |

宋史卷二二八

表第一九

# 宗室世系十四

商王房

| | | | | | | | | | | | | |
|---|---|---|---|---|---|---|---|---|---|---|---|---|
| 商王、谥恭靖元份 | 信安郡王、谥僖简允宁 | 韩王、谥荣恩宗谔 | 赠左领军卫将军仲伉 | | | | | | | | | |
| | | | 惠国公仲迁 | 太子右内率府副率士 | | | | | | | | |

| | | | | |
|---|---|---|---|---|
| 丘 | | | | |
| 太子右 | | | | |
| 内率府 | | | | |
| 副率士 | | | | |
| 薮 | 不揆 | | | |
| | 修武郎 | | | |
| | 不违 | 善廉 | 汝泗 | 崇荃 |
| | | | | 崇葑 |
| | | | | 崇嵎 |
| | | | | 崇峡 |
| | | | 汝润 | 崇爽 |
| | | | | 崇烋 |
| | | | | 崇爌 |
| | | | | 崇焷 |
| | | | | 崇炳 |
| 赠右朝 | 赠右朝 | | | |
| 奉大夫 | 请大夫 | | | |

| | | | | | | | | | | | | |
|---|---|---|---|---|---|---|---|---|---|---|---|---|
| | | | | 士寔 | 不华 | 善政 | 汝灏 | | | | | |
| | | | | | | | 汝川 | | | | | |
| | | | | | | | 汝骋 | | | | | |
| | | | | | | | 汝解 | | | | | |
| | | | | | | 善教 | 汝经 | | | | | |
| | | | | | | | 汝绩 | | | | | |
| | | | | | 宣教郎不谏 | 善辨 | | | | | | |
| | | | | | | 善戎 | | | | | | |
| | | | | | | 善弌 | 汝方 | 崇德 | 必错 | | | |
| | | | | | | | | | 必聪 | | | |
| | | | | | | | 汝文 | | | | | |
| | | | | 秉义郎士奥 | | | | | | | | |
| | | | 惠国公谥敦孝仲越 | 赠保厥军郎公卫 | | | | | | | | |

| | | | | | | |
|---|---|---|---|---|---|---|
| 房国公、谥良僖士宙 | 三班奉职不择 | | | | | |
| | 从义郎不陂 | 善述 | 汝能 | | | |
| | | | 汝坚 | 崇献 | 必迻 | 良和 |
| | | | | | 必遏 | |
| | | | | | 必迊 | |
| | | | | 崇太 | | |
| | | | | 崇乂 | 必达 | 良宏 |
| | | | | | 必遈 | |
| | | | | | 必迹 | |
| | | | | | 必逌 | 良甯 |
| | | | | 崇奂 | | |
| | | | | 崇夷 | 必运 | |
| | | | | | 必邁 | 良琏 |
| | | | | | 必逢 | |

| | | | | | | | | | | | | |
|---|---|---|---|---|---|---|---|---|---|---|---|---|
| | | | | | | | | 崇史 | | | | |
| | | | | | | | | 崇奕 | | | | |
| | | | | | | | | 崇突 | | | | |
| | | | | | | | | 崇交 | 必玤 | | | |
| | | | | | | | | | 必玐 | | | |
| | | | | | | | | | 必[illegible] | | | |
| | | | | | | | | | 必珇 | | | |
| | | | | | | | | 崇筴 | | | | |
| | | | | | | | | 崇奋 | | | | |
| | | | | | | | | 崇臾 | | | | |
| | | | | | | | 汝谐 | 崇猷 | 必淑 | 良杰 | | |
| | | | | | | | | | | 良徽 | | |
| | | | | | | | | | | 良侑 | 友杯 | |
| | | | | | | | | | 必浥 | 良信 | 友集 | |
| | | | | | | | | | | | 友渝 | |
| | | | | | | | | | | 良仲 | | |
| | | | | | | | | | | 良价 | 友坦 | |

| | | | | | | | | | | | | |
|---|---|---|---|---|---|---|---|---|---|---|---|---|
| | | | | | | | | | | 良侑 | | |
| | | | | | | | | | | 良[illegible] | | |
| | | | | | | | | | | 良侮 | | |
| | | | | | | | 汝申 | 崇赐 | | | | |
| | | | | | | | | 崇夙 | 必鍨 | 良灢 | | |
| | | | | | | | | | 必錍 | | | |
| | | | | | | | | 崇久 | | | | |
| | | | | | | | | 崇蓁 | 必鋂 | 良瑑 | | |
| | | | | | | | | | | 良琇 | | |
| | | | | | | | | 崇官 | 必铻 | 良橍 | | |
| | | | | | | | | | | 良槮 | | |
| | | | | | | 善孝 | | | | | | |
| | | | | | | 善长 | | | | | | |
| | | | | | | 善学 | | | | | | |
| | | | | | 忠训郎 | | | | | | | |
| | | | | | 不倨 | | | | | | | |
| | | | | | 保义郎 | | | | | | | |

| | | | | | | | | | | | | |
|---|---|---|---|---|---|---|---|---|---|---|---|---|
| | | | | | 不柔 | | | | | | | |
| | | | | | 忠训郎不[illegible] | | | | | | | |
| | | | | | 成忠郎不慽 | | | | | | | |
| | | | | | 忠翊郎不盗 | | | | | | | |
| | | | | | 保义郎不炀 | 善珪 | | | | | | |
| | | | | | | 善理 | | | | | | |
| | | | | | 不耀 | | | | | | | |
| | | | | 左藏库副使士琢 | 忠训郎不器 | | | | | | | |
| | | | | | 承节郎不古 | | | | | | | |
| | | | | 内殿承 | | | | | | | | |

| | | | | | | | | | | | | |
|---|---|---|---|---|---|---|---|---|---|---|---|---|
| | | | | 制士埒 | | | | | | | | |
| | | | | 武翼郎 | | | | | | | | |
| | | | | 士仙 | 不比 | | | | | | | |
| | | | | | 不朋 | | | | | | | |
| | | | | | 承节郎 | | | | | | | |
| | | | | | 不回 | 善膺 | | | | | | |
| | | | | | | 善卞 | 汝咨 | | | | | |
| | | | | | | | 汝鸾 | 崇镡 | | | | |
| | | | | | | | 汝评 | 崇榕 | 必循 | | | |
| | | | | | | 善康 | | | | | | |
| | | | | | | 善庥 | 汝甯 | | | | | |
| | | | | | | | 汝莘 | | | | | |
| | | | | 赠通议 | 左中奉 | | | | | | | |
| | | | | 大夫士 | 大夫不 | | | | | | | |
| | | | | 灵夔 | 溢 | 善瑄 | 汝槢 | 崇僠 | 必泰 | 良缉 | | |
| | | | | | | | | | 必亨 | 良维 | | |
| | | | | | | | | | 必奕 | | | |

| | | | | |
|---|---|---|---|---|
| | | 崇[illegible] | 必迁 | 良绎 |
| | | | | 良缙 |
| | | 崇臤 | 必旨 | |
| | | 崇宋 | 必庄 | |
| | | 池 | 必庲 | |
| | 汝榆 | 崇岩 | 必𥦗 | |
| | | 崇嵍 | 必瑢 | |
| | | 崇豆 | 必僕 | |
| 善琦 | 汝杰 | 崇衜 | 必恖 | |
| | | | 必炁 | 良绶 |
| | | | 必恿 | 良彩 |
| | | | | 良𫄤 |
| | | | 必□ | |
| | | 崇惠 | 必宾 | |
| | | | 必宫 | |
| | | | 必懃 | |
| | | 崇则 | 必迈 | |

| | | | | | | | | | | | | |
|---|---|---|---|---|---|---|---|---|---|---|---|---|
| | | | | | | | | | 必造 | 良[illegible] | | |
| | | | | | | | | | 必迁 | | | |
| | | | | | | | | | 必[illegible] | | | |
| | | | | | | | | | 必諴 | | | |
| | | | | | | | | 崇讣 | | | | |
| | | | | | | | | 崇[illegible] | 必依 | 良统 | | |
| | | | | | | | | 崇中 | 必致 | | | |
| | | | | | | | 汝倢 | | | | | |
| | | | 太子右内率府副率仲[illegible] | | | | | | | | | |
| | | | 成王、谥孝良仲营 | 赠眉州防御使士詠 | 武德郎不同 | 善谏 | 汝可 | 崇极 | 必兼 | | | |
| | | | | | | | | 崇积 | 必楷 | | | |
| | | | | | | | | | 必[illegible] | | | |

| | | | | |
|---|---|---|---|---|
| | 必柟 | | | |
| | 必倪 | 崇松 | | |
| 良杆 | 必候 | | | |
| 良极 | | | | |
| 良枱 | | | | |
| | | 崇槩 | | |
| | | 崇枝 | | |
| | 必光 | 崇念 | 汝诹 | 善谋 |
| | 必沸 | | | |
| | 必涅 | | | |
| | 必渻 | | | |
| | | 崇怤 | | |
| | | 崇佯 | 汝资 | |
| | 必既 | 崇倢 | | |
| | 必埔 | | | |
| | 必朵 | 崇铧 | | |
| | | 崇遗 | 汝籆 | |

| | | | | | | | | | | | | | | | | |
|---|---|---|---|---|---|---|---|---|---|---|---|---|---|---|---|---|
| 必泓 | 必泗 | 必濂 | | | | | | | | | | 必衢 | 必彿 | 必微 | | |
| | | 崇锴 | 崇丕 | | | | | | | | | 崇忞 | | 崇懕 | 崇悉 | 崇愬 |
| | | | 汝瑕 | | | | | | 汝奚 | 汝荥 | | | | | | |
| | | | 善恩 | 善议 | | | 善询 | | | 善诒 | 善言 | | | | | |
| | | | | 不武 | 保义郎 | 不俗 | 不凡 | 成忠郎 | | | | | | | | |

| | | | | | | | | | | | | |
|---|---|---|---|---|---|---|---|---|---|---|---|---|
| | | | | | | | | 崇镛 | | | | |
| | | | | | | | 汝璪 | 崇铬 | | | | |
| | | | | | | | | 崇锳 | | | | |
| | | | | | | | 汝玐 | 崇锝 | 必滭 | | | |
| | | | | | | | | | 必淞 | | | |
| | | | | | 右迪功郎不役 | 善觇 | 汝麓 | 崇颛 | | | | |
| | | | | | | 善拜 | 汝关 | 崇鋽 | 必樱 | | | |
| | | | | | | | | | 必槢 | | | |
| | | | | | | | | | 必榴 | | | |
| | | | | | | | | 崇义 | | | | |
| | | | | | | | 汝蕈 | | | | | |
| | | | | | | | 汝翕 | 崇善 | | | | |
| | | | | | | | | 崇銂 | | | | |
| | | | | | | | | 崇铙 | | | | |
| | | | | | | | | 崇银 | | | | |
| | | | | | | | 汝电 | 崇鐾 | | | | |

| | | | | |
|---|---|---|---|---|
| | | | 崇壢 | |
| | | 汝茀 | | |
| 成忠郎不废 | | | | |
| 忠训郎不由 | 善经 | 汝端 | 崇𬣡 | 必储 |
| | | | | 必弇 |
| | | | 崇𫍲 | 必俌 |
| | | | | 必倢 |
| | | | | 必俱 |
| | | | | 必侻 |
| | | | 崇諆 | 必倍 |
| | | | | 必侀 |
| | | | | 必侳 |
| | | | 崇谙 | 必俏 |
| | | | | 必佯 |
| | | 汝综 | 崇𫍟 | 必僺 |

| | | | | | | | | | | | | |
|---|---|---|---|---|---|---|---|---|---|---|---|---|
| | | | | 崇诸 | 汝绾 | | | | | | | |
| | | | | 崇谀 | | | | | | | | |
| | | | | | | | 保义郎 | | | | | |
| | | | | | | | 不斐 | | | | | |
| | | 良玽 | 必燸 | 崇德 | 汝方 | 善弌 | 不朋 | | | | | |
| | | | | 崇烰 | 汝文 | | | | | | | |
| | | | | | | | 武翼郎 | | | | | |
| | | | | | 汝陆 | 善瀵 | 不尘 | | | | | |
| | | | | | 汝偶 | 善评 | | | | | | |
| | | | | | 汝作 | 善⿰讠斯 | | | | | | |
| | | | | | 汝儌 | | | | | | | |
| | | | | | 汝仡 | | | | | | | |
| | | | | ⿰火阑 崇⿰火阑 | 汝昌 | 善综 | | | | | | |
| | | | | 崇炂 | | | | | | | | |
| | | | | | | 善⿰讠喜 | | | | | | |
| | | | | | | | 武经郎 | | | | | |
| | | | | | | 善廪 | 不势 | | | | | |

| | | | | | | | | | | | | |
|---|---|---|---|---|---|---|---|---|---|---|---|---|
| | | | | | | 善鍧 | 汝⿰王取 | | | | | |
| | | | | | | | 汝⿰王夌 | | | | | |
| | | | | | | | 汝稑 | | | | | |
| | | | | | | | 汝⿰立需 | | | | | |
| | | | | | 不迷 | | | | | | | |
| | | | | | 不言 | | | | | | | |
| | | | | 左班殿直士譒 | | | | | | | | |
| | | | | 左中大夫士稳 | 武德郎不邪 | | | | | | | |
| | | | | | 右儒林郎不颐 | 善迁 | 汝警 | 崇慕 | 必瓘 | | | |
| | | | | | | | | | 必琔 | | | |
| | | | | | | | | | 必现 | | | |
| | | | | | | | | 崇凌 | | | | |
| | | | | | | | | 崇沛 | | | | |
| | | | | | | | 汝辩 | | | | | |

| | | | | | | | | | | | | |
|---|---|---|---|---|---|---|---|---|---|---|---|---|
| | | | | | | | 汝诀 | | | | | |
| | | | | | | | 汝訾 | | | | | |
| | | | | | | | 汝讦 | | | | | |
| | | | | | 右从事郎不降 | | | | | | | |
| | | | | 赠武翼大夫士竘 | 武经郎不微 | 善时 | | | | | | |
| | | | | | | 善式 | 汝芳 | | | | | |
| | | | | | 修武郎不砊 | 善述 | | | | | | |
| | | | | | | 善逌 | 汝诚 | 崇笙 | | | | |
| | | | | | | | | 崇箓 | | | | |
| | | | | | | 善这 | 汝谏 | 崇祼 | | | | |
| | | | | | | | | 崇摭 | | | | |
| | | | | | | | | 崇梿 | 必畴 | | | |
| | | | | | | | | | 必時 | | | |

| | | | | | | | | | | | | |
|---|---|---|---|---|---|---|---|---|---|---|---|---|
| | | | | | | | | | 必曝 | | | |
| | | | | | | | | 崇拚 | | | | |
| | | | | | | | | 崇擈 | | | | |
| | | | | | | 善遴 | 汝课 | 崇锌 | | | | |
| | | | | | | | | 崇⿰钅禺 | | | | |
| | | | | | | | | 崇锑 | | | | |
| | | | | | | | 汝詧 | 崇钡 | 必⿰土兹 | | | |
| | | | | | | | 汝⿱留言 | 崇镤 | | | | |
| | | | | | 不凋 | 善德 | | | | | | |
| | | | | | | 善侄 | 汝灏 | 崇太 | | | | |
| | | | | | | 善迪 | 汝壍 | 崇乔 | 必德 | | | |
| | | | | 赠左中奉大夫士訔 | 忠翊郎不殚 | | | | | | | |
| | | | | | 赠正义大夫不衰 | 善俊 | 汝正 | 崇⿰氵庶 | 必⿰钅豕 | | | |

| | | | | | | | | | | | | |
|---|---|---|---|---|---|---|---|---|---|---|---|---|
| | | | | | | | 汝将 | 崇涌 | 必枻 | 良煾 | | |
| | | | | | | | | | 必相 | | | |
| | | | | | | | 汝就 | | | | | |
| | | | | | | | 汝跻 | 崇倡 | | | | |
| | | | | | | | | 崇涝 | 必煻 | | | |
| | | | | | | | | | 必焠 | | | |
| | | | | | | | | 崇槙 | | | | |
| | | | | | | | | 崇苣 | | | | |
| | | | | | | | | 崇苕 | | | | |
| | | | | | | | | 崇苕 | | | | |
| | | | | | | | 汝聿 | | | | | |
| | | | | 赠正奉大夫士靖 | 左朝请郎不退 | 善宿 | 汝伯 | 崇操 | | | | |
| | | | | | | | | 崇格 | | | | |
| | | | | | | | | 崇柄 | | | | |
| | | | | | | | | 崇楷 | 必磷 | | | |

| | | | |
|---|---|---|---|
| | | 必碱 | |
| 汝僎 | 崇握 | | |
| | 崇撙 | | |
| 汝像 | 崇楷 | | |
| | 崇摅 | | |
| | 崇抡 | | |
| | 崇抚 | 必濠 | 良𤩽 |
| | 崇扶 | | |
| 汝倘 | 崇擢 | 必琱 | 良钒 |
| | | 必珇 | |
| | | 必玢 | |
| | 崇时 | 必梱 | |
| | 崇捷 | 必炂 | |
| | | 必燔 | 良珊 |
| | | 必熷 | |
| | | 必炷 | |
| | 崇挺 | | |

| | | | | |
|---|---|---|---|---|
| | | | 崇釆 | |
| 赠蕲州防御使不迮 | 善宓 | 汝伕 | 崇瑃 | |
| | | 汝俒 | | |
| | | 汝侅 | | |
| | | 汝復 | | |
| | | 汝倛 | | |
| | | 汝傛 | | |
| | | 汝儴 | | |
| | | 汝徛 | | |
| | | 汝倯 | | |
| | | 汝侐 | | |
| | 善傺 | 汝例 | | |
| | | 汝僆 | | |
| | | 汝垶 | 崇璆 | 必杰 |
| | 善官 | 汝璞 | 崇遒 | |

| | | | | |
|---|---|---|---|---|
| 必洮 | 崇稞 | 汝泉 | 善托 | 不逾 |
| | | | | 从义郎 |
| | | | | 不逆 |
| | | | | 不昬 |
| | | | 善宋 | |
| | | 汝碻 | | |
| | | 汝硫 | 善宁 | |
| | 崇陕 | 汝玗 | | |
| | | 汝瑨 | 善芥 | |
| | | 汝茪 | | |
| | | 汝琘 | | |
| | | 汝璛 | | |
| | 崇茝 | | | |
| | 崇遞 | 汝瓊 | | |
| | 崇適 | | | |
| | 崇造 | | | |
| | 崇迁 | | | |

| | | | | | |
|---|---|---|---|---|---|
| 必澶 | | | | | |
| | 崇迁 | 汝隶 | | | |
| | | | | | 西头供奉官士悰 |
| | | | | 左迪功郎不瘉 | 左朝请大夫、直秘阁士謜 |
| | | 汝度 | 善监 | 将仕郎不邅 | |
| | | | | 不嚣 | |
| | 崇止 | 汝易 | 善镳 | 赠奉直大夫不琢 | 修武郎士端 |
| | 崇慒 | 汝导 | | | |
| | 崇[illegible] | | | | |

| | | | |
|---|---|---|---|
| | 崇琁 | 汝備 | 善[illegible] |
| | | 汝倠 | |
| | 崇訋 | | |
| | 崇榹 | 汝弇 | |
| | 崇僶 | 汝俫 | 善钺 |
| | | 汝昍 | |
| | 崇朏 | | |
| 必賁 | | | |
| 必垷 | 崇臚 | 汝睽 | |
| | 崇肵 | | |
| | 崇臛 | | |
| | 崇滕 | 汝䁙 | |
| | 崇[illegible] | | |
| | 崇櫹 | | |
| | 崇杆 | 汝耆 | |
| | 崇煠 | | |
| | 崇[illegible] | | |

| | | | | | | | | | | | | |
|---|---|---|---|---|---|---|---|---|---|---|---|---|
| | | | | 崇汴 | | | | | | | | |
| | | | | 崇流 | | | | | | | | |
| | | | | 崇膳 | | | | | | | | |
| | | | | | 汝冕 | | | | | | | |
| | | | | | 汝磻 | 善鐩 | | | | | | |
| | | | | 崇⿱⺮息 | 汝来 | | | | | | | |
| | | | | 崇骼 | | | | | | | | |
| | | | | 崇⿰彳⿱𡿺夊 | | | | | | | | |
| | | | | 崇徽 | | | | | | | | |
| | | | | | 汝⿱㓞石 | 善鈵 | | | | | | |
| | | | | 崇⿱般虫 | 汝彤 | | | | | | | |
| | | | | | 汝诔 | | | | | | | |
| | | | | | 汝⿺辶此 | | | | | | | |
| | | | | | 汝滇 | 善锐 | | | | | | |
| | | | | | 汝潏 | | | | | | | |
| | | | | 崇瓖 | 汝⿰山衰 | 善鉊 | | | | | | |
| | | | | 崇骍 | | | | | | | | |

| | | | | | | | | | | | | |
|---|---|---|---|---|---|---|---|---|---|---|---|---|
| | | | | | 训武郎不淈 | 善钺 | 汝率 | 崇昐 | | | | |
| | | | | | | 善镂 | 汝⿰讠支 | | | | | |
| | | | | | | | 汝⿰讠奇 | | | | | |
| | | | | | | | 汝胆 | 崇臕 | | | | |
| | | | | | | | 汝譬 | 崇謄 | | | | |
| | | | | | | 善⿰钅匋 | | | | | | |
| | | | | | | 善简 | | | | | | |
| | | | 少师、通义侯仲料 | 左班殿直士泚 | | | | | | | | |
| | | | | 赠左通议大夫士陴 | 赠太中大夫不舟 | 善时 | 汝宜 | 崇令 | | | | |
| | | | | | | | | 崇巳 | 必言 | | | |
| | | | | | | | | | 必克 | 良珅 | | |
| | | | | | | | | | | 良珄 | | |

| | | | | | | | | | | | | | | | | |
|---|---|---|---|---|---|---|---|---|---|---|---|---|---|---|---|---|
| | | | | | | | | | | | | | | | | |
| | | | | | | | | | | | | | | | | |
| | | | 良琮 | | | | | | | 良镛 | | | | | | |
| 必埲 | 必仁 | 必照 | 必冲 | 必梓 | 必渫 | 必滢 | | | | 必槿 | 必徖 | 必倚 | 必绰 | 必谠 | 必址 | 必塈 |
| | 崇报 | | | | | | | | 崇昌 | 崇素 | | | | | | |
| | | | | | | | 汝良 | 汝王 | 汝錾 | | | | | | | |
| | | | | | | | 善敏 | | | | | | | | | |
| | | | | | | | | | | | | | | | | |
| | | | | | | | | | | | | | | | | |
| | | | | | | | | | | | | | | | | |
| | | | | | | | | | | | | | | | | |
| | | | | | | | | | | | | | | | | |

| | | | | | | | | | | | | | | | | |
|---|---|---|---|---|---|---|---|---|---|---|---|---|---|---|---|---|
| | | | | | 良玞 | | | | | | | | | | | |
| 必汯 | | | 必极 | 必机 | 必津 | 必佚 | 必侫 | 必僭 | 必仉 | 必倲 | | 必价 | 必儇 | 必仙 | 必俊 | 必许 |
| 崇横 | | | | | 崇𬣙 | | | | | 崇掮 | 崇蕴 | | | 崇绾 | 崇冠 | |
| 汝倪 | | | | | | | | | | | | | | | | |
| 善养 | 善应 | 善渊 | | | | | | | | | | | | | | |

| | | | | | | | | | | | | | | | | |
|---|---|---|---|---|---|---|---|---|---|---|---|---|---|---|---|---|
| 必谌 | 必䜣 | | 必辻 | 必讱 | 必谥 | | | | | 必刁 | | | | 必敔 | | |
| | 崇书 | | | 崇东 | 崇慭 | 崇浲 | | 崇晼 | 崇卒 | 崇齐 | | 崇桐 | 崇杠 | 崇树 | 崇椭 | 崇榉 |
| | 汝灼 | | | | 汝祈 | 汝值 | 汝伊 | | | 汝促 | 汝佚 | | | | | |
| | 善从 | 善贷 | | | 善殊 | | | | | | | | | | | |

| | | | | | |
|---|---|---|---|---|---|
| | | | 崇抃 | 必倘 | |
| | | | | 必僚 | |
| | | | 崇翾 | 必槅 | |
| | | | | 必杜 | |
| | | | 崇傎 | | |
| 赠朝议大夫不傲 | 善期 | 汝乙 | 崇范 | 必辉 | |
| | | | | 必聪 | |
| | | | | 必待 | 良瑑 |
| | | | | 必适 | 良瘠 |
| | | | | 必扬 | |
| | | | 崇篚 | 必邁 | |
| | | | | 必遱 | |
| | | | | 必𨑨 | |
| | 善铉 | 汝镛 | 崇作 | 必晔 | |
| | | | | 必煠 | |

| | | | | | | | | | | | | |
|---|---|---|---|---|---|---|---|---|---|---|---|---|
| | | | | | | | 汝重 | 崇偞 | | | | |
| | | | | | | | | 崇雍 | | | | |
| | | | | | | | | 崇舒 | | | | |
| | | | | | | | | 崇彰 | | | | |
| | | | | | | | 汝杓 | | | | | |
| | | | | | | | 汝圻 | | | | | |
| | | | | | | | 汝燉 | 崇傘 | 必逞 | | | |
| | | | | | | | | 崇偶 | | | | |
| | | | | | | | | 崇课 | | | | |
| | | | | | | | 汝浒 | | | | | |
| | | | | | | 善嵱 | | | | | | |
| | | | | | | 善炤 | | | | | | |
| | | | | | 右从事郎不俚 | 善曒 | 汝万 | 崇晙 | | | | |
| | | | | | | | | 崇禗 | 必像 | | | |
| | | | | | | | | 崇宜 | 必什 | | | |
| | | | | | | | | | 必俟 | | | |

| | | | | | |
|---|---|---|---|---|---|
| | | 汝租 | 崇祫 | | |
| | | 汝衢 | 崇坻 | | |
| | | | 崇垎 | | |
| | | | 崇圩 | | |
| 赠朝奉郎不倚 | 善修 | 汝燧 | 崇禥 | 必受 | 良胥 |
| | | | | | 良淞 |
| | | | | | 良瀧 |
| | | | | 必⿰王兼 | |
| | | 汝巩 | 崇适 | 必⿸广㐱 | |
| | | | | 必⿸广番 | |
| | | | | 必廙 | |
| | | 汝张 | 崇⿰火更 | | |
| | | | 崇⿺辶莆 | 必晥 | |
| | | 汝佌 | | | |
| | 善郅 | 汝辛 | 崇遏 | | |
| | | | 崇邃 | | |

| | | | | | | | | | | | | |
|---|---|---|---|---|---|---|---|---|---|---|---|---|
| | | | | | | | | 崇遃 | | | | |
| | | | | | | | | 崇遲 | | | | |
| | | | | | | | | 崇辽 | | | | |
| | | | | | | | 汝佸 | | | | | |
| | | | | | | | 汝笙 | 崇⿺辶支 | | | | |
| | | | | | | | | 崇⿺辶企 | | | | |
| | | | | | | | | 崇⿺辶交 | 必玗 | | | |
| | | | | | | | | | 必珩 | | | |
| | | | | | | | | | 必玱 | | | |
| | | | | | | | | | 必玖 | | | |
| | | | | | | | | | 必瑒 | | | |
| | | | | | | | | 崇選 | | | | |
| | | | | | | | 汝荥 | | | | | |
| | | | | | | 善利 | | | | | | |
| | | | | | 赠朝奉郎不伐 | 善龄 | 汝涧 | 崇粹 | 必峰 | | | |
| | | | | | | | | | 必灿 | 良福 | | |

| | | | | | | | | | | | | |
|---|---|---|---|---|---|---|---|---|---|---|---|---|
| | | | | | | | | | | 良禄 | | |
| | | | | | | | | 崇椿 | 必钰 | 良坤 | | |
| | | | | | | | | | 必錬 | | | |
| | | | | | | | | | 必录 | 良灭 | | |
| | | | | | | | | 崇𪸩 | 必梓 | | | |
| | | | | | | | | | 必侅 | 良汜 | | |
| | | | | | | | 汝渲 | 崇训 | 必榛 | | | |
| | | | | | | | 汝沚 | | | | | |
| | | | | | | | 汝溪 | 崇坚 | 必傆 | 良衢 | | |
| | | | | | 右修武郎不为 | 善祥 | | | | | | |
| | | | 徐州观察使仲[illegible] | 敦武郎士解 | 保义郎不夸 | 善继 | | | | | | |
| | | | | 左班殿直士招 | 不求 | | | | | | | |
| | | | | 武翼郎 | 保义郎 | | | | | | | |

| | | | | | | | | | | | | |
|---|---|---|---|---|---|---|---|---|---|---|---|---|
| | | | | 士谦 | 不吝 | 善思 | 汝侔 | 崇埜 | 必愿 | | | |
| | | | | | | | | | 必憲 | | | |
| | | | | | | | | | 必送 | | | |
| | | | | | | | | | 必遒 | | | |
| | | | | | | | | 崇芾 | 必恁 | | | |
| | | | | | | | | 崇亶 | 必迥 | | | |
| | | | | | | | | 崇畀 | 必琭 | | | |
| | | | | | 成忠郎不萘 | 善遂 | 汝楠 | | | | | |
| | | | | | | | 汝东 | | | | | |
| | | | | | | 善玐 | 汝冢 | | | | | |
| | | | | | | | 汝宫 | 崇凉 | | | | |
| | | | | | | | 汝诧 | | | | | |
| | | | | 忠训郎士㰆 | | | | | | | | |
| | | | | 忠翊郎士依 | | | | | | | | |

| | | | | | | | | | | | | |
|---|---|---|---|---|---|---|---|---|---|---|---|---|
| | | | | 成忠郎士依 | | | | | | | | |
| | | | | 成忠郎士倄 | | | | | | | | |
| | | | | 成忠郎士学 | | | | | | | | |
| | | | 北海侯仲维 | 赠正议大夫士彭 | 赠中散大夫不渐 | 善石 | 汝离 | | | | | |
| | | | | | | | 汝嘻 | 崇价 | | | | |
| | | | | | | | | 崇衔 | 必琫 | | | |
| | | | | | | | | 崇椿 | | | | |
| | | | | | | | | 崇[礻同] | | | | |
| | | | | | | | 汝咏 | | | | | |
| | | | | | | | 汝轩 | | | | | |
| | | | | | | 善视 | 汝唯 | 崇福 | | | | |
| | | | | | | | 汝禊 | | | | | |

| | | | |
|---|---|---|---|
| | | | 右奉议 |
| | 汝虒 | 善庽 | |
| | | 善闾 | |
| | 汝恁 | 善浣 | |
| | | 善撰 | |
| | 汝琉 | | |
| | 汝⿰王旁 | 善燧 | |
| | 汝洽 | 善准 | |
| | 汝律 | 善徙 | |
| | 汝圜 | 善逭 | |
| | | 善夙 | |
| 崇稊 | | | |
| 崇秸 | 汝嘕 | 善务 | |
| | 汝㤝 | | |
| 崇稜 | 汝悃 | | |
| | 汝憺 | 善悟 | |
| | 汝祤 | | |

| | | | | | | | | | | | | |
|---|---|---|---|---|---|---|---|---|---|---|---|---|
| | | | | | 郎不同 | 善诜 | 汝摸 | 崇聂 | | | | |
| | | | | | | | | 崇当 | | | | |
| | | | | | | | | 崇畱 | 必窂 | | | |
| | | | | | | | 汝栗 | 崇毂 | | | | |
| | | | | | | | | 崇䕅 | | | | |
| | | | | 武翼大夫士和 | 右从政郎不泛 | 善森 | 汝晁 | | | | | |
| | | | | | | | 汝曑 | 崇伫 | | | | |
| | | | | | | | | 崇伸 | | | | |
| | | | | | | | 汝曩 | | | | | |
| | | | | | | | 汝惿 | 崇边 | | | | |
| | | | | | | | 汝遈 | | | | | |
| | | | | | 右文林郎不溷 | 善介 | 汝檄 | | | | | |
| | | | | | | | 汝裷 | 崇诋 | | | | |
| | | | | | | | | 崇幽 | | | | |
| | | | | | | | 汝䕩 | | | | | |

| | | | | | | | | | | | | | | | |
|---|---|---|---|---|---|---|---|---|---|---|---|---|---|---|---|
| 崇哗 | 崇堞 | 崇玅 | | | | | | | | | 崇芗 | 崇蕉 | 崇镛 | 崇镙 | |
| 汝褚 | | 汝最 | | 汝星 | 汝昜 | 汝昇 | 汝朞 | | 汝晅 | | 汝晟 | 汝清 | 汝珎 | | |
| | | 善谷 | 善必 | 善仌 | | | | 善公 | 善定 | 善采 | 善佥 | | 善槛 | | |
| | | | | | | | | | | 武翼郎不漂 | | | | | 不湮 |

| | | | | | | | | | | | | |
|---|---|---|---|---|---|---|---|---|---|---|---|---|
| | | 崇楅 | 崇榛 | | | | | | | | | |
| | | 汝莀 | | | 汝茇 | 汝蘘 | | | 汝偤 | | | 汝倠 |
| | | 善憲 | | 善忎 | 善憖 | | 善想 | 善悠 | 善榰 | 善楹 | 善桎 | 善榕 |
| 不危 | 不逃 | 修武郎不讱 | | 武翼郎不诜 | | | | | 儒林郎不湢 | | | |
| 武经大夫士谷 | | | | | | | | | 武经大夫士聿 | | | |

| | | | | | | | | | | | | |
|---|---|---|---|---|---|---|---|---|---|---|---|---|
| | | | | | | | 汝佾 | | | | | |
| | | | | | | 善璥 | | | | | | |
| | | | | | | 善瑠 | 汝徣 | | | | | |
| | | | | | 从义郎不淄 | 善栉 | | | | | | |
| | | | | | | 善棣 | 汝琎 | | | | | |
| | | | | | | 善楠 | 汝樗 | | | | | |
| | | | | | | | 汝烇 | | | | | |
| | | | | | | 善梓 | 汝夼 | | | | | |
| | | | | | | | 汝砾 | | | | | |
| | | | | | | | 汝厉 | 崇纽 | | | | |
| | | | | | | 善搸 | | | | | | |
| | | | | | | 善拱 | | | | | | |
| | | | | | 忠训郎不凄 | 善瑰 | | | | | | |
| | | | | | | 善弌 | 汝方 | | | | | |
| | | | | | | | 汝杲 | | | | | |

| | | | | | | | | | | | | |
|---|---|---|---|---|---|---|---|---|---|---|---|---|
| | | | | | | | 汝谅 | | | | | |
| | | | | | 忠翊郎不沦 | | | | | | | |
| | | | | 武节郎士阳 | 右迪功郎不𬤊 | 善绵 | 汝岭 | | | | | |
| | | | | | | | 汝稹 | 崇隋 | | | | |
| | | | | | 保义郎不谤 | | | | | | | |
| | | | | | 承信郎不诎 | 善枋 | | | | | | |
| | | | | | | 善枌 | | | | | | |
| | | | | | | 善怀 | | | | | | |
| | | | | | | 善枱 | | | | | | |
| | | | | 武经郎士掻 | 承节郎不队 | 善愫 | 汝墅 | | | | | |
| | | 会稽侯宗敏 | 吕国公谥思 | 赠保安军节度 | | | | | | | | |

| | | | | | | | | | | | | |
|---|---|---|---|---|---|---|---|---|---|---|---|---|
| | | | 仲骓 | 使高密郡公士感 | 三班奉职不求 | | | | | | | |
| | | | | | 武翼大夫不愚 | 善祥 | 汝舟 | 崇固 | 必[illegible] | 良吕 | 友栋 | |
| | | | | | | | | | | | 友柯 | |
| | | | | | | | | | | | 友桂 | |
| | | | | | | | | | | | 友槐 | |
| | | | | | | | | | | | 友桧 | |
| | | | | | | | | | | 良贤 | | |
| | | | | | | | | | | 良耜 | | |
| | | | | | | | | | | 良臣 | 友贺 | |
| | | | | | | | | | 必逵 | | | |
| | | | | | | | 汝伀 | 崇烈 | 必明 | | | |
| | | | | | | | | | 必彣 | | | |
| | | | | | | | | | 必珍 | | | |
| | | | | | | | | | 必僔 | 良淏 | | |

| | | | | | |
|---|---|---|---|---|---|
| | | | | | 必俛 |
| | | | | 崇熹 | 必垎 |
| | | | | 崇麃 | 必僦 |
| | | | | | 必倏 |
| | | | | 崇熏 | |
| | | | 汝雷 | | |
| | 赠武德郎不惑 | 善沓 | | | |
| | | 善太 | | | |
| | | 善异 | 汝玘 | | |
| | | | 汝琪 | 崇湡 | |
| | | | | 崇洰 | |
| | 三班奉职不逾 | | | | |
| | 不渝 | | | | |
| | 不盈 | | | | |
| 太子右 | | | | | |

| | | | | | | | | | | | | |
|---|---|---|---|---|---|---|---|---|---|---|---|---|
| | | | | 内率府副率士齿 | | | | | | | | |
| | | | | 右班殿直士颁 | | | | | | | | |
| | | | | 赠武翼大夫士趋 | 赠金紫光禄大夫不尤 | 善悉 | 汝铎 | 崇[illegible] | | | | |
| | | | | | | | 汝戫 | 崇湾 | | | | |
| | | | | | | | | 崇洇 | | | | |
| | | | | | | | | 崇挺 | 必垚 | | | |
| | | | | | | | 汝郏 | 崇援 | | | | |
| | | | | | | | 汝馈 | 崇[illegible] | | | | |
| | | | | | | | 汝駉 | | | | | |
| | | | | | | 善泄 | 汝鈜 | 崇玕 | | | | |
| | | | | | | | 汝鋋 | 崇遷 | | | | |
| | | | | | | | | 崇[illegible] | 必[illegible] | | | |

| | | | | |
|---|---|---|---|---|
| | | | | 不冗 |
| | 崇澋 | 汝锡 | | |
| | 崇鞋 | 汝𥈠 | 善乂 | |
| 必棒 | 崇泾 | | | |
| | 崇激 | | | |
| | 崇通 | | | |
| | 崇洴 | | | |
| | 崇澶 | 汝鉒 | | |
| | 崇济 | 汝鉘 | | |
| | | 汝镭 | | |
| 必捷 | 崇温 | 汝镈 | | |
| | 崇膝 | | | |
| | 崇朦 | 汝镌 | 善昊 | |
| | | 汝钎 | | |
| 必儶 | 崇瀫 | 汝钌 | 善点 | |
| | 崇𫓹 | 汝镧 | | |
| 必遨 | | | | |

| | | | | | | | |
|---|---|---|---|---|---|---|---|
| 武翼大夫士刎 | 承节郎不溢 | 善长 | 汝丹 | 崇庯 | 必瑜 | | |
| | | | | | 必玑 | 良樋 | |
| | | | | | 必瑶 | 良楫 | |
| | | | | | | 良榯 | |
| | | | | | | 良橑 | |
| | | | | | | 良棇 | |
| | | | | | 必瑅 | | |
| | | | | 崇明 | 必瑂 | 良杞 | 友烇 |
| | | | | | | 良柹 | |
| | | | | | 必瑾 | 良椽 | |
| | | | | | | 良櫰 | |
| | | | | | | 良榛 | 友燻 |
| | | 善兴 | | | | | |
| | | 善埜 | 汝正 | 崇椽 | | | |
| | | | | 崇㬎 | | | |
| | | | 汝梩 | | | | |

| | | | | | | |
|---|---|---|---|---|---|---|
| | | | | 汝亭 | 崇柒 | |
| | | | | | 崇檃 | |
| | | 秉义郎不危 | | | | |
| | | 忠翊郎不类 | 善硕 | 汝璁 | 崇棚 | |
| | | | | 汝㤠 | | |
| | | | | 汝憓 | | |
| 太子右内率府副率仲通 | | | | | | |
| 博陵郡公仲伋 | 冯翊侯士芳 | 右班殿直不侮 | | | | |
| | 北海侯士倧 | 修武郎不惕 | 善德 | 汝霖 | 崇流 | 必渌 |

| | | | | | | | | | | | | | | | | |
|---|---|---|---|---|---|---|---|---|---|---|---|---|---|---|---|---|
| | | | | | | | | | | | | | | | | |
| | | | | | | | | | | | | | | | | |
| | 良方 | 良荚 | 良萻 | 良茞 | 良明 | | | | | | 良橽 | | 良杍 | | | |
| | | | | | 必余 | | | | | 必璎 | 必璑 | 必瓚 | 必玠 | 必能 | 必锝 | 必启 |
| | | | | | 崇信 | 崇微 | | | | | | | 崇爕 | | 崇佐 | |
| 汝明 | | | | | | 汝尚 | 汝南 | 汝霝 | 汝霳 | | | | 汝彯 | | | |
| 善谷 | | | | | | | 善嘉 | | | | | | | | | |
| | | | | | | | | | | | | | | | | |
| | | | | | | | | | | | | | | | | |
| | | | | | | | | | | | | | | | | |
| | | | | | | | | | | | | | | | | |
| | | | | | | | | | | | | | | | | |
| | | | | | | | | | | | | | | | | |

| | | | | | | | | | | | | | | |
|---|---|---|---|---|---|---|---|---|---|---|---|---|---|---|
| 良钟 | 良⿰车冉 | 良俙 | | 良键 | 良钹 | 良金 | | 良钧 | 良锦 | 良镂 | 良锭 | | | |
| 必琳 | 必昂 | 必潭 | 必翥 | 必□ | | | 必琛 | 必琋 | 必琢 | | | | | |
| 崇倩 | 崇重 | | | 崇忠 | | | 崇亢 | 崇珣 | | | | | | |
| 汝楮 | | | | | | | | | | | | 汝镂 | | |
| | | | | | | | | | | | | | | 善旇 |
| | | | | | | | | | | | | | 忠翊郎不思 | 忠翊郎不麟 |
| | | | | | | | | | | | | | 清源侯士鄄 | |

| | | | | | | | | | | | | |
|---|---|---|---|---|---|---|---|---|---|---|---|---|
| | | | | | 不习 | | | | | | | |
| | | | | 武节郎士斐 | 朝散郎不约 | 善述 | 汝闾 | 崇皓 | | | | |
| | | | | | | | | 崇曤 | 必珒 | | | |
| | | | | | | | | 崇暟 | 必瑫 | | | |
| | | | | | | 善適 | | | | | | |
| | | | | | | 善逵 | 汝陟 | 崇戈 | | | | |
| | | | | | | | | 崇僡 | 必閞 | 良洍 | | |
| | | | | | | | | | | 良涓 | | |
| | | | | | | | | | 必闐 | | | |
| | | | | | | 善达 | | | | | | |
| | | | | | | 善遵 | | | | | | |
| | | | | | 承节郎不移 | | | | | | | |
| | | | | 东头供奉官士彤 | | | | | | | | |

| | | | | | | | | |
|---|---|---|---|---|---|---|---|---|
| | 左班殿直士苞 | | | | | | | |
| 博陵郡公仲浚 | 士宸 | 南阳侯武节大夫不器 | 善能 | 汝弼 | 崇远 | 必备 | 良瑾 | 友昭 |
| | | | | | | | | 友暲 |
| | | | | | | | | 友昳 |
| | | | | | | | 良玩 | |
| | | | | | | 必佐 | 良鍱 | |
| | | | | | | | 良铈 | |
| | | | | | | 必倞 | | |
| | | | | | | 必倢 | 良锌 | 友渶 |
| | | | | | | | | 友渟 |
| | | | | | | | | 友涚 |
| | | | | | | | 良鉒 | 友灏 |
| | | | | | | | | 友佪 |
| | | | | | | | 良镡 | |
| | | | | | | | 良铺 | |

| | | | | | | | | | | | | | | | | |
|---|---|---|---|---|---|---|---|---|---|---|---|---|---|---|---|---|
| | | | | | | | | | | | | | | | | |
| | | 友浞 | 友沓 | | | | | | | | | | | | | |
| 良锋 | 良珝 | 良铼 | 良璎 | 良琎 | | | | | | | | | | | | |
| | 必保 | | 必谘 | 必证 | 必才 | | | | | | | | | | | |
| | | | 崇敨 | | | 崇晏 | | | | | | | | | | |
| | | | 汝运 | | | | | | | | | | | | | |
| | | | 善言 | | | | | | | | | 善进 | 善渊 | 善婉 | 善学 | |
| | | | | | | | 右侍禁 | 不党 | 从义郎 | 不越 | 保义郎 | 不愠 | | | | |
| | | | | | | | | | | | | | | | | 西头供 |
| | | | | | | | | | | | | | | | | |
| | | | | | | | | | | | | | | | | |
| | | | | | | | | | | | | | | | | |
| | | | | | | | | | | | | | | | | |

| | | | | | | | | | | | | |
|---|---|---|---|---|---|---|---|---|---|---|---|---|
| | | | | 奉官士<br>逞 | | | | | | | | |
| | | | | 敦武郎<br>士伪 | 承节郎<br>不愿 | | | | | | | |
| | | | | | 不篆 | 善珪 | | | | | | |
| | | | | 修武郎<br>士铤 | 保义郎<br>不茹 | 善扣 | | | | | | |
| | | | | | | 善迷 | | | | | | |
| | | | | | 承信郎<br>不阅 | 善[木豊] | 汝甸 | 崇聘 | | | | |
| | | | | | | | | 崇[日冉] | | | | |
| | | | | | 不倦 | | | | | | | |
| | | | 荣国<br>公、谥<br>荣良仲<br>突 | 越国公<br>士欢 | 天水郡<br>开国男<br>不谅 | 善建 | | | | | | |
| | | | | | | 善问 | 汝翼 | 崇彻 | 必茔 | 良恢 | 友儒 | |

| | | | | | |
|---|---|---|---|---|---|
| | | | | | 良臻 |
| | | | | 必瑑 | |
| 朝请大夫不亿 | | | | | |
| 修武郎不群 | | | | | |
| 武翼郎不妄 | 善应 | 汝暹 | | | |
| | | 汝畟 | 崇光 | | |
| | | | 崇霖 | | |
| | | | 崇澧 | 必芦 | |
| | | | | 必焆 | |
| | | | | 必瑕 | |
| | 善能 | 汝襄 | 崇昰 | 必闻 | 良鉴 |
| | | | 崇逭 | 必晞 | 良珪 |
| | | | 崇厍 | 必瑠 | |
| | 善渊 | 汝丙 | 崇瑟 | 必鏊 | 良镂 |

| | | | | | | | | | | | | |
|---|---|---|---|---|---|---|---|---|---|---|---|---|
| | | | | | | | | | 必朴 | | | |
| | | | | | | | | 崇意 | 必裯 | | | |
| | | | | | | | | 崇息 | | | | |
| | | | | | | 善治 | 汝焞 | 崇执 | | | | |
| | | | | | | | | 崇简 | | | | |
| | | | | | | 善信 | | | | | | |
| | | | | | 赠朝散大夫不忌 | 善瑞 | | | | | | |
| | | | | | | 善建 | 汝瑄 | 崇璟 | 必迁 | | | |
| | | | | | | | | | 必杰 | | | |
| | | | | | | | | | 必秀 | 良佁 | | |
| | | | | | | | | 崇章 | 必因 | 良俛 | | |
| | | | | | | | | | 必潀 | | | |
| | | | | | | | | 崇介 | | | | |
| | | | | | | | 汝弌 | 崇汰 | 必淳 | 良瑶 | | |
| | | | | | | | | | | 良琮 | | |

| | | | | | | | | | | | | | | | | |
|---|---|---|---|---|---|---|---|---|---|---|---|---|---|---|---|---|
| | | 友谅 | 友滷 | | | | | | | | | | | | | |
| | 良弢 | 良杰 | | 良栐 | 良干 | | 良榑 | 良楷 | | | | | | | | |
| 必逊 | 必泽 | | | | | | 必佰 | | 必傕 | | 必极 | 必榏 | 必揔 | 必撰 | | |
| | | | | | | 崇璀 | 崇瑭 | | | | 崇毕 | | | | 崇芮 | 崇铸 |
| | | | | | | 汝雄 | | | | 汝䩡 | 汝帘 | | | | | |

| | | | | |
|---|---|---|---|---|
| | 汝贤 | 崇容 | | |
| | | 崇谅 | 必柽 | |
| 善继 | 汝谠 | 崇注 | 必诺 | |
| | | | 必面 | 良璜 |
| | | | | 良珥 |
| | | | 必酵 | |
| | | 崇唱 | 必□ | 良珦 |
| | | 崇炓 | 必扯 | |
| 善缙 | 汝琏 | 崇蒉 | | |
| | | 崇何 | | |
| | 汝琛 | 崇位 | 必果 | |
| | 汝莛 | 崇偾 | | |
| | | 崇溭 | | |
| | 汝理 | 崇傈 | 必擢 | |
| | | | 必括 | |
| | | 崇泆 | 必苜 | |
| | | 崇涒 | | |

| | | | | | | | | | | | | | | |
|---|---|---|---|---|---|---|---|---|---|---|---|---|---|---|
| 良朽 | | | | | | | | | | | | | | |
| 必璃 | | | | 必梓 | 必柠 | 必储 | | | 必瑎 | 必儴 | 必珦 | | | |
| 崇澎 | 崇厦 | 崇淙 | 崇滋 | 崇谂 | | | 崇栋 | | 崇瑞 | 崇滐 | | 崇蔽 | 崇畊 | 崇暝 |
| 汝怟 | | | | 汝晐 | | | 汝畿 | 汝毅 | 汝旃 | | | | | |
| 善济 | | | | | | | | 善淳 | | | | | | |
| 左朝请大夫不摇 | | | | | | | | | | | | | | |

| | | | | | | | | | | | | | |
|---|---|---|---|---|---|---|---|---|---|---|---|---|---|
| | | | | | | | | 良智 | 良愔 | | | | |
| | | | | | | | | 必穗 | 必积 | 必穇 | 必颖 | 必椆 | 必穜 |
| 崇昉 | 崇佪 | 崇炌 | | | | | | 崇澮 | | | | | |
| | 汝柜 | 汝杋 | | | | | 汝款 | 汝暭 | | | | | |
| | | | | 善端 | 善掘 | 善假 | 善儒 | | | | | | |
| | | | 不渝 | 秉义郎不党 | | 朝奉郎不将 | | | | | | | |
| | | | 赠承议郎士诫 | | | | | | | | | | |

| | | | | | | | | | | | | | | | | |
|---|---|---|---|---|---|---|---|---|---|---|---|---|---|---|---|---|
| | | | | | | | | | | | | | | | | |
| | | | | | | | | | | | | | | | | |
| | 良琳 | 良珊 | | | | | | 良俠 | 良⿰王隶 | 良⿰王毕 | 良瑠 | | 良珫 | 良玗 | 良琏 | |
| 必稔 | 必祯 | | 必祝 | 必⿰礻冉 | 必阅 | 必⿵门甫 | | 必靖 | | | | 必锪 | 必涓 | | | 必江 |
| | 崇溱 | | | | 崇渐 | | 崇诜 | 崇谅 | | | | | | | | |
| | | | | | | | 汝皓 | | | | | | | | | |
| | | | | | | | 善佫 | | | | | | | | | |
| | | | | | | | | | | | | | | | | |
| | | | | | | | | | | | | | | | | |
| | | | | | | | | | | | | | | | | |
| | | | | | | | | | | | | | | | | |
| | | | | | | | | | | | | | | | | |

| | | | |
|---|---|---|---|
| | 良玥 | 必速 | |
| | 良珨 | | |
| | 良众 | | |
| 友镳 | 良瑰 | 必迓 | 崇证 |
| 友镈 | | | |
| | 良瑷 | | |
| | 良玜 | | |
| | | 必遗 | |
| | 良珨 | 必逯 | |
| | | | 崇谨 |
| | 良琪 | 必宠 | 崇诱 |
| | 良珍 | 必遄 | |
| | 良璈 | 必遴 | |
| | 良珌 | | |
| | 良琝 | | |
| | 良玏 | | |
| | 良瑬 | | |

| | | | | | | | | | | | | | | | | |
|---|---|---|---|---|---|---|---|---|---|---|---|---|---|---|---|---|
| 良⿰王夸 | 良瑜 | | | | | | | | | | | | | | | |
| 必遒 | | 必遈 | 必逮 | 必途 | 必⿺辶宇 | | | | 必瓂 | | 必⿰王贲 | 必珽 | | | | |
| | | | | | | 崇宣 | | 崇镏 | 崇销 | 崇⿰钅虑 | 崇镑 | | 崇⿰钅彖 | 崇⿰钅贲 | 崇钱 | 崇⿰钅矞 |
| | | | | | | 汝⿰目廉 | | 汝峻 | | | | | 汝荆 | | | 汝雀 |
| | | | | | | | 善仕 | 善喻 | | | | | | | | |
| | | | | | | | 不迎 | | | | | | | | | |

| | | | | | | | | | | | | |
|---|---|---|---|---|---|---|---|---|---|---|---|---|
| | | | | | | | | 崇锝 | 必涤 | | | |
| | | | | 左侍禁士鞬 | 忠翊郎不固 | | | | | | | |
| | | | | | 不愧 | 善柔 | 汝鼎 | | | | | |
| | | | | | | | 汝颀 | 崇营 | | | | |
| | | | | | | | 汝隆 | 崇豊 | 必灃 | 良松 | | |
| | | | | | | | | | | 良桧 | | |
| | | | | | | | | | 必湑 | 良㦗 | | |
| | | | | | | | | | | 良堁 | | |
| | | | | | | | | | | 良基 | | |
| | | | | | | | | | | 良垕 | | |
| | | | | | | | | | 必津 | | | |
| | | | | | | 善裺 | 汝修 | 崇迨 | | | | |
| | | | | | | | | 崇逾 | 必宦 | | | |
| | | | | | | | | | 必宛 | | | |
| | | | | | | | | 崇勉 | 必宿 | | | |
| | | | | | | | | 崇导 | | | | |

| | | | | | | | | | | | | | | | | |
|---|---|---|---|---|---|---|---|---|---|---|---|---|---|---|---|---|
| | | | | | | | 良梣 | | | 良稷 | | | | | | |
| 必伀 | | | 必讄 | 必潾 | 必铕 | 必堜 | 必埤 | 必境 | | 必墫 | | | | | | |
| 崇壅 | | 崇𦈡 | 崇绿 | 崇𦅼 | 崇𫄸 | 崇缨 | | | 崇晞 | 崇砥 | | | | | | |
| 汝名 | 汝玭 | 汝珊 | | | | 汝琠 | | | | 汝珹 | 汝琎 | | | | | 汝钎 |
| | 善允 | | | | | | | | | | | | | | 善时 | 善昉 |
| | | | | | | | | | | | | | 不倚 | 忠翊郎不俣 | | |
| | | | | | | | | | | | | 修武郎士喈 | | | | |

| | | | | | | | | | | | | |
|---|---|---|---|---|---|---|---|---|---|---|---|---|
| | | | | | | 善曜 | | | | | | |
| | | | | | | 善昭 | | | | | | |
| | | | | | | 善暒 | | | | | | |
| | | | | | | 善晫 | | | | | | |
| | | | | | 武翼郎不伥 | 善宙 | 汝岩 | | | | | |
| | | | | | | 善褕 | 汝儠 | | | | | |
| | | | | | | | 汝狄 | 崇境 | | | | |
| | | | | | | 善穟 | 汝摧 | | | | | |
| | | | | | | | 汝掌 | 崇侈 | | | | |
| | | | | | | | 汝摅 | 崇溇 | 必获 | | | |
| | | | | | | | | 崇溦 | | | | |
| | | | | | | | 汝㨷 | | | | | |
| | | | | 秉义郎士㖅 | 承节郎不瞰 | | | | | | | |
| | | | | 赠朝请郎士畀 | 武翼郎不忽 | 善缗 | 汝璸 | | | | | |

| | | | | | | | | | | | | | | | | |
|---|---|---|---|---|---|---|---|---|---|---|---|---|---|---|---|---|
| | | | | | | | | | | | | | | | | |
| | | | | | | | | | | | | | | | | |
| | | | | | | | | | | | | | | | | |
| 必[illegible] | 必镂 | 必钒 | | 必琛 | 必瑥 | | | | | | | | | | | |
| 崇诜 | | 崇[illegible] | 崇诵 | | 崇[illegible] | | | | | | | | | | | 崇褕 |
| | | | | | 汝恕 | 汝枌 | | 汝溢 | 汝艺 | | | 汝镨 | | 汝珆 | 汝玩 | 汝汎 |
| | | | | | 善轻 | 善毂 | | | 善珑 | | 善[illegible] | 善浣 | 善潼 | | | |
| | | | | | | 不隘 | 从义郎 | | 不隐 | 从事郎 | | | | | | |
| | | | | | | | | | | | | | | | | |
| | | | | | | | | | | | | | | | | |
| | | | | | | | | | | | | | | | | |
| | | | | | | | | | | | | | | | | |
| | | | | | | | | | | | | | | | | |

| | | | | |
|---|---|---|---|---|
| 必[illegible] | 崇槊 | 汝浔 | | |
| 必遒 | | | | |
| 必逄 | 崇[illegible] | | | |
| 必湖 | 崇傔 | 汝镑 | 善羡 | 不费 |
| | | | | 从义郎 |
| | 崇镆 | | | |
| | 崇鐎 | | | |
| | 崇镜 | | | |
| | 崇[illegible] | | | |
| | 崇铚 | 汝[illegible] | | |
| 必琗 | | | | |
| 必玏 | | | | |
| | 崇镰 | 汝谡 | 善𫐄 | |
| | | 汝罳 | | |
| | | 汝悆 | | |
| | | 汝锪 | | |
| | | 汝戆 | | |

必徒

崇铍 崇鍫 崇⿰彳乔 崇⿰彳俞 崇徊 崇⿰彳由 崇徝 崇得 崇⿰彳畟 崇佛

汝稷 汝邦 汝鄘 汝灺 汝煤

善沛 善潢

不梼 不邅 赠朝议大夫不槁 训武郎

| | | | | | | |
|---|---|---|---|---|---|---|
| | 不虣 | 善灏 | 汝棲 | 崇[illegible] | | |
| | | | | 崇晨 | 必[illegible] | |
| | | | | | 必憲 | |
| | | | | 崇皋 | | |
| | | | | 崇坐 | | |
| | 不穷 | | | | | |
| 武德郎士诉 | 从义郎不执 | 善寿 | | | | |
| | | 善诱 | 汝[illegible] | 崇秴 | 必湔 | |
| | | | | | 必潺 | 良噎 |
| | | 善举 | 汝遏 | 崇税 | | |
| | | 善野 | 汝亿 | 崇权 | 必[illegible] | 良槒 |
| | | | | | 必涫 | |
| | | | | 崇樜 | 必鍑 | |
| | | | 汝侑 | | | |
| | | 善悛 | | | | |
| | | 善扬 | | | | |

| | | | | | | | | | | | | |
|---|---|---|---|---|---|---|---|---|---|---|---|---|
| | | | | | | 善胜 | 汝迥 | 崇旷 | 必畸 | | | |
| | | | | | | | | | 必畤 | | | |
| | | | | | | | | 崇曚 | | | | |
| | | | | | | | 汝递 | 崇⿰日皆 | | | | |
| | | | | | | | | 崇⿰日严 | 必沌 | | | |
| | | | | | | | | 崇暕 | | | | |
| | | | | | | | | 崇曀 | | | | |
| | | | | 武节郎士稽 | 秉义郎不佁 | 善瘆 | 汝晨 | | | | | |
| | | | | | | | 汝昆 | 崇垤 | | | | |
| | | | | | | | 汝昊 | | | | | |
| | | | | | | 善庾 | 汝熊 | 崇⿰木郗 | 必⿰言速 | | | |
| | | | | | | | | 崇橙 | 必介 | | | |
| | | | | | | | | 崇料 | | | | |
| | | | | | | 善府 | | | | | | |
| | | | | | | 善⿸广衣 | 汝锌 | 崇⿰日水 | | | | |
| | | | | | | | | 崇叶 | | | | |

| | | | | | | |
|---|---|---|---|---|---|---|
| | | | 汝流 | | | |
| | | | 汝坛 | | | |
| | 从义郎 | | | | | |
| | 不竭 | | | | | |
| | 成忠郎 | | | | | |
| | 不骙 | | | | | |
| 武节郎 | 忠训郎 | | | | | |
| 士斢 | 不危 | 善渊 | | | | |
| | | 善适 | | | | |
| | | 善昌 | 汝苍 | 崇僙 | 必昈 | |
| | | | 汝旹 | 崇濒 | 必橙 | |
| | | | | | 必梆 | |
| | | 善智 | | | | |
| | | 善呐 | 汝若 | 崇悳 | 必谆 | 良佰 |
| | | | | | 必詶 | |
| | | | | 崇[illegible] | 必靓 | |
| | | | 汝亶 | 崇愗 | 必[illegible] | |

| | | | | | | | | | | | | | | | | |
|---|---|---|---|---|---|---|---|---|---|---|---|---|---|---|---|---|
| | | 必佛 | | | | | | 必忡 | 必惟 | 必熊 | 必诫 | | 必熜 | 必锴 | 必通 | 必熛 |
| 崇恋 | | 崇遈 | 崇垐 | | 崇贼 | 崇眣 | 崇[illegible] | | | 崇僓 | 崇㥡 | 崇忧 | 崇恻 | | 崇懃 | |
| 汝鼓 | 汝[illegible] | 汝灌 | 汝珉 | 汝蒀 | | | | | | 汝丠 | | | 汝滌 | | | |
| | 善卦 | | 善[illegible] | | | | | | | 善庀 | | | | | | |

| | | | | | |
|---|---|---|---|---|---|
| | 崇锖 | 汝衰 | | | |
| | 崇诊 | | | | |
| | 崇设 | | | | |
| | 崇琣 | 汝袤 | 善荣 | 成忠郎不芥 | 武经郎士洁 |
| | | | 善邦 | | |
| | | | 善都 | | |
| | | | 善鄂 | | |
| | | | 善郁 | | |
| | | | 善祁 | | |
| 必揃 | | | | | |
| 必操 | | | | | |
| 必播 | 崇泝 | 汝攘 | 善邻 | 左文林郎不攸 | |
| | 崇愬 | | | | |
| | 崇恚 | | | | |
| | 崇嬬 | 汝汜 | | | |

必强

崇锬 崇铲 崇铆 崇维 崇絉 崇练 崇缘 崇缝 崇托

汝庽 汝衫 汝衰 汝衿 汝衰 汝衿

不耀

从义郎士饪 修武郎士樀

| | | | | | | | | | | | | |
|---|---|---|---|---|---|---|---|---|---|---|---|---|
| | | | 顺国公、谥惠穆仲当 | 从义郎士宓 | | | | | | | | |
| | | | | 太子右内率府副率士锞 | | | | | | | | |
| | | | | 華英侯士蒲 | 朝请郎不迟 | 善仁 | | | | | | |
| | | | | | | 善义 | | | | | | |
| | | | | | | 善礼 | | | | | | |
| | | | | | 儒林郎不处 | 善时 | | | | | | |
| | | | | | | 善明 | | | | | | |
| | | | | | | 善昭 | 汝洵 | | | | | |
| | | | | | | | 汝渼 | 崇种 | 必琛 | | | |
| | | | | | | | | | 必玑 | | | |
| | | | | | 迪功郎 | | | | | | | |

| | | | | | | | | | | | | |
|---|---|---|---|---|---|---|---|---|---|---|---|---|
| | | | | | 不逆 | | | | | | | |
| | | | | 朝请大夫士[illegible] | 右从政郎不骞 | 善袭 | | | | | | |
| | | | | | | 善菸 | 汝播 | 崇社 | 必栓 | | | |
| | | | | | | | | | 必橙 | | | |
| | | | | | | | | | 必枝 | | | |
| | | | | | | | | | 必枰 | | | |
| | | | | | | | | | 必柘 | | | |
| | | | | | | | | 崇来 | 必许 | | | |
| | | | | | | | | 崇衎 | 必准 | | | |
| | | | | | | | | | 必濠 | | | |
| | | | | | | | | | 必樛 | | | |
| | | | | | | | 汝奇 | | | | | |
| | | | | | | | 汝戳 | 崇祥 | | | | |
| | | | | | | 善襄 | 汝望 | 崇昧 | | | | |
| | | | | | | | | 崇嗛 | | | | |
| | | | | | | | | 崇舟 | | | | |

| | | | | | | | | | | | | |
|---|---|---|---|---|---|---|---|---|---|---|---|---|
| | | | | | | | | 崇㟁 | | | | |
| | | | | | | 善衮 | 汝河 | 崇㥜 | | | | |
| | | | | | | 善□ | 汝□ | 崇韶 | 必復 | | | |
| | | | | 朝奉郎<br>士敩 | 不渝 | | | | | | | |
| | | | | | 训武郎<br>不动 | 善元 | 汝问 | 崇侮 | 必璿 | | | |
| | | | | | | | | 崇伏 | 必瑯 | | | |
| | | | | | | | | 崇俙 | 必瓃 | | | |
| | | | | | | | | | 必㻵 | | | |
| | | | | | | | | 崇遥 | 必坪 | | | |
| | | | | | | | | | 必珥 | | | |
| | | | | | | | | | 必琀 | | | |
| | | | | | | | | 崇傹 | 必瓗 | | | |
| | | | | | | | | 崇倈 | | | | |
| | | | | | | 善良 | 汝镰 | 崇儗 | 必玛 | 良镐 | | |
| | | | | | | | | 崇俑 | 必瞵 | | | |

| | | | | | | | | | | | | | | | | |
|---|---|---|---|---|---|---|---|---|---|---|---|---|---|---|---|---|
| | | | | | | | | | | | | | | | | |
| | | | | | | | | | | | | | | | | |
| | | | | | | | | | | | | | | | | |
| 必昧 | 必睐 | 必昳 | 必昭 | 必暖 | | | | | | | | | | | | |
| | | | | | | | | | 崇庠 | 崇弈 | 崇溥 | 崇遖 | | | | 崇蹇 |
| | | | | | | | | | 汝磺 | 汝严 | | | | | | 汝悰 |
| | | | | | | | | 善埜 | 善瑭 | | | | | 善勒 | 善言 | 善降 |
| | | | | | 承信郎不铄 | | 保义郎不耀 | | | | | | 忠训郎不械 | | | |
| | | | | | | | | | | | | | | | | |
| | | | | | | | | | | | | | | | | |
| | | | | | | | | | | | | | | | | |
| | | | | | | | | | | | | | | | | |
| | | | | | | | | | | | | | | | | |

| | | | | | | | | | | | | |
|---|---|---|---|---|---|---|---|---|---|---|---|---|
| | | | | | | | | 崇求 | 必泅 | | | |
| | | | | | | | | | 必滜 | | | |
| | | | | | | | | 崇瑀 | 必潒 | | | |
| | | | | | | | 汝寽 | 崇尊 | | | | |
| | | | | | | 善逭 | 汝枳 | 崇⿰堂阝 | 必彪 | | | |
| | | | | | | | | | 必激 | | | |
| | | | | | | | | | 必湳 | | | |
| | | | | | | 善忨 | 汝爱 | 崇拼 | | | | |
| | | | | 武翼郎 | | | | | | | | |
| | | | | 士泽 | | | | | | | | |
| | | | | 武翼郎 | 承节郎 | | | | | | | |
| | | | | 士磨 | 不疑 | 善嘉 | 汝谋 | | | | | |
| | | | | | | | 汝谏 | 崇初 | | | | |
| | | | | | | | | 崇桧 | 必棣 | | | |
| | | | | | | | 汝诞 | 崇杞 | | | | |
| | | | | | | | | 崇偕 | 必橼 | | | |
| | | | | | | | | 崇倜 | 必涂 | | | |

| | | | | | | | | | | | | |
|---|---|---|---|---|---|---|---|---|---|---|---|---|
| | | | | | | | | 崇偓 | | | | |
| | | | | | | | | 崇儋 | 必榕 | | | |
| | | | | | | | | | 必栘 | | | |
| | | | | | | | | 崇⿰亻夆 | | | | |
| | | | | | | | 汝诰 | 崇侔 | | | | |
| | | | | | 不凝 | | | | | | | |
| | | | | | 不拟 | | | | | | | |
| | | | | | 不挫 | | | | | | | |
| | | | | | 承节郎不碍 | 善学 | 汝隍 | 崇遮 | 必⿰弓介 | 良熹 | | |
| | | | | | | | | | 必⿰弓夋 | | | |
| | | | | | 不技 | | | | | | | |
| | | | | | 不苟 | | | | | | | |
| | | | | 从义郎士⿰彳同 | 承信郎不玷 | | | | | | | |
| | | | | | 不贰 | | | | | | | |
| | | | | 从义郎 | 成忠郎 | | | | | | | |

| | | | | | | | | | | | | |
|---|---|---|---|---|---|---|---|---|---|---|---|---|
| | | | | 士玖 | 不绿 | 善迁 | | | | | | |
| | | | | | | 善式 | 汝枋 | | | | | |
| | | | | | | 善举 | 汝炵 | 崇鍄 | | | | |
| | | | | | 承节郎不纡 | | | | | | | |
| | | | | | 忠翊郎不纵 | 善众 | 汝还 | 崇琥 | | | | |
| | | | | | | | | 崇穮 | 必坒 | | | |
| | | | | | | | | | 必垩 | 良弌 | | |
| | | | | | 不绮 | | | | | | | |
| | | | | 右班殿直士橦 | | | | | | | | |
| | | | | 忠训郎士枋 | 不谒 | | | | | | | |
| | | | | | 不邪 | | | | | | | |
| | | | | | 不迴 | | | | | | | |
| | | | | 右班殿 | | | | | | | | |

| | | | | | | | | | | | | |
|---|---|---|---|---|---|---|---|---|---|---|---|---|
| | | | | 直士鉴 | | | | | | | | |
| | | | | 承义郎士蹇 | | | | | | | | |
| | | | 嘉国公仲暹 | 太子右监门率府副率士缑 | | | | | | | | |
| | | | | 保义郎士颀 | 训武郎不他 | 善信 | 汝⿱雨夗 | | | | | |
| | | | | | | | 汝霣 | | | | | |
| | | | | | | | 汝⿱雨襄 | 崇⿰礻弗 | 必坡 | | | |
| | | | | | | | | 崇祻 | | | | |
| | | | | | | | 汝⿱雨觅 | 崇珞 | | | | |
| | | | | | | | | 崇玼 | | | | |
| | | | | | | 善遷 | 汝楫 | 崇浩 | 必偟 | | | |
| | | | | | | | | 崇礼 | 必备 | 良腆 | | |
| | | | | | | | | | 必侍 | | | |

| | | | | | | | | | | | | | | | | |
|---|---|---|---|---|---|---|---|---|---|---|---|---|---|---|---|---|
| 必潆 | 必涂 | | | | | | | | | 必钠 | 必鉴 | | | | | 必亿 |
| | 崇积 | | | | | | | 崇伐 | 崇倅 | | 崇篓 | | | | | |
| | 汝怡 | | | | 汝方 | | | | 汝涂 | | 汝俣 | 汝杢 | 汝骙 | | | |
| | 善璐 | | | | 善彰 | 善戎 | | | | | 善隆 | | 善兼 | 善举 | 善扬 | |
| | 不燋 | 修武郎 | 不作 | 保义郎 | | 不为 | 奉议郎 | | | | | | | | | |

| | | | | | | | | | | | | |
|---|---|---|---|---|---|---|---|---|---|---|---|---|
| | | | | | | | | | 必涉 | | | |
| | | | | | | | | 崇箕 | 必汰 | 良檝 | | |
| | | | | | | | | | 必溧 | | | |
| | | | | | | | | 崇端 | 必溏 | | | |
| | | | | | | | | 崇篁 | 必漱 | | | |
| | | | | | | | 汝迁 | 崇箐 | 必师 | | | |
| | | | | | | 善纯 | 汝泠 | 崇恂 | 必璪 | | | |
| | | | | | | | | 崇恬 | | | | |
| | | | | | 成忠郎不易 | 善南 | 汝徽 | | | | | |
| | | | | | | 善楟 | 汝玧 | 崇江 | 必钊 | | | |
| | | | | | | | | 崇湔 | 必镶 | | | |
| | | | | | | | | | 必镭 | | | |
| | | | | | | | | 崇泙 | 必钤 | | | |
| | | | | | | | | | 必铮 | | | |
| | | | | | | | | | 必锤 | | | |
| | | | | | | | | 崇湒 | 必⿰钅咠 | | | |

| | | | | | |
|---|---|---|---|---|---|
| | | | | 崇漉 | |
| | | | | 崇洋 | 必泞 |
| | | | 汝瑨 | 崇沂 | |
| | 承节郎不矜 | 善政 | 汝宴 | 崇鉹 | 必璟 |
| | | | | | 必玷 |
| | | | | 崇坯 | |
| | | 善严 | 汝苯 | 崇蘘 | |
| | | | | 崇薇 | |
| | | | | 崇萼 | |
| | | | 汝莇 | | |
| | | | 汝襟 | | |
| 奉议郎士晞 | 秉义郎不忮 | 善裕 | 汝训 | 崇偶 | |
| | | | 汝说 | | |
| | | | 汝敬 | | |
| | | 善祜 | | | |

| | | | | | | | | | | | | | | | | |
|---|---|---|---|---|---|---|---|---|---|---|---|---|---|---|---|---|
| | | | | | | | | | | | | | | | | |
| | | | | | | | | | | | | | | | | |
| | | | | | | | | | | | | | | | | |
| | | | | | | | | | | | | | | | | |
| 必球 | 必端 | | | | | | 必畐 | 必畕 | | | | | | | | |
| 崇讴 | | 崇[illegible] | | | | | 崇㬎 | | 崇丝 | | | | | | | |
| 汝暾 | | | | | | | 汝亹 | | | | | | | | | |
| 善祐 | | | | | | | 善堂 | | | | | | | | | |
| | | | 承信郎 | 不惕 | 不怯 | 忠翊郎 | 不惮 | | | 不悚 | 承信郎 | 不憎 | 不怀 | 不愠 | 不惧 | 左朝奉 |
| | | | | | | | | | | | | | | | | 郎赠武郎 |
| | | | | | | | | | | | | | | | | |
| | | | | | | | | | | | | | | | | |
| | | | | | | | | | | | | | | | | |
| | | | | | | | | | | | | | | | | |

| | | | | | | | | | | | | |
|---|---|---|---|---|---|---|---|---|---|---|---|---|
| | | | | 士猗 | 大夫不已 | 善信 | | | | | | |
| | | | | | | 善修 | | | | | | |
| | | | | | | 善言 | | | | | | |
| | | | | | 不贰 | | | | | | | |
| | | | | | 保义郎不回 | | | | | | | |
| | | | | | 修武郎不肆 | 善珈 | | | | | | |
| | | | | | | 善琼 | | | | | | |
| | | | | | | 善璁 | 汝金 | | | | | |
| | | | | | | | 汝销 | | | | | |
| | | | | | | | 汝锟 | 崇洴 | | | | |
| | | | | | | | | 崇缆 | | | | |
| | | | | | | | | 崇溆 | | | | |
| | | | | 武翼郎士吨 | 不敦 | 善述 | 汝闻 | 崇嵚 | | | | |

| | | | | | | | | | | | | |
|---|---|---|---|---|---|---|---|---|---|---|---|---|
| | | | | | | 善道 | | | | | | |
| | | | | | | 善进 | | | | | | |
| | | | | 从义郎 | 成忠郎 | | | | | | | |
| | | | | 士苯 | 不庛 | 善后 | | | | | | |
| | | | | | | 善循 | | | | | | |
| | | | | | | 善窠 | 汝越 | 崇著 | | | | |
| | | | | | | | 汝使 | | | | | |
| | | | | | | 善扈 | 汝钚 | | | | | |
| | | | | | | | 汝道 | 崇铆 | | | | |
| | | | | | | | 汝冠 | | | | | |
| | | | | | | | 汝佪 | 崇裬 | | | | |
| | | | | | | | | 崇衱 | | | | |
| | | | | | | 善执 | | | | | | |
| | | | | | | 善荐 | | | | | | |
| | | | | | | 善桀 | 汝𢈔 | 崇捍 | | | | |
| | | | | | | | | 崇拓 | | | | |
| | | | | | | | 汝沟 | | | | | |

| | | | | | | | | | | | | |
|---|---|---|---|---|---|---|---|---|---|---|---|---|
| | | | | | | | 汝其 | | | | | |
| | | | | | 忠翊郎不滞 | | | | | | | |
| | | | | | 承节郎不优 | | | | | | | |
| | | | | | 承节郎不屈 | 善智 | 汝雅 | | | | | |
| | | | | | | 善从 | | | | | | |
| | | | | | 修武郎不误 | 善管 | 汝聚 | | | | | |
| | | | | | | | 汝夔 | | | | | |
| | | | | | | | 汝桀 | | | | | |
| | | | | | | 善昞 | 汝滨 | | | | | |
| | | | | | | | 汝径 | 崇遏 | | | | |
| | | | | | | | | 崇菆 | | | | |
| | | | | | | | 汝花 | 崇缙 | | | | |
| | | | | 修武郎 | | | | | | | | |

| | | | | | | | | | | | | | | | | |
|---|---|---|---|---|---|---|---|---|---|---|---|---|---|---|---|---|
| | | 必镛 | 必铣 | 必镔 | 必铧 | 必鉨 | 必[钅赫] | 必钊 | 必伶 | 必系 | 必锐 | 必[日泰] | 必暎 | 必[日隶] | 必[日旦又] | |
| 崇迅 | 崇逵 | 崇回 | | | | | | 崇遏 | 崇逢 | | 崇[辶己] | 崇[辶章] | | | | 崇逿 |
| 汝偈 | | | | | | | | | | | 汝代 | | | | | 汝便 |
| 善诚 | | | | | | | | | | | | | | | | |
| 不瑑 | | | | | | | | | | | | | | | | |
| 士俭 | | | | | | | | | | | | | | | | |

| | | | | | |
|---|---|---|---|---|---|
| | | | 崇週 | 必鑒 | |
| | | | 崇道 | 必宫 | |
| | | | | 必寰 | |
| | | | | 必宦 | |
| 承信郎不玽 | | | | | |
| 承节郎不玷 | 善学 | 汝怼 | 崇誕 | 必恭 | |
| | | | 崇扃 | 必祈 | 良野 |
| | | | | | 良塑 |
| | | | | 必祉 | |
| | | | | 必沂 | |
| | | | | 必映 | |
| | | | 崇讯 | | |
| | | | 崇诏 | | |
| | | 汝慰 | 崇优 | | |
| | | | 崇儃 | 必瀆 | |

| | | | |
|---|---|---|---|
| 必潼 | | | |
| 必皞 | 崇镳 | 汝慧 | |
| 必倭 | | | |
| 必拾 | 崇殊 | 汝惑 | |
| 必消 | | | |
| | 崇𬬻 | | |
| | 崇梿 | 汝懦 | 善达 |
| 必镄 | 崇就 | 汝上 | |
| | 崇恩 | | |
| 必浙 | 崇珝 | 汝復 | 善积 |
| 必铜 | 崇钊 | | |
| 必洤 | 崇锋 | 汝粤 | |
| 必渶 | | | |
| 必江 | | | |
| 必演 | 崇鋹 | | |
| 必溦 | | | |
| 必湲 | 崇铗 | | |

| | | | | | | |
|---|---|---|---|---|---|---|
| | | | | | 必漷 | |
| | | | 汝湑 | 崇擕 | 必票 | |
| | | | | | 必沭 | 良臺 |
| | | | | 崇橑 | 必烧 | |
| | | | | 崇樸 | | |
| | | | | 崇楒 | | |
| | | | | 崇摄 | | |
| | 不缺 | | | | | |
| 武翼郎 | 承节郎 | | | | | |
| 士稽 | 不诐 | | | | | |
| | 不谗 | 善旺 | 汝照 | 崇襦 | 必庚 | |
| | | | | | 必庾 | |
| | | | | 崇琮 | 必铮 | |
| | | | 汝昀 | 崇硢 | 必棋 | |
| | | | | | 必桴 | |
| | | | | 崇确 | 必港 | |
| | | | | 崇矶 | | |

| | | | | | | | | | | | | | | | | |
|---|---|---|---|---|---|---|---|---|---|---|---|---|---|---|---|---|
| | | | | | | 良⿰扌慈 | 良攗 | | | | | | | | | |
| | | | | 必壤 | 必埇 | 必圵 | | 必填 | 必⿰土列 | 必⿰土尃 | | | | | | |
| | | | | 崇揆 | 崇据 | 崇巩 | | 崇揄 | | | 崇揔 | 崇据 | 崇掾 | 崇摅 | 崇抑 | 崇抵 |
| | 汝⿰火复 | | | 汝博 | | 汝储 | | 汝备 | | | | | | | 汝倡 | |
| | 善费 | | 善举 | 善誉 | | | | | | | | | | | | |
| 不谵 | 不谣 | 赠通直郎不晦 | | | | | | | | | | | | | | |

| | | | | | | | | | | | | |
|---|---|---|---|---|---|---|---|---|---|---|---|---|
| | | | | | | | | 崇撣 | 必埨 | | | |
| | | | | | | | | | 必垢 | | | |
| | | | | | | | | 崇梠 | | | | |
| | | | | | | | 汝⿰亻刚 | 崇⿱竹钩 | | | | |
| | | | | | | | | 崇算 | | | | |
| | | | | | | | | 崇弉 | | | | |
| | | | | | | 善怱 | 汝乔 | 崇篑 | | | | |
| | | | | | | | | 崇⿱竹甄 | | | | |
| | | | | | | | | 崇⿱竹朱 | | | | |
| | | | | | | | 汝忎 | | | | | |
| | | | | | | 善巵 | 汝偃 | | | | | |
| | | | | | | | 汝⿰彳⿱艹絲 | 崇旼 | 必⿰氵庸 | | | |
| | | | | | | | | 崇晛 | | | | |
| | | | | | | | | 崇瞠 | | | | |
| | | | | | | | 汝徉 | | | | | |
| | | | | | | | 汝徦 | 崇⿱不土 | | | | |
| | | | | 从事郎 | | | | | | | | |

| | | | | | | | | | | | | |
|---|---|---|---|---|---|---|---|---|---|---|---|---|
| | | | | 士逕 | | | | | | | | |
| | | | | 成忠郎士[illegible] | | | | | | | | |
| | | | | 右班殿直士清 | | | | | | | | |
| | | | | 武翼大夫士武 | 不愆 | | | | | | | |
| | | | | | 不忒 | | | | | | | |
| | | | | | 不曾 | | | | | | | |
| | | | | | 不惑 | 善择 | 汝宅 | 崇缯 | 必烈 | | | |
| | | | | | | | | 崇纨 | 必念 | | | |
| | | | | | | | | 崇缔 | 必惡 | | | |
| | | | | | | | | | 必惄 | | | |
| | | | | | | | | | 必薏 | | | |
| | | | | | 不息 | | | | | | | |
| | | | | | 从义郎不懯 | 善掇 | 汝僖 | | | | | |

| | | | | | | | | | | | | | | | | |
|---|---|---|---|---|---|---|---|---|---|---|---|---|---|---|---|---|
| | | | | | | | 必砚 | 必硠 | | | | | | | | |
| 崇鉴 | | | | | | | 崇鍪 | | 崇铫 | 崇钤 | 崇钞 | | | | | 崇纹 |
| 汝伉 | 汝倶 | 汝僕 | 汝衜 | 汝⿰亻解 | | 汝傚 | 汝倰 | | | 汝⿰亻囚 | | | | 汝逋 | 汝邅 | 汝迮 |
| 善摽 | | | | | | 善扔 | | | | | | 善揔 | | 善折 | | |
| | | | | | 成忠郎 | 不懋 | | | | | | | 从义郎 | 不愁 | | |

| | | | |
|---|---|---|---|
| 承信郎不愆 | 善格 | | |
| | 善析 | | |
| | 善梴 | | |
| | 善搋 | | |
| | 善拐 | 汝铼 | |
| 承信郎不惪 | 善襟 | | |
| | 善拣 | | |
| | 善抏 | 汝釉 | |
| | | 汝稞 | 崇纻 |
| | | | 崇纵 |
| | | 汝循 | 崇緆 |
| | | 汝樛 | 崇繣 |
| | | | 崇[illegible] |
| | 善擞 | 汝綡 | |
| 不亿 | | | |

士引
成忠郎

宋史卷二二九

表第二〇

# 宗室世系十五

| | | | | | | | | | | | | |
|---|---|---|---|---|---|---|---|---|---|---|---|---|
| | | | 钦国公、谥密靖仲胡 | 武经郎士挹 | | | | | | | | |
| | | | | 修武郎士翻 | 成忠郎不罦 | 善元 | | | | | | |
| | | | | | 训武郎不居 | 善劬 | 汝必 | 崇仙 | | | | |
| | | | | | | | 汝𪻐 | | | | | |
| | | | | | | | 汝琦 | | | | | |

| | | | | |
|---|---|---|---|---|
| | | 汝璘 | | |
| | | 汝琲 | 崇茇 | |
| | 善助 | | | |
| | 善勛 | 汝璪 | 崇准 | 必爟 |
| | | | | 必熼 |
| | | | | 必烰 |
| | | | | 必煊 |
| | | | 崇绳 | 必菖 |
| | | | 崇丕 | 必玤 |
| | | | 崇宰 | |
| | 善勵 | 汝玚 | 崇汰 | |
| | | 汝玷 | 崇侄 | |
| | 善劼 | 汝琜 | 崇衙 | 必宦 |
| | 善勑 | | 崇衕 | |
| 不迟 | 善勔 | 汝晃 | 崇迢 | 必坟 |
| | | | | 必地 |
| | | | | 必坤 |

| | | | | | | | | | | | | |
|---|---|---|---|---|---|---|---|---|---|---|---|---|
| | | | | | | | | 崇愫 | 必䮈 | | | |
| | | | | | | | | 崇懕 | | | | |
| | | | | | | | | 崇禧 | 必翌 | | | |
| | | | | | | | | 崇愿 | | | | |
| | | | | | 不佞 | | | | | | | |
| | | | | 武翼郎士垦 | 修武郎不朋 | 善志 | 汝迁 | | | | | |
| | | | | | | | 汝霙 | 崇𬇙 | | | | |
| | | | | | | | | 崇澞 | | | | |
| | | | | | | | | 崇浓 | | | | |
| | | | | | | | 汝众 | 崇祹 | | | | |
| | | | | | | 善沸 | 汝旌 | | | | | |
| | | | | | 不疑 | 善迣 | | | | | | |
| | | | | | | 善锷 | 汝命 | 崇瓓 | | | | |
| | | | | | | | 汝置 | | | | | |
| | | | | | | | 汝孚 | | | | | |
| | | | | | | 善矼 | 汝㤁 | | | | | |

| | | | | | | | | | | | | |
|---|---|---|---|---|---|---|---|---|---|---|---|---|
| | | | | | | 善臭 | 汝峼 | | | | | |
| | | | | | | 善卿 | 汝缋 | | | | | |
| | | | | | | | 汝缃 | | | | | |
| | | | | | 不虚 | | | | | | | |
| | | | | | 忠翊郎 | | | | | | | |
| | | | | | 不诬 | 善江 | | | | | | |
| | | | | | | 善潞 | | | | | | |
| | | | | | 不倾 | 善輹 | | | | | | |
| | | | | 赠武经 | 修武郎 | | | | | | | |
| | | | | 郎士瑟 | 不彿 | 善渊 | 汝嚞 | 崇果 | 必儦 | | | |
| | | | | | | | | 崇桁 | | | | |
| | | | | | 保义郎 | | | | | | | |
| | | | | | 不恌 | 善修 | 汝鼑 | | | | | |
| | | | | | | | 汝幼 | 崇𣄃 | | | | |
| | | | | | 不傈 | | | | | | | |
| | | | | | 不熠 | | | | | | | |
| | | | | 秉义郎 | | | | | | | | |

| | | | | | | | | | | | | |
|---|---|---|---|---|---|---|---|---|---|---|---|---|
| | | | | 士瞵 | 不博 | 善枞 | 汝烱 | 崇湸 | | | | |
| | | | | | | | | 崇橡 | 必铸 | | | |
| | | | | | 不倦 | 善治 | 汝千 | 崇適 | | | | |
| | | | | | | | 汝诸 | | | | | |
| | | | | | 不非 | | | | | | | |
| | | | | 左侍禁 | | | | | | | | |
| | | | | 士值 | | | | | | | | |
| | | | | 修武郎 | 不吝 | | | | | | | |
| | | | | 士迹 | 赠宣义 | 善积 | 汝雨 | | | | | |
| | | | | 武翼郎 | 郎不崖 | 善溥 | 汝儁 | 崇袢 | | | | |
| | | | | 士栩 | | | | | | | | |
| | | | | | | | | 崇柅 | | | | |
| | | | | | | | | 崇枧 | 必瑛 | | | |
| | | | | | | | | | 必珽 | 良翁 | | |
| | | | | | | | | 崇榜 | | | | |
| | | | | | | | | 崇橿 | 必⿰王勤 | | | |
| | | | | | | | 汝⿰亻与 | 崇悝 | 必玉 | | | |

| | | | | | |
|---|---|---|---|---|---|
| | | | | | 必玺 |
| | | | | | 必坚 |
| | | | | | 必罝 |
| | | | | 崇樎 | |
| | | 善仲 | 汝论 | 崇堭 | |
| | | | 汝设 | | |
| | | | 汝语 | 崇垚 | |
| | | | 汝词 | 崇璪 | 必涇 |
| | | | 汝记 | 崇塘 | |
| | 不穹 | | | | |
| | 不讥 | | | | |
| 忠训郎<br>士逍 | | | | | |
| 修武郎<br>士还 | 承信郎<br>不必 | 善错 | | | |
| | | 善溢 | | | |
| | | 善胶 | 汝褕 | | |

| | | | | | | | | | | | | | |
|---|---|---|---|---|---|---|---|---|---|---|---|---|---|
| | | | | | | | 必眖 | | | | | | |
| | 崇眏 | 崇浘 | | 崇潓 | 崇[illegible] | | 崇勮 | 崇柄 | | 崇嵲 | | | |
| 汝服 | 汝缔 | 汝殖 | 汝襚 | 汝憝 | 汝侚 | | 汝沃 | 汝潢 | 汝湉 | 汝洭 | 汝淡 | 汝灵 | |
| | 善年 | | | | 善悉 | | 善适 | | | | | 善道 | |
| | 不思 | | | | | 不粗 | 赠宣教郎不拨 | | | | | 不柔 | 忠训郎不昼 |
| | | | | | | 武节大夫士遏 | | | | | | | |

| | | | | | | | | | | | | |
|---|---|---|---|---|---|---|---|---|---|---|---|---|
| | | | | 武经大夫士隆 | 秉义郎不汲 | | | | | | | |
| | | | | | 忠翊郎不殄 | 善倜 | | | | | | |
| | | | | | | 善倚 | 汝铢 | 崇澤 | | | | |
| | | | | | | | 汝镝 | | | | | |
| | | | | | | | 汝铤 | | | | | |
| | | | | | | | 汝䥫 | 崇淟 | | | | |
| | | | | | | | | 崇儌 | | | | |
| | | | | | | 善莅 | 汝錍 | | | | | |
| | | | | | 不殒 | 善谌 | 汝蓍 | | | | | |
| | | | | | | | 汝盟 | 崇佫 | | | | |
| | | | | | | | | 崇𡊅 | | | | |
| | | | | | | | 汝溋 | 崇墬 | | | | |
| | | | | | 武翼大夫不忘 | 善爽 | | | | | | |
| | | | | | | 善𢍰 | | | | | | |

| | | | | | | | | | | | | |
|---|---|---|---|---|---|---|---|---|---|---|---|---|
| | | | | | | 善徕 | 汝柢 | | | | | |
| | | | | | | | 汝橓 | | | | | |
| | | | | | | | 汝㭎 | | | | | |
| | | | | | | | 汝榴 | | | | | |
| | | | | | | 善荨 | 汝核 | | | | | |
| | | | | | | 善祇 | | | | | | |
| | | | | | 迪功郎不沵 | 善岦 | | | | | | |
| | | | | | | 善窜 | | | | | | |
| | | | | | | 善赛 | | | | | | |
| | | | | | 不佸 | 善赍 | | | | | | |
| | | | | | | 善戒 | 汝畲 | | | | | |
| | | | | | | 善遗 | 汝鏖 | | | | | |
| | | | | | | 善奇 | | | | | | |
| | | | | | | 善佼 | | | | | | |
| | | | | | 不倭 | | | | | | | |
| | | 临汝侯 | | | | | | | | | | |

| | | | | | | |
|---|---|---|---|---|---|---|
| 宗孟 | | | | | | |
| 舒王、谥安孝宗肃 | 华原郡公、谥僖节仲先 | 华阴侯士稷 | 商国公不屈 | 善通 | | |
| | | | | 善庯 | | |
| | | | | 善镦 | 汝诇 | |
| | | | | | 汝躬 | 崇辕 |
| | | | | | | 崇镤 |
| | | | 训武郎不浊 | | | |
| | | | 宣教郎不辱 | | | |
| | | | 赠武经大夫不泯 | 善虎 | 汝樘 | 崇樆 |
| | | | | | | 崇此 |
| | | | | 善豹 | 汝诛 | 崇现 |

| | | | | |
|---|---|---|---|---|
| | | | | 崇玥 |
| | | | 汝说 | 崇琬 |
| 武功郎士牖 | 不渝 | | | |
| | 秉义郎不湊 | | | |
| | 成忠郎不汩 | 善柍 | | |
| | | 善山 | 汝眠 | 崇逮 |
| | | | | 崇遨 |
| | | | | 崇适 |
| | | | 汝逸 | |
| | | 善峻 | 汝恤 | |
| | | | 汝櫰 | |
| | | | 汝惔 | |
| | | | 汝愰 | |
| | 不湎 | | | |

| | | | | | | | | | | | | |
|---|---|---|---|---|---|---|---|---|---|---|---|---|
| | | | | 东头供奉官士烋 | 忠训郎不溢 | | | | | | | |
| | | | | | 武翼郎不愷 | 善孚 | 汝奫 | 崇暕 | 必泾 | 良鍪 | | |
| | | | | | | | | 崇晤 | 必憙 | | | |
| | | | | | | | | | 必宪 | | | |
| | | | | | | | | 崇暌 | 必董 | | | |
| | | | | | | | | 崇昕 | 必葍 | | | |
| | | | | | | | 汝闉 | 崇爵 | 必郑 | | | |
| | | | | | | | 汝翌 | 崇升 | 必耀 | | | |
| | | | | | | | | 崇塗 | | | | |
| | | | | | | | 汝憕 | 崇暄 | | | | |
| | | | | | | | | 崇暤 | | | | |
| | | | | | | | | 崇旼 | | | | |
| | | | | | | | 汝白 | | | | | |
| | | | | | | | 汝恣 | 崇旸 | | | | |

| | | | | | | | | | | | | |
|---|---|---|---|---|---|---|---|---|---|---|---|---|
| | | | | | | | | 崇昆 | 必谨 | | | |
| | | | | | | | | | 必讱 | | | |
| | | | | | | | | 崇晞 | 必诃 | | | |
| | | | | | | | 汝遼 | 崇昕 | | | | |
| | | | | | | | 汝峤 | 崇晄 | 必濎 | 良穏 | | |
| | | | | | | | | 崇腆 | 必襆 | | | |
| | | | | | | | | | 必衡 | | | |
| | | | | | | | | 崇侵 | | | | |
| | | | | | | 善祐 | 汝谙 | 崇寖 | | | | |
| | | | | | | | | 崇賁 | 必陵 | | | |
| | | | | | | | | 崇榱 | | | | |
| | | | | | | | 汝盥 | 崇橧 | 必焟 | | | |
| | | | | | | | | | 必烯 | | | |
| | | | | | | | | 崇樯 | 必焥 | | | |
| | | | | | | 善觉 | | | | | | |
| | | | | | 修武郎不镏 | 善焘 | 汝沵 | 崇讵 | | | | |

| | | | | | | | | | | | | | | | | |
|---|---|---|---|---|---|---|---|---|---|---|---|---|---|---|---|---|
| | | | | | | | | | | | | | | | | |
| | | | | | | | | | | | | | | | | |
| | | | | | | | | | | | | | | | | |
| | | | | | 必谭 | 必棍 | | | | 必琸 | 必瑰 | 必臻 | | | | |
| | | | | 崇昢 | 崇咸 | | 崇廉 | | 崇营 | | | 崇詹 | | | | 崇稊 |
| | | | | 汝澳 | 汝潓 | 汝濊 | 汝灭 | 汝栻 | | | | 汝壆 | | | 汝潍 | 汝琢 |
| 善浜 | | | | 善沿 | | | | | | | | 善格 | 善远 | 善渘 | | |
| 郎不愆 | 赠朝散 | | | | | | | | | | | | | | | |
| 士迂 | 忠顺郎 | | | | | | | | | | | | | | | |
| 仲晓 | 房国公 | 仲丁 | 博平侯 | | | | | | | | | | | | | |

| | | | |
|---|---|---|---|
| 善弜 | 汝琢 | 崇讥 | 必杵 |
| | | 崇檼 | 必潚 |
| | | | 必滵 |
| | 汝玑 | | |
| 善沇 | 汝球 | 崇垗 | |
| | | 崇洁 | |
| | 汝⿰耒并 | | |
| 善⿰衤卞 | 汝壁 | | |
| | 汝瑞 | 崇朋 | 必莅 |
| | 汝璲 | 崇隽 | |
| | | 崇堉 | |
| 善濛 | 汝淢 | 崇镳 | |
| | 汝珠 | 崇漫 | |
| | | 崇锪 | |
| | 汝杜 | | |
| 善涟 | 汝艁 | 崇岳 | 必銈 |
| | | | 必鑍 |

| | | | | | |
|---|---|---|---|---|---|
| | | | | | 必⿰山仑 |
| | | | | | 必⿰山直 |
| | | | | | 必嵱 |
| | | | 汝葶 | 崇皇 | |
| | | | 汝苖 | | |
| 武翼郎士那 | 不怍 | | | | |
| | 不慊 | | | | |
| | 不懈 | | | | |
| | 不愠 | | | | |
| | 不愧 | | | | |
| | 不恶 | 善⿰亻亍 | 汝婁 | | |
| | | | 汝⿰山直 | | |
| | | | 汝芫 | | |
| | | 善鉴 | 汝岷 | 崇彼 | 必楠 |
| | | | 汝客 | | |
| | | | 汝⿰山良 | | |

| | | | | | | | | | | | | | | | | |
|---|---|---|---|---|---|---|---|---|---|---|---|---|---|---|---|---|
| | | 崇䓓 | | | 崇芫 | | | 崇穇 | | | | | | | | |
| | 汝当 | 汝椮 | 汝桐 | 汝墐 | 汝接 | 汝穰 | 汝梭 | 汝棹 | | | | 汝峥 | 汝崆 | 汝崶 | 汝嵴 | 汝峒 |
| | | | 善庚 | | 善唐 | | 善扃 | 善縻 | | | | 善尽 | | | | |
| | | | | | | | | 不忏 | 从常郎 | 不悚 | 不憿 | | | | | |
| 武翼郎 | | | | | | | | | | | | | | | | |

| | | | | | | | | | | | | |
|---|---|---|---|---|---|---|---|---|---|---|---|---|
| | | | | 土睢 | 不恫 | 善轮 | 汝琴 | 崇璎 | | | | |
| | | | | | | | | 崇琕 | | | | |
| | | | | | | | 汝揟 | 崇聿 | 必㧯 | 良壉 | 友谊 | |
| | | | | | | | | | | 良圳 | | |
| | | | | | | | | | | 良塖 | | |
| | | | | | | | 汝针 | 崇辑 | 必铨 | | | |
| | | | | | | | | | 必堵 | | | |
| | | | | | | 善辑 | 汝觉 | 崇纁 | | | | |
| | | | | | 不慑 | | | | | | | |
| | | | | | 不怖 | | | | | | | |
| | | | | | 不惧 | | | | | | | |
| | | | | 忠翊郎士卫 | 不悚 | | | | | | | |
| | | | | 忠训郎士谅 | 承节郎不忿 | 善诱 | 汝倧 | 崇浮 | | | | |
| | | | | | | | | 崇诗 | | | | |
| | | | | | | | 汝仟 | 崇塖 | | | | |

| | | | | | | | | | | | | | | | |
|---|---|---|---|---|---|---|---|---|---|---|---|---|---|---|---|
| | | | | | | | | | | | | | | | |
| | | | | | | | | | | | | | | | |
| | | | | | | | | | | | | | | | |
| | | | | | | | | | | | 必鎜 | | | | |
| 崇榔 | 崇吟 | 崇泺 | 崇镛 | 崇鏚 | | | | 崇擽 | 崇墶 | 崇傶 | 崇堞 | 崇鐽 | 崇晅 | 崇场 | 崇扗 |
| 汝岩 | | 汝戚 | | 汝辟 | 汝鏚 | 汝玪 | 汝臣 | | | | | 汝𡺠 | 汝武 | | |
| | | | | 善雱 | | | | | | | | | 善诗 | | |
| | | | | 承信郎不戁 | | | | | | | | | | | |
| | | | | | | | | | | | | | | | |
| | | | | | | | | | | | | | | | |
| | | | | | | | | | | | | | | | |
| | | | | | | | | | | | | | | | |
| | | | | | | | | | | | | | | | |

| | | | | | | | | | | | |
|---|---|---|---|---|---|---|---|---|---|---|---|
| | | | | | | | 汝[illegible] | | | | |
| | | | | | | 善刹 | 汝荐 | | | | |
| | | | | | 不怠 | | | | | | |
| | | | | | 不欲 | | | | | | |
| | | | | 保义郎士改 | | | | | | | |
| | | | 建安侯仲洗 | 武德郎士恚 | 修武郎不苟 | 善铨 | | | | | |
| | | | | | | 善[illegible] | | | | | |
| | | | | | | 善躈 | 汝彷 | | | | |
| | | | | | | | 汝台 | | | | |
| | | | | | 承信郎不贪 | | | | | | |
| | | | | 秉义郎士应 | | | | | | | |
| | | | | 忠训郎士忠 | | | | | | | |

| | | | | | | | | | | | | |
|---|---|---|---|---|---|---|---|---|---|---|---|---|
| | | 崇洊 | | | | | | | | | | |
| | 汝镓 | 汝铳 | 汝钐 | 汝铜 | 汝镰 | | 汝塙 | 汝埭 | 汝侣 | 汝亭 | | |
| | 善证 | | | | | | 善颢 | | 善纳 | 善谋 | | |
| 忠训郎不湮 | | | | | | 修武郎不注 | 保义郎不渨 | | 不浅 | | 不惩 | |
| 武翼郎士寄 | | | | | | | | | | | 成忠郎士伦 | |
| | | | | | | | | | | | | 左武卫 |

| | | | | | | | |
|---|---|---|---|---|---|---|---|
| 大将军仲朒 | 左班殿直士䜣 | 不惹 | | | | | |
| | 右班殿直士僖 | | | | | | |
| | 敦武郎士鉙 | 承信郎不愚 | | | | | |
| | | 忠翊郎不煬 | 善纚 | 汝玒 | 崇遹 | | |
| | | | | | 崇遡 | 必溢 | |
| | | | | | 崇遞 | | |
| | | | | | | 必淶 | |
| | | | | | | 必灌 | 良瞰 |
| | | | | | | | 良琘 |
| | | | | | | 必漕 | |
| | | | | | 崇逖 | 必稽 | |
| | | | | | 崇邋 | | |
| | | | | 汝璠 | 崇贯 | 必弜 | |

| | | | | | | | | | | | | |
|---|---|---|---|---|---|---|---|---|---|---|---|---|
| | | | | | | | | | 必锋 | | | |
| | | | | | | | | 崇逷 | | | | |
| | | | | | | | 汝茔 | 崇迥 | 必柚 | 良濽 | | |
| | | | | | | | | | | 良洊 | | |
| | | | | | | | | 崇遁 | | | | |
| | | | | | | | | 崇逵 | 必盱 | | | |
| | | | | | | | | 崇遨 | | | | |
| | | | | | | | | 崇迣 | 必玩 | | | |
| | | | | | | | | | 必祼 | | | |
| | | | | | | | | 崇遒 | 必瑓 | | | |
| | | | | | | | | | 必瓃 | | | |
| | | | | | | | | | 必玐 | | | |
| | | | | | | 善绥 | 汝傳 | | | | | |
| | | | | | | | 汝瑀 | 崇义 | 必瓖 | | | |
| | | | | | 不危 | | | | | | | |
| | | | 东阳侯仲塾 | 武经大夫士贩 | 承节郎不悱 | 善长 | | | | | | |

| | | | |
|---|---|---|---|
| 善才 | 汝燔 | 崇援 | 必尜 |
| | | | 必颖 |
| 善数 | 汝诵 | | |
| | 汝翚 | 崇玢 | 必榼 |
| | | 崇玑 | 必枋 |
| | | | 必橡 |
| | | 崇琛 | 必樚 |
| | 汝誮 | 崇泾 | |
| | | 崇琡 | 必辚 |
| | | | 必镙 |
| | | | 必瑝 |
| | | 崇坏 | |
| | 汝翟 | | |
| | 汝羿 | | |
| 善孜 | 汝霭 | 崇祖 | 必秉 |
| | 汝雯 | 崇珋 | 必锌 |
| | 汝堂 | 崇押 | |

| | | | | | | | | | | | | |
|---|---|---|---|---|---|---|---|---|---|---|---|---|
| | | | | | | | | 崇讫 | 必栞 | | | |
| | | | | | | | 汝济 | | | | | |
| | | | | | | 善洟 | 汝暶 | 崇忩 | 必沆 | 良栓 | | |
| | | | | | | | | | 必沾 | 良椮 | | |
| | | | | | | | | | 必滑 | | | |
| | | | | | | | | 崇忎 | 必架 | | | |
| | | | | | | | | 崇恰 | 必湛 | | | |
| | | | | | | | | | 必渑 | | | |
| | | | | | | | | 崇愜 | | | | |
| | | | | | | | 汝鍱 | 崇紧 | 必罙 | | | |
| | | | | | | | | 崇秧 | 必汪 | | | |
| | | | | | | | | | 必潮 | | | |
| | | | | | | | 汝堣 | 崇潓 | 必股 | | | |
| | | | | | | | | | 必肱 | | | |
| | | | | | | | | | 必铠 | | | |
| | | | | | | | | 崇悬 | | | | |
| | | | | | | | | 崇恐 | 必臁 | | | |

| | | | | | | | | | | | | | | | | |
|---|---|---|---|---|---|---|---|---|---|---|---|---|---|---|---|---|
| | | | | | | | | 必桥 | 必栗 | | 必炇 | | | | | |
| | | | | | | 崇侖 | 崇佥 | 崇仓 | 崇熽 | 崇熯 | 崇塞 | | 崇恵 | 崇懕 | 崇愬 | 崇鍪 |
| | | | | | | | | | | | 汝至 | 汝瑧 | 汝玕 | | | |
| | | | | | | | | | | | 善仿 | | | | | |
| | | | 不苛 | 不蔽 | 不华 | | | | | | | | | | | |
| 武翼郎 | 直士昕 | 右班殿 | | | | | | | | | | | | | | |

| | | | | | | | | | | | | |
|---|---|---|---|---|---|---|---|---|---|---|---|---|
| | | | | 士瞭 | | | | | | | | |
| | | | | 秉义郎士僎 | 不群 | 善何 | 汝环 | | | | | |
| | | | | | | 善惇 | | | | | | |
| | | | | | | 善憭 | | | | | | |
| | | | | | | 善仰 | 汝逑 | | | | | |
| | | | | | | 善亿 | | | | | | |
| | | | | | 不迷 | | | | | | | |
| | | | | | 不移 | | | | | | | |
| | | | | 成忠郎士颜 | | | | | | | | |
| | | | 河内侯仲秉 | 赠中大夫士皤 | 不欺 | 善辛 | 汝侉 | 崇棣 | | | | |
| | | | | | | | 汝眯 | | | | | |
| | | | | | | 善亢 | 汝需 | | | | | |
| | | | | | | | 汝昊 | | | | | |
| | | | | | 不晓 | | | | | | | |

| | | | | | | | | | | | | |
|---|---|---|---|---|---|---|---|---|---|---|---|---|
| | | | | | 不斯 | | | | | | | |
| | | | | 右班殿直士来 | | | | | | | | |
| | | | 康州防御史仲[illegible] | 从义郎士龆 | 保义郎不悯 | | | | | | | |
| | | 平阳郡王、谥僖裕宗翰 | 彭城侯仲犨 | 武经大夫士璪 | 承节郎不缅 | 善旂 | 汝奎 | 崇凖 | 必[illegible] | | | |
| | | | | | | | | | 必𬭚 | | | |
| | | | | | | | | | 必埏 | | | |
| | | | | | | | | 崇铽 | | | | |
| | | | | | | | | 崇錂 | 必坠 | 良历 | | |
| | | | | | | | | | 必琦 | 良冰 | | |
| | | | | | | | | | | 良涚 | | |
| | | | | | | | | 崇锟 | 必蒵 | | | |
| | | | | | | | | | 必萱 | | | |

| | | | | | |
|---|---|---|---|---|---|
| 必鋋 | 崇錿 | | | | |
| | 崇打 | 汝譓 | | | |
| | | 汝夸 | 善旅 | | |
| | | 汝稠 | | | |
| | | 汝栵 | | | |
| | | 汝谖 | 善敷 | | |
| | | | | 不瑕 | |
| | | | | 忠训郎不绿 | 武翼大夫士宾 |
| | 崇傈 | 汝荸 | 善衷 | | |
| | | 汝藩 | | | |
| | | 汝置 | | | |
| | | | | 不猛 | |
| | | | | 不欺 | |
| | | | | 赠训武郎不争 | 武节大夫士崇 |
| | | 汝琥 | 善报 | | |
| | 崇瘴 | 汝玿 | | | |
| | | 汝皜 | 善贡 | | |

| | | | | | |
|---|---|---|---|---|---|
| | | | | 汝梱 | 崇荷 |
| | | | | | 崇序 |
| | | | 善棠 | 汝得 | 崇广 |
| | | | | | 崇𢋈 |
| | | | | 汝𬴊 | 崇㢡 |
| | | | | 当绣 | 崇鹿 |
| | | 不悔 | 善造 | | |
| | | | 善果 | | |
| 安康郡公仲彝 | 武德郎士陳 | | | | |
| | 赠朝议大夫士珇 | 训武郎不去 | 善言 | | |
| | | | 善诃 | 汝葑 | 崇钟 |
| | | | | 汝菼 | 崇锱 |
| | | | | | 崇缉 |
| | | | | | 崇纶 |

| | | | | | | | | | | | | | | | | |
|---|---|---|---|---|---|---|---|---|---|---|---|---|---|---|---|---|
| | | | | | | | | | | | | | | | | |
| | | | | | | | | | | | | | | | | |
| | | | | | | | | | | | | | | | | |
| | | 必颀 | 必顒 | | | | | | | | | | | | | |
| 崇综 | 崇纡 | | 崇䌹 | | | | 崇栈 | 崇概 | 崇拊 | | | | | 崇宬 | 崇宸 | |
| | | | 汝晲 | | | | 汝艽 | | 汝蘩 | 汝仿 | 汝龙 | 汝嵚 | 汝冈 | 汝崃 | 汝溉 | 汝墰 |
| | | | 善拳 | 善世 | | | | | | | 善说 | | | | | 善沅 |
| | | | | 不弱 | 不邪 | 不危 | | | | | | | | | | |
| | | | | | | | | | | | | | | | | |
| | | | | | | | | | | | | | | | | |
| | | | | | | | | | | | | | | | | |
| | | | | | | | | | | | | | | | | |
| | | | | | | | | | | | | | | | | |

| | | | | | | | | | | | | |
|---|---|---|---|---|---|---|---|---|---|---|---|---|
| | | | | | | | | 崇纮 | | | | |
| | | | | | | | 汝⿰忄产 | | | | | |
| | | | | | | | 汝玣 | 崇饰 | 必侈 | | | |
| | | | | | | | | | 必侗 | | | |
| | | | | | | | | 崇荪 | | | | |
| | | | | | | | | 崇消 | | | | |
| | | | | | | | 汝⿰木⿱罒亘 | | | | | |
| | | | | | | | 汝福 | 崇侲 | | | | |
| | | | | | | | | 崇伈 | | | | |
| | | | | | | 善渗 | 汝𬤇 | 崇瑝 | 必⿰衤贾 | | | |
| | | | | | | | | | 必⿰衤夹 | | | |
| | | | | | | | | 崇⿰土质 | | | | |
| | | | | | | | | 崇僎 | | | | |
| | | | | | | | 汝⿰讠皇 | 崇酉 | | | | |
| | | | | | | | | 崇鄭 | | | | |
| | | | | | | | 汝炘 | 崇倩 | | | | |
| | | | | | | | | 崇绚 | | | | |

| | | | | |
|---|---|---|---|---|
| | | 汝锖 | | |
| 不泰 | 善偁 | 汝征 | | |
| | | 汝毅 | | |
| | | 汝筴 | | |
| | 善纕 | 汝晃 | | |
| 不乱 | | | | |
| 保义郎 | | | | |
| 不掎 | 善芭 | 汝讵 | 崇秩 | |
| | | | 崇䅭 | |
| | | 汝秩 | | |
| | 善偞 | 汝勤 | 崇道 | 必迳 |
| | | | | 必锪 |
| | | 汝徙 | | |
| | 善榘 | | | |
| | 善遡 | 汝谢 | | |
| | 善楶 | 汝廪 | 崇禚 | 必坜 |
| | | | | 必坺 |

| | | | | | | | | | | | | | | | | |
|---|---|---|---|---|---|---|---|---|---|---|---|---|---|---|---|---|
| | | | | | | | 必爑 | 必[illegible] | | | | | | | 必光 | 必庳 |
| | 崇鏖 | 崇澊 | | 崇菱 | 崇儶 | 崇稰 | | 崇褠 | | | | | | | | |
| 汝畅 | | 汝淆 | 汝藟 | | 汝蘅 | 汝溢 | | 汝趆 | | | 汝捔 | 汝拼 | 汝搋 | 汝虚 | | |
| | | 善艺 | | | 善莆 | | | 善樯 | | 善苇 | | | 善橉 | | | |
| | | | | | | | | 不括 | 保义郎 | | | | | | | |

| | | | | | | | | | | | | |
|---|---|---|---|---|---|---|---|---|---|---|---|---|
| | | | | | 保义郎不及 | 善暇 | 汝偷 | | | | | |
| | | | | | | 善神 | | | | | | |
| | | | | | | 善熺 | | | | | | |
| | | | | | 宣教郎不愦 | 善䛦 | 汝埻 | 崇在 | | | | |
| | | | | | | | | 崇垔 | | | | |
| | | | | | | 善谏 | | | | | | |
| | | | | | 不息 | | | | | | | |
| | | | | 左朝散大夫士缜 | 左奉议郎不尤 | 善芬 | | | | | | |
| | | | | | | 善呼 | 汝讄 | 崇咨 | | | | |
| | | | | | | | 汝衮 | 崇備 | 必珲 | | | |
| | | | | | | | 汝床 | | | | | |
| | | | | | | | 汝亢 | 崇纤 | | | | |
| | | | | | | | | 崇𫄸 | | | | |

| | | | | | |
|---|---|---|---|---|---|
| | 从义郎不曲 | 善⿱石土 | 汝⿱取豕 | 崇淞 | |
| | | | 汝晦 | 崇荭 | |
| | | | | 崇⿱艹居 | 必遨 |
| | | | 汝⿰王致 | 崇⿰讠惠 | |
| | | | | 崇万 | |
| 秉义郎士槩 | | | | | |
| 左朝散大夫士谷 | 成忠郎不惑 | | | | |
| | 忠翊郎不忒 | | | | |
| | 不晦 | | | | |
| | 朝奉郎不污 | 善毅 | 汝徘 | 崇烈 | 必宪 |
| | | | | 崇悳 | |

| | | | | | | | | | | | | |
|---|---|---|---|---|---|---|---|---|---|---|---|---|
| | | | | | | 善⿰言夆 | 汝衎 | | | | | |
| | | | | | | | 汝体 | | | | | |
| | | | | | | 善⿰言乏 | | | | | | |
| | | | | | 将仕郎不簡 | | | | | | | |
| | | | | | 不竞 | 善瀾 | 汝烛 | | | | | |
| | | | | | | | 汝琫 | | | | | |
| | | | | 武翼郎士多 | 不禝 | 善祕 | | | | | | |
| | | | | | | 善畟 | 汝迮 | 崇相 | | | | |
| | | | | | | | | 崇柶 | | | | |
| | | | | | | | | 崇桎 | | | | |
| | | | | | | | | 崇箱 | | | | |
| | | | | | | | | 崇櫳 | | | | |
| | | | | | | | 汝⿺辶彦 | 崇棊 | | | | |
| | | | | | | | | 崇薇 | | | | |
| | | | | | | | | 崇筜 | | | | |

| | | | | | | | | | | | | | | | | |
|---|---|---|---|---|---|---|---|---|---|---|---|---|---|---|---|---|
| 崇珞 | | | | 崇杯 | 崇樓 | 崇掺 | | | 崇侳 | 崇亿 | 崇伅 | 崇偱 | 崇偋 | | | |
| 汝忞 | 汝悆 | 汝怗 | 汝悥 | | | 汝蕙 | 汝悠 | 汝宪 | | 汝遛 | 汝逆 | | 汝邂 | 汝邀 | | |
| | | | | | | | | 善迢 | | | | | | 善還 | | 善湯 |
| | | | | | | | | | | | | | | 不诽 | 承信郎 | |

| | | | | | | | | | | | | |
|---|---|---|---|---|---|---|---|---|---|---|---|---|
| | | | | | | | | 崇珴 | | | | |
| | | | | | | | | 崇瑑 | | | | |
| | | | | | 训武郎不讪 | 善蔺 | 汝龟 | 崇点 | 必⿰氵雷 | | | |
| | | | | | | | 汝驰 | | | | | |
| | | | | | | 善遘 | 汝剡 | 崇秠 | | | | |
| | | | | | | | | 崇⿰禾奂 | | | | |
| | | | | | | | | 崇稭 | | | | |
| | | | | | | 善苁 | 汝⿰火冉 | | | | | |
| | | | | | | 善芎 | 汝琁 | 崇湖 | | | | |
| | | | | | | | | 崇渑 | | | | |
| | | | | | | | 汝⿰王鼎 | | | | | |
| | | | | | | | 汝瑞 | | | | | |
| | | | | | | | 汝琰 | | | | | |
| | | | | 忠翊郎士囷 | 不屈 | 善智 | | | | | | |
| | | | | | | 善从 | | | | | | |

| | | | | | | | | | | | | |
|---|---|---|---|---|---|---|---|---|---|---|---|---|
| | | | 赠武功郎仲询 | 忠翊郎士鏊 | 不伐 | 善论 | | | | | | |
| | | | | | | 善试 | 汝瀷 | | | | | |
| | | | | 忠翊郎士檝 | 秉义郎不矜 | | | | | | | |
| | | | | | 保义郎不侮 | 善𬤊 | 汝侩 | | | | | |
| | | | | | | | 汝佁 | 崇砉 | | | | |
| | | | | | | | 汝得 | 崇愦 | | | | |
| | | | | | 不碍 | 善制 | | | | | | |
| | | | | | | 善誉 | 汝稐 | | | | | |
| | | | | | | | 汝穗 | | | | | |
| | | | | 修武郎士弤 | 不倨 | 善譂 | | | | | | |
| | | | | 武翼大夫士矗 | 秉义郎不劳 | 善迫 | 汝铧 | | | | | |
| | | | | | 保义郎 | | | | | | | |

| | | | | | |
|---|---|---|---|---|---|
| | 汝衎 | 善晄 | 不假 | | |
| 崇俏 | 汝穊 | 善胖 | | | |
| | 汝濜 | 善礼 | 保义郎不佪 | | |
| | 汝沸 | | | | |
| | 汝洑 | | | | |
| | | | 不侈 | | |
| 崇谇 | 汝洽 | 善玑 | 承直郎不伐 | 左朝散大夫士庶 | 武功大夫、复州防御使仲檝 |
| | | 善琭 | | | |
| | | 善玢 | | | |
| | | 善𬪩 | | | |
| 崇𬇙 | 汝袁 | 善彦 | 不谀 | | |
| 崇涛 | | | | | |
| 崇渡 | | | | | |

| | | | | | |
|---|---|---|---|---|---|
| | | | 汝瀼 | | |
| | 左文林郎不谖 | 善化 | 汝㥦 | 崇复 | 必勘 |
| | | 善仁 | 汝榏 | 崇培 | 必渫 |
| 敦武郎士昼 | | | | | |
| 修武郎士勑 | 忠训郎不敏 | 善琁 | 汝俵 | 崇檖 | |
| | | | | 崇旎 | |
| | | | 汝俥 | 崇综 | |
| | | | 汝偡 | | |
| | | | 汝伫 | | |
| | | | 汝傂 | 崇总 | |
| | | | | 崇绋 | |
| | | | 汝傍 | | |
| | | 善达 | 汝徐 | | |
| | | | 汝徆 | 崇滚 | |

| | | | | |
|---|---|---|---|---|
| 忠训郎不苟 | 善迈 | 汝檩 | 崇朝 | 必柗 |
| | | | | 必枇 |
| | | | | 必橡 |
| | 善则 | 汝町 | 崇添 | |
| | | | 崇秧 | 必雩 |
| | | | 崇穫 | |
| | | | 崇秢 | 必橴 |
| | | 汝䁒 | 崇砻 | |
| | | | 崇砊 | |
| | | 汝晼 | 崇抚 | 必燋 |
| | | | | 必圮 |
| | | 汝镬 | 崇穷 | |
| | | | 崇寂 | |
| 不求 | 善较 | 汝椽 | 崇炜 | |
| | | | 崇炲 | |
| | | 汝栓 | | |

| | | | |
|---|---|---|---|
| | 崇钨 | 汝泜 | |
| | | 汝洊 | |
| | | 汝济 | 善恚 |
| | 崇垓 | | |
| | 崇竝 | | |
| | 崇溫 | 汝塅 | |
| | 崇倌 | | |
| | 崇靖 | | |
| | 崇竘 | | |
| | 崇韵 | | |
| 必膝 | 崇竱 | 汝埤 | |
| | 崇倜 | | |
| 必滨 | 崇物 | | |
| 必溉 | 崇佴 | | |
| 必濹 | 崇觡 | | |
| | 崇僡 | 汝垎 | 善輯 |
| | | 汝皋 | |

| | | | | | | | | | | | | | | | | |
|---|---|---|---|---|---|---|---|---|---|---|---|---|---|---|---|---|
| | | | | | | 崇郴 | 崇棃 | 崇椒 | 崇橑 | 崇檀 | | | | 崇逶 | 崇邐 | |
| | | | | 汝镨 | 汝代 | | | 汝遍 | | 汝话 | 汝偓 | 汝彶 | 汝禑 | | 汝眡 | |
| | | | | | | | | 善瑫 | | 善毕 | | 善是 | | | 善闬 | 善骧 |
| | 不愚 | 不優 | 不隐 | | | | | | | | | | | | | |
| 保义郎 | | | | | | | | | | | | | | | | |

| | | | | | | |
|---|---|---|---|---|---|---|
| | | | 士堀 | 不憾 | 善述 | |
| | | | | | 善远 | |
| | | | | | 善道 | |
| | | | 武翼大夫士瑮 | 承节郎不孤 | | |
| | | | | 承节郎不岻 | 善异 | |
| | | | | 修武郎不惿 | 善珧 | 汝复 |
| | | | | | 善瑮 | |
| | | | | 成忠郎不悁 | 善僟 | 汝疑 |
| | | | | | 善[illegible] | |
| | | | | | 善儃 | 汝清 |
| | | | | | | 汝墪 |
| 濮王、谥安懿允让 | 舒王、谥良靖宗 | 太子右内率府 | | | | |

| | | | | | | | | | | | | |
|---|---|---|---|---|---|---|---|---|---|---|---|---|
| | | 懿 | 副率仲鼎 | | | | | | | | | |
| | | | 太子右内率府副率仲矫 | | | | | | | | | |
| | | | 赠右屯卫大将军仲辰 | 洋国公士健 | 右班殿直不辱 | | | | | | | |
| | | | | 建国公谥愿恪士宥 | 忠翊郎不危 | 善洪 | | | | | | |
| | | | | | 保义郎不诞 | | | | | | | |
| | | | | | 赠庆远承宣使不咏 | 善声 | 汝棻 | 崇瓌 | 必侨 | | | |

| | | | | | | | | | | | | |
|---|---|---|---|---|---|---|---|---|---|---|---|---|
| | | | | | | | | | 必俶 | 良财 | | |
| | | | | | | | | | | 良时 | | |
| | | | | | | | | 崇瑑 | | | | |
| | | | | | | | | 崇琨 | | | | |
| | | | | | | | 汝桁 | 崇歆 | | | | |
| | | | | | | | | 崇琫 | 必伾 | | | |
| | | | | | | | | | 必侣 | | | |
| | | | | | | | | | 必仍 | | | |
| | | | | | | | 汝樌 | | | | | |
| | | | | | | 善拱 | | | | | | |
| | | | | | | 善绮 | 汝甲 | 崇戢 | 必托 | | | |
| | | | | | | | | 崇昉 | 必瑻 | | | |
| | | | | | | | | | 必垸 | | | |
| | | | | | | | | 崇鼒 | | | | |
| | | | | | | | | 崇敭 | | | | |
| | | | | | | | 汝坤 | 崇镄 | | | | |
| | | | | | | | | 崇錝 | | | | |

| | | | | | | | | | | | | | | | | |
|---|---|---|---|---|---|---|---|---|---|---|---|---|---|---|---|---|
| | | | | | 必主 | | | 必伷 | 必佃 | | | | | | | |
| 崇铜 | 崇钎 | 崇锖 | 崇相 | | 崇逵 | 崇迥 | 崇遇 | 崇佩 | | 崇倌 | 崇俩 | 崇侑 | 崇侵 | | 崇獉 | 崇犳 |
| | | | 汝王 | 汝径 | 汝檝 | | 汝醇 | | | | | | | | 汝照 | |
| | | | | | 善楧 | | | | | | | | | 善劭 | 善镕 | |

| | | | | | | | | | | | | |
|---|---|---|---|---|---|---|---|---|---|---|---|---|
| | | | | | | | | 崇⿰多阝 | | | | |
| | | | | | | 善瑜 | 汝浑 | | | | | |
| | | | | | | | 汝岩 | 崇堞 | 必铦 | | | |
| | | | | | | | | | 必偿 | | | |
| | | | | | | | | 崇圯 | | | | |
| | | | | | | 善毗 | 汝载 | 崇蓺 | | | | |
| | | | | | | | 汝绅 | | | | | |
| | | | | | | | 汝珅 | 崇铦 | | | | |
| | | | | | | | 汝⿱艹⿰豸隹 | 崇僝 | 必寅 | | | |
| | | | | | | | | | 必寮 | | | |
| | | | | | | | | 崇繙 | | | | |
| | | | | 南阳侯士愫 | | | | | | | | |
| | | | 洋国公、谥良仲鸾 | 右班殿直士⿰月旡 | | | | | | | | |
| | | | | 右班殿 | | | | | | | | |

| | | | | | | | | | | | | |
|---|---|---|---|---|---|---|---|---|---|---|---|---|
| | | | | 直士胥 | | | | | | | | |
| | | | | 东头供奉官士更 | | | | | | | | |
| | | | | 左屯卫大将军士骓 | | | | | | | | |
| | | | | 赠左屯卫大将军士瑛 | 赠武翼郎不愤 | 善湑 | 汝允 | 崇誃 | | | | |
| | | | | | | | | 崇夸 | | | | |
| | | | | | | | | 崇䜊 | | | | |
| | | | | | | | 汝赓 | | | | | |
| | | | | | | | 汝游 | | | | | |
| | | | | 右监门卫大将军士岸 | | | | | | | | |

| | | | | | | | | | | | | |
|---|---|---|---|---|---|---|---|---|---|---|---|---|
| | | | 荣国公谥僖惠仲傀 | 惠国公士洞 | 赠武节大夫不窒 | 善听 | 汝作 | 崇升 | | | | |
| | | | | | | | | 崇晟 | 必寿 | | | |
| | | | | | | | | | 必袗 | | | |
| | | | | | | | | 崇昊 | 必炼 | | | |
| | | | | | | | 汝佫 | 崇嶬 | 必遙 | | | |
| | | | | | | | | 崇昣 | 必来 | | | |
| | | | | | | | 汝僚 | 崇贾 | 必雷 | 良荣 | | |
| | | | | | | | | | | 良瑱 | | |
| | | | | | | | | | 必霆 | | | |
| | | | | | | | | 崇赟 | 必袗 | 良玩 | | |
| | | | | | | | | | | 良瑱 | | |
| | | | | | | | | | | 良瑍 | | |
| | | | | | | | | | | 良璄 | | |
| | | | | | | | | | | 良球 | | |

| | | | | | | | | | | | | | | | | |
|---|---|---|---|---|---|---|---|---|---|---|---|---|---|---|---|---|
| | | | | | | | | | | | | | | | | |
| | | | | | | | | | | | | | | | | |
| | 良琰 | | | | | | | | | | | 良久 | 良金 | | | |
| | 必强 | 必雁 | 必塳 | 必⿰土寅 | | | | | 必在 | 必埜 | 必垦 | 必⿰土鹿 | | 必抑 | 必⿰钅斤 | 必肯 |
| 崇贲 | 崇贺 | | 崇贡 | | | 崇⿰亻⿱厶土 | 崇僔 | 崇⿰亻⿱宀衣 | 崇端 | | | | | | 崇夔 | 崇奎 |
| | | | | | | 汝⿰月删 | | | 汝宣 | | | | | | | |
| | | | | | 善球 | 善姛 | | | 善承 | | | | | | | |
| | | | | | | | | | | | | | | | | |
| | | | | | | | | | | | | | | | | |
| | | | | | | | | | | | | | | | | |
| | | | | | | | | | | | | | | | | |
| | | | | | | | | | | | | | | | | |
| | | | | | | | | | | | | | | | | |

| | | | | |
|---|---|---|---|---|
| | | | 必膜 | |
| | 汝實 | | | |
| | 汝室 | 崇浙 | | |
| | | 崇佻 | | |
| | | 崇儛 | | |
| 善夫 | 汝彝 | | | |
| | 汝训 | 崇应 | | |
| | | 崇悠 | 必揆 | |
| | | 崇慥 | 必鋐 | |
| | 汝丕 | | | |
| | 汝琮 | 崇杰 | 必久 | 良绣 |
| | | | | 良[illegible] |
| | | | | 良驆 |
| | | | | 良驹 |
| | | | | 良[illegible] |
| | | | 必修 | |
| | | | 必直 | |

| | | | | | | | | | | | | | | | | |
|---|---|---|---|---|---|---|---|---|---|---|---|---|---|---|---|---|
| | | | | | | | | | | | | | | | | |
| | | | | | | | | | | | | | | | | |
| 良灒 | 良瀍 | | | 良㷢 | | | 良怐 | 良锍 | 良锳 | | | | | | | |
| 必裌 | | 必杍 | 必梓 | 必杄 | | 必骧 | 必枋 | 必裪 | | 必橞 | | | | | | |
| | | | | | | 崇憝 | | | | | 崇悬 | | | | 崇迹 | 崇偃 |
| | | | | | 汝坦 | 汝敏 | | | | | | 汝瑄 | 汝珪 | 汝璋 | 汝琛 | |
| | | | | | | | | | | | | | | | | |
| | | | | | | | | | | | | | | | | |
| | | | | | | | | | | | | | | | | |
| | | | | | | | | | | | | | | | | |
| | | | | | | | | | | | | | | | | |
| | | | | | | | | | | | | | | | | |
| | | | | | | | | | | | | | | | | |

| | | | | |
|---|---|---|---|---|
| 汝澘 | 崇略 | 必识 | | |
| | 崇稷 | 必均 | 良瓖 | |
| | | | 良堷 | |
| | | 必堪 | | |
| | | 必埔 | | |
| | | 必培 | | |
| | | 必壃 | | |
| | 崇畴 | | | |
| | 崇里 | | | |
| 汝枞 | 崇圉 | 必勉 | 良椂 | 友溨 |
| | | | 良谔 | |
| | | | 良楷 | |
| | | | 良枌 | |
| | | | 良槿 | |
| | | 必楫 | 良榰 | |
| | | | 良樽 | |
| | 崇虎 | 必锫 | | |

| | | | | | |
|---|---|---|---|---|---|
| | 善緻 | 汝秝 | 崇丞 | 必育 | |
| | | | 崇濠 | | |
| | | | | 必錝 | |
| | | | | 必监 | |
| | | 汝枨 | 崇泮 | 必鍏 | 良𤩲 |
| | | | | 必鐏 | |
| | | | | 必镏 | |
| | | | 崇灉 | 必鉇 | |
| 修武郎不圬 | 善冲 | 汝植 | 崇汭 | 必托 | 良锱 |
| | | | | 必鋾 | |
| | | | | 必鐀 | |
| | | | | 必𨰲 | |
| | | | | 必鏅 | |
| | | | | | 良楩 |
| | | | | 必铨 | 良稀 |
| | | | | 必钥 | 良瓌 |

| | | | | | |
|---|---|---|---|---|---|
| | | | | 必铏 | 良溱 |
| | | | | 必锞 | |
| | | | | 必铳 | |
| | | 汝樟 | | | |
| | | 汝祚 | 崇鱼 | 必铺 | |
| | | | | 必墅 | |
| | | | | 必桐 | 良瓛 |
| | | | 崇炥 | 必垍 | |
| | 善隅 | 汝柯 | 崇[illegible] | | |
| | | | 崇煴 | | |
| | | 汝檉 | | | |
| | | 汝椙 | | | |
| | | 汝[illegible] | 崇煊 | | |
| | | | 崇炆 | | |
| | | 汝澺 | 崇镔 | | |
| 赠武显大夫不 | | | | | |

| | | | | |
|---|---|---|---|---|
| 赦 | 善藩 | | | |
| | 善惇 | | | |
| | 善怍 | | | |
| | 善恬 | 汝祯 | | |
| | | 汝傁 | 崇𬣙 | 必烺 |
| | | | 崇𬤊 | |
| | | 汝拣 | 崇谭 | 必炑 |
| | | | | 必泿 |
| | | | 崇谢 | |
| | | | 崇桥 | |
| | | | 崇椑 | |
| | | 汝杓 | | |
| | | 汝放 | | |
| 赠武显郎不谑 | 善协 | 汝悌 | | |
| | | 汝佐 | 崇澶 | |
| | | | 崇郑 | |

| | | | | |
|---|---|---|---|---|
| | | | | 崇杍 |
| | | 善悛 | 汝臆 | 崇戮 |
| | | 善恰 | 汝裨 | 崇谏 |
| | | 善汇 | 汝忆 | 崇宁 |
| | | | 汝悍 | |
| | | | 汝愐 | |
| | 忠翊郎不奓 | | | |
| | 忠翊郎不⿰讠禹 | | | |
| | 保义郎不翳 | | | |
| 唐州刺史士⿰氵屁 | 忠翊郎不讦 | | | |
| | 忠翊郎不缓 | | | |
| | 忠翊郎 | | | |

| | | | | | | | | | | | | |
|---|---|---|---|---|---|---|---|---|---|---|---|---|
| | | | | | 不倔 | | | | | | | |
| | | | | | 忠翊郎不野 | | | | | | | |
| | | | | 荣州防御使士坝 | | | | | | | | |
| | | | | 嘉州刺史士灦 | 忠翊郎不协 | | | | | | | |
| | | | | 右千牛卫大将军士漨 | | | | | | | | |
| | | | 荣国公谥僖安仲汾 | 右班殿直士茁 | | | | | | | | |
| | | | | 赠武略大夫士愚 | 右班殿直不偬 | | | | | | | |

| | | | | | | | | | | | | |
|---|---|---|---|---|---|---|---|---|---|---|---|---|
| | | | | 赠左卫大将军士琊 | 修武郎不浊 | 善败 | | | | | | |
| | | | | | | 善纲 | | | | | | |
| | | | | | | 善缋 | | | | | | |
| | | | | | 忠翊郎不毁 | | | | | | | |
| | | | | | 赠武功郎不犯 | 善砥 | 汝禄 | 崇珪 | 必儼 | | | |
| | | | | | | | | 崇玶 | | | | |
| | | | | | | | 汝发 | 崇檀 | 必沖 | | | |
| | | | | | | | | 崇桯 | | | | |
| | | | | | | | 汝褱 | | | | | |
| | | | | | | | 汝崧 | | | | | |
| | | | | | | 善愭 | 汝峙 | | | | | |
| | | | | | | | 汝岐 | 崇琝 | 必淤 | | | |
| | | | | | | | | | 必沛 | | | |

| | | | | | | | | | | | | |
|---|---|---|---|---|---|---|---|---|---|---|---|---|
| | | | | | | | | | 必彤 | | | |
| | | | | | | | | 崇灪 | 必钤 | | | |
| | | | | | | | | | 必铕 | | | |
| | | | | | | | 汝研 | | | | | |
| | | | | | | 善傯 | 汝宸 | 崇甸 | | | | |
| | | | | | | | 汝瀳 | 崇[illegible] | | | | |
| | | | | | | | | 崇珻 | 必㳉 | | | |
| | | | | | | | | | 必蒲 | | | |
| | | | | | | | 汝㶭 | | | | | |
| | | | | | 武节郎不舛 | | | | | | | |
| | | | | | | 善乐 | | | | | | |
| | | | | | | 善禧 | | | | | | |
| | | | | | | 善竑 | 汝琫 | | | | | |
| | | | | | | 善椅 | | | | | | |
| | | | | | | 善䌷 | 汝[illegible] | 崇[illegible] | | | | |
| | | | | | | | | 崇钫 | | | | |

| | | | | | |
|---|---|---|---|---|---|
| | | | 汝璊 | 崇[illegible] | |
| | | | | 崇[illegible] | |
| | | | | 崇勅 | |
| | | | | 崇鄱 | |
| | | | 汝璝 | | |
| 右班殿直士偅赠昭义军节度使、和义郡公 | | | | | |
| 士赠 | 保义郎不彼 | | | | |
| | 秉义郎不悏 | 善赞 | 汝工 | 崇诩 | 必泝 |
| | 训武郎不斥 | 善包 | 汝铴 | | |
| | | | 汝炉 | | |

| | | | | | |
|---|---|---|---|---|---|
| 赠左领军卫大将军士恕 | 武翼大夫不夸 | 善静 | | | |
| | | 善椒 | 汝橙 | 崇薰 | 必楸 |
| | | | | 崇默 | 必堬 |
| | | | 汝栘 | 崇炝 | |
| | | | | 崇熮 | |
| | | 善觌 | 汝枰 | 崇[illegible] | |
| | | | 汝[illegible] | | |
| 惠国公士佾 | 赠武德郎不凋 | 善泰 | | | |
| | | 善攸 | 汝来 | 崇堆 | |
| | | | | 崇钒 | |
| | | 善侗 | 汝概 | | |
| | | | 汝檀 | | |
| | | | 汝棋 | 崇睐 | |

| | | | | | | | | | | | | |
|---|---|---|---|---|---|---|---|---|---|---|---|---|
| | | | | | | | 汝舍 | 崇试 | | | | |
| | | | | | 赠武显大夫不违 | 善奂 | 汝进 | 崇寿 | | | | |
| | | | | | | 善夷 | | | | | | |
| | | | | | 武德郎不怜 | 善纂 | | | | | | |
| | | | | | 秉义郎不颇 | | | | | | | |
| | | | | | 赠武翼郎不杭 | 善棋 | 汝红 | | | | | |
| | | | | | | 善铧 | | | | | | |
| | | | | | 袭赠嗣濮王不淩 | | | | | | | |
| | | | | 吴兴侯干岃 | 保义郎不惆 | | | | | | | |

| | | | | | | | |
|---|---|---|---|---|---|---|---|
| | | | | | | | |
| | | | | | | | |
| | | | | | | | |
| | | | | | | 必梱 | 必椯 | 必穗 |
| | | | | | | 崇禲 | 崇祲 | 崇鍪 | 崇𥘺 |
| | | | | | | 汝穫 | 汝譒 | 汝殊 |
| | | | | | | 善收 |
| 保义郎不屑 | | 成忠郎不愬 | 成忠郎不咢 | 赠武翼大夫不廦 | | | |
| | 右监门卫大将军、泰州防御使士憓 | 舒国公士阶 | | | | | |
| | | | | | | | |
| | | | | | | | |
| | | | | | | | |

| | | | |
|---|---|---|---|
| | | | 崇褛 |
| | | | 崇襭 |
| | | 汝滋 | |
| 追封益王不廷 | 善综 | 汝珦 | 崇赈 |
| | | | 崇晖 |
| | | 汝劕 | |
| | 善编 | | |
| | 善瞟 | | |
| | 善畯 | 汝禾 | |
| | | 汝穮 | |
| | | 汝秔 | 崇穜 |
| | 善盻 | | |
| | 善琡 | 汝㮚 | |
| | | 汝授 | |
| | 善畦 | | |
| 修武郎 | | | |

| | | | | | | | | | | | | |
|---|---|---|---|---|---|---|---|---|---|---|---|---|
| | | | | | 不棤 | 善厦 | | | | | | |
| | | | | | | 善弸 | 汝瑎 | | | | | |
| | | | | | | | 汝鋈 | | | | | |
| | | | | | | | 汝圯 | | | | | |
| | | | | | | | 汝啓 | | | | | |
| | | | | | | 善霱 | 汝酒 | 崇圆 | | | | |
| | | 和王、谥僖穆宗朴 | 太子右内率府副率仲蔚 | | | | | | | | | |
| | | | 华原郡王、谥惠孝仲佺 | 冯翊侯士棖 | 右班殿直不畀 | | | | | | | |
| | | | | | 不洞 | | | | | | | |
| | | | | | 赠武德大夫不诬 | 善爽 | 汝海 | 崇薳 | 必昕 | | | |

| | | | | | | | | | | | | | | | | |
|---|---|---|---|---|---|---|---|---|---|---|---|---|---|---|---|---|
| | | | | | | | | | | | | | | | | |
| | | | | | | | | | | | | | | | | |
| | | | | | | | | | | | | | | | 良俑 | |
| 必桥 | | 必宥 | 必藹 | 必逵 | 必琥 | | 必瞰 | | 必侗 | | | 必榎 | 必櫻 | 必樺 | 必梧 | |
| 崇備 | 崇倇 | 崇佟 | | 崇偵 | 崇摫 | 崇快 | 崇蒪 | 崇遂 | 崇遷 | 崇蕣 | 崇遵 | | | | 崇蒿 | 崇著 |
| | | | | 汝禧 | 汝森 | 汝周 | | | | | | | | | | |
| | | | | | | | | | | | | | | | | |
| | | | | | | | | | | | | | | | | |
| | | | | | | | | | | | | | | | | |
| | | | | | | | | | | | | | | | | |
| | | | | | | | | | | | | | | | | |
| | | | | | | | | | | | | | | | | |

| | | | | | | | | | | | | | | | | |
|---|---|---|---|---|---|---|---|---|---|---|---|---|---|---|---|---|
| | | | | | | | | | | | | | | | | |
| | | | | | | | | | | | | | | | | |
| | | 良托 | 良讲 | 良咊 | 良𫭟 | 良琪 | 良境 | 良垌 | 良壥 | | | | | | | |
| | 必演 | | | 必泞 | | | | | 必灦 | 必洌 | 必典 | | 必偷 | | | |
| | | | | | | | | | 崇储 | | 崇声 | 崇厉 | 崇能 | 崇赏 | | 崇冲 |
| 汝审 | | | | | | | | | 汝守 | | | | | 汝宁 | 汝洁 | |
| | | | | | | | | | | | | | | 善身 | | |
| | | | | | | | | | | | | | | | | |
| | | | | | | | | | | | | | | | | |
| | | | | | | | | | | | | | | | | |
| | | | | | | | | | | | | | | | | |
| | | | | | | | | | | | | | | | | |
| | | | | | | | | | | | | | | | | |

| | | | | | | | | | | | | |
|---|---|---|---|---|---|---|---|---|---|---|---|---|
| | | | | | | | 汝宰 | 崇崋 | 必昺 | | | |
| | | | | | | | | | 必最 | | | |
| | | | | | | | 汝容 | | | | | |
| | | | | | | | 汝荡 | | | | | |
| | | | | | | 善贤 | 汝宅 | 崇戊 | | | | |
| | | | | | | | | 崇衍 | | | | |
| | | | | | | | 汝众 | 崇恺 | | | | |
| | | | | | | 善谈 | 汝孝 | 崇魁 | | | | |
| | | | | | | | | 崇鲤 | | | | |
| | | | | | | | 汝悉 | 崇磻 | 必泆 | | | |
| | | | | | | | | 崇礹 | 必鐌 | | | |
| | | | | | | | | | 必鋈 | | | |
| | | | | | 不下<br>赠武显<br>大夫不<br>艾 | 善蕴 | 汝谡 | | | | | |
| | | | | | | | 汝枻 | 崇懋 | 必存 | | | |

| | | | | | | | | | | | | | | | | |
|---|---|---|---|---|---|---|---|---|---|---|---|---|---|---|---|---|
| | | | 良璹 | | | | | | 良琯 | 良⿰王会 | 良珋 | | 良溙 | 良⿰王由 | | |
| 必佺 | 必俨 | 必值 | 必偒 | 必侈 | | | 必侯 | 必傣 | | 必傶 | 必佩 | 必俯 | | 必俵 | 必瀌 | 必⿰氵不 |
| 崇⿸厤心 | 崇城 | 崇感 | | 崇隐 | 崇聪 | 崇愚 | | | | | | | | 崇思 | | |

| 善 | 汝 | 崇 | 必 | 良 |
| --- | --- | --- | --- | --- |
| | 汝勢 | 崇㥦 | | |
| | | | | 良琨 |
| | | | 必祇 | 良瑱 |
| | | | | 良琎 |
| 善邻 | 汝凝 | 崇拣 | 必祚 | 良瑂 |
| | 汝楝 | 崇㷩 | | |
| | | 崇侧 | | |
| | | | 必墂 | |
| | | | 必墐 | |
| | | | 必封 | |
| | | | 必埙 | |
| | | 崇侯 | 必垺 | |
| | | | 必僥 | |
| | | | 必倌 | |
| | | | 必偒 | |
| | | | 必俸 | |
| | | | 必傯 | |

| | | | | | | | | | | | | |
|---|---|---|---|---|---|---|---|---|---|---|---|---|
| | | | | | | | | 崇悌 | 必墒 | | | |
| | | | | | | | | 崇⿰忄宾 | | | | |
| | | | | | | | 汝⿰氵赞 | | | | | |
| | | | | | 不疾 | | | | | | | |
| | | | | | 赠武功大夫不愔 | 善说 | | | | | | |
| | | | | | | 善登 | 汝明 | 崇孚 | 必作 | 良傧 | | |
| | | | | | | | | | | 良侳 | | |
| | | | | | | | | | 必闳 | | | |
| | | | | | | | | | 必绳 | 良仆 | | |
| | | | | | | | | 崇临 | 必谊 | | | |
| | | | | | | | | | 必诲 | 良璨 | | |
| | | | | | | | | | | 良⿰王斤 | | |
| | | | | | | | | | | 良⿰王寿 | | |
| | | | | | | | | | | 良瑢 | | |
| | | | | | | | | | | 良珶 | | |

| | | | | | | | | | | | | | | | | |
|---|---|---|---|---|---|---|---|---|---|---|---|---|---|---|---|---|
| | 友滓 | | | | | | | | | | | | | | | |
| | 良钊 | 良钩 | 良锏 | 良镖 | 良镤 | 良玠 | 良琾 | 良瑨 | | | | | | | | |
| 必谨 | 必式 | | | 必拝 | | 必迎 | | 必镗 | 必铿 | 必键 | 必鈆 | 必淰 | | 必儗 | 必调 | |
| | 崇山 | | | | | 崇革 | | | 崇涣 | | 崇违 | | 崇蓬 | 崇快 | | 崇训 |
| | 汝纲 | | | | | | | | | | | | | 汝祐 | | 汝堪 |
| | | | | | | | | | | | | | | | | 善岀 |

| | | | | | | | | | | | | | | | | |
|---|---|---|---|---|---|---|---|---|---|---|---|---|---|---|---|---|
| 良璋 | 良瑮 | | | | | | 良镛 | | | | 良璃 | 良琭 | 良琤 | 良玶 | 良珽 | 良[illegible] |
| 必位 | | 必传 | 必伟 | | 必蔴 | 必苁 | 必荐 | 必兰 | 必蓁 | 必菆 | 必荫 | 必芳 | | | | 必惹 |
| 崇议 | | | | 崇谟 | 崇诂 | | 崇諟 | | | | 崇訚 | | | | | |
| | | | | | 汝康 | | | | | | | | | | | |

| | | | | |
|---|---|---|---|---|
| | | 崇諹 | 必琨 | |
| | | | 必瑃 | |
| | | 崇𬣡 | 必优 | 良蓥 |
| | | | 必畅 | |
| | | | 必儋 | |
| 善与 | 汝锜 | | | |
| | 汝瑜 | 崇簴 | 必铖 | |
| | 汝帖 | | | |
| | 汝爆 | 崇杭 | 必诊 | |
| | | | 必谍 | |
| 善充 | 汝宝 | | | |
| | 汝武 | | | |
| 善庠 | 汝埯 | 崇锁 | 必澎 | |
| | | 崇湉 | 必寄 | 良铤 |
| | | | 必亚 | |
| | | | 必室 | |
| | 汝昌 | | | |

| | | | | | |
|---|---|---|---|---|---|
| | | 汝赟 | 崇英 | 必演 | 良抚 |
| | | | | | 良枋 |
| | | | | | 良佪 |
| | | 汝奭 | | | |
| 赠武略大夫不过 | 善躅 | 汝瑛 | 崇环 | 必连 | 良植 |
| | | | | | 良橦 |
| | | | | | 良棎 |
| | | | | | 良什 |
| | | | | 必选 | |
| | | | | 必遡 | |
| | | 汝珍 | 崇镛 | 必遒 | |
| | | | 崇铱 | 必添 | 良棪 |
| | | | 崇镃 | | |
| | | 汝珙 | 崇铗 | | |
| | | 汝璞 | 崇铭 | 必洍 | 良暮 |

| | | | | | | | | | | | | | | | | |
|---|---|---|---|---|---|---|---|---|---|---|---|---|---|---|---|---|
| | 良壅 | | | | | | | | | | | | | | | |
| 必凥 | 必存 | 必泞 | | | | 必祇 | 必仙 | 必祚 | 必墐 | | | | | | | |
| 崇钺 | | 崇钜 | | | | 崇汎 | 崇涀 | 崇泠 | 崇焕 | 崇早 | 崇幸 | 崇隼 | 崇圤 | 崇埭 | 崇涂 | 崇钐 |
| | | | | | | 汝政 | | | | 汝莱 | | | 汝宿 | | | 汝宇 |
| | | | | 善庥 | 善植 | 善默 | | | | | | | | | | |
| | | | 武德郎 | 不偷 | | | | | | | | | | | | |

| | | | | | | | | | | | | |
|---|---|---|---|---|---|---|---|---|---|---|---|---|
| | | | | | | | 汝汧 | | | | | |
| | | | | | | 善榛 | 汝嗣 | 崇釐 | | | | |
| | | | | | | | | | 必瓘 | | | |
| | | | | | | | | | 必埣 | | | |
| | | | | | | | 汝蹭 | 崇佬 | 必𫭼 | | | |
| | | | | | | | | | 必𫄨 | | | |
| | | | | | | | | | 必䍁 | | | |
| | | | | 华原侯士型 | 武经郎不昧 | 善室 | 汝随 | 崇稽 | | | | |
| | | | | | | | | 崇服 | 必修 | 良骥 | | |
| | | | | | | | | | 必仞 | | | |
| | | | | | | | | | 必仿 | | | |
| | | | | | | | | 崇𬯀 | | | | |
| | | | | | | | | 崇𬘫 | | | | |
| | | | | | | 善寿 | | | | | | |
| | | | | | | 善地 | | | | | | |
| | | | | | | 善瑊 | 汝䛻 | 崇琤 | | | | |
| | | | | | | | | 崇珉 | 必沃 | | | |

| | | | | | | | |
|---|---|---|---|---|---|---|---|
| | | | 崇耐 | | | | |
| | 善宁 | 汝谆 | 崇傒 | | | | |
| | | | 崇梓 | 必涞 | | | |
| | | | | 必滚 | | | |
| | | | 崇劲 | 必涚 | | | |
| | | | 崇叶 | | | | |
| 忠训郎不弛 | | | | | | | |
| 从义郎不认 | 善拭 | 汝缕 | 崇机 | 必徵 | | | |
| | | | 崇桴 | | | | |
| | | | 崇榰 | | | | |
| | | | 崇杜 | | | | |
| | | 汝给 | 崇洞 | | | | |
| | 善旂 | 汝景 | | | | | |
| | | 汝培 | | | | | |
| | | 汝溉 | | | | | |

| | | | | | | | | | | | | |
|---|---|---|---|---|---|---|---|---|---|---|---|---|
| | | | | | | | 汝溥 | 崇榛 | | | | |
| | | | | 右千牛卫将军士愲 | 不谖 | | | | | | | |
| | | | | | 不垂 | | | | | | | |
| | | | | | 从义郎不湮 | 善璠 | 汝稠 | | | | | |
| | | | | | | | 汝雩 | | | | | |
| | | | | 武经郎士虈 | 修武郎不遽 | 善棽 | 汝蔼 | 崇泰 | | | | |
| | | | | | | | | 崇益 | | | | |
| | | | | | | | | 崇弼 | 必迁 | | | |
| | | | | | | | | 崇直 | | | | |
| | | | | | | | | 崇翰 | 必佾 | | | |
| | | | | | | | | | 必倧 | | | |
| | | | | | | | | | 必⿰亻因 | | | |
| | | | | | | | 汝浏 | 崇鼎 | 必众 | | | |
| | | | | | | | | | 必倸 | | | |

必莱
必莆

崇省

汝湛

成忠郎不恣
成忠郎不徐
成忠郎不昏
成忠郎不涸

太子右监门率府副率士觌
右班殿直士駉赠金吾

| | | | | | |
|---|---|---|---|---|---|
| 卫上将军士觏 | 武节郎不庶 | 善权 | 汝楶 | 崇褚 | |
| | | | 汝琭 | | |
| | | | 汝仰 | 崇⿰亻步 | 必玩 |
| | | | | | 必珢 |
| | | | | 崇袂 | 必瑜 |
| | | | | | 必⿰钅氏 |
| | | 善模 | | | |
| | | 善射 | 汝汪 | 崇沔 | |
| | | | | 崇满 | 必淖 |
| | | 善开 | 汝奥 | | |
| | | | 汝宛 | | |
| | | | 汝富 | | |
| | | | 汝寄 | 崇榥 | |
| | | | | 崇蓋 | |
| | | | | 崇芦 | |
| | | | 汝宇 | | |

| | | | | | | | | | | | | |
|---|---|---|---|---|---|---|---|---|---|---|---|---|
| | | | | | | | 汝宇 | | | | | |
| | | | | | 不憾 | | | | | | | |
| | | | | | 不懆 | | | | | | | |
| | | | | | 成忠郎不幽 | | | | | | | |
| | | | | | 保义郎不怟 | | | | | | | |
| | | | | | 保义郎不恀 | | | | | | | |
| | | | | | 赠朝请大夫不忆 | 善求 | | | | | | |
| | | | | | | 善躬 | 汝伾 | 崇光 | | | | |
| | | | | | | | | 崇侁 | | | | |
| | | | | | | | | 崇亲 | 必膳 | | | |
| | | | | | | | | | 必腒 | | | |
| | | | | | | | | 崇椸 | 必榱 | | | |

| | | | | | | | | | | | | |
|---|---|---|---|---|---|---|---|---|---|---|---|---|
| | | | | | | | 汝僖 | | | | | |
| | | | | | | 善僎 | 汝褫 | 崇逾 | | | | |
| | | | | | | | 汝禔 | 崇迒 | | | | |
| | | | | | | | 汝祲 | | | | | |
| | | | | | | | 汝祖 | | | | | |
| | | | | | | | 汝禘 | | | | | |
| | | | | | | | 汝祥 | | | | | |
| | | | | | | | 汝祠 | | | | | |
| | | | | | | 善窿 | 汝祎 | | | | | |
| | | | | | | | 汝袚 | 崇递 | | | | |
| | | | | | | | | 崇逯 | | | | |
| | | | | | | | 汝裯 | 崇湤 | | | | |
| | | | | | | | 汝袍 | 崇蒳 | | | | |
| | | | | | 赠武功大夫、吉州刺史不谟 | 善技 | 汝阓 | 崇逷 | | | | |

| | | | | | | | | | | | | |
|---|---|---|---|---|---|---|---|---|---|---|---|---|
| | | | | | | | | 崇⿸麻力 | 必憺 | | | |
| | | | | | | | | | 必恔 | | | |
| | | | | | | 善掖 | 汝阌 | | | | | |
| | | | | 右千牛卫将军士靚 | 不慴 | | | | | | | |
| | | | 华阴侯仲庞 | 太子右内率府副率士⿰王蒦 | 不⿰忄典 | | | | | | | |
| | | | 荣国公谥和思仲侗 | 右侍禁士愃 | | | | | | | | |
| | | | | 太子右内率府副率士涌 | 秉义郎不泯 | | | | | | | |

| | | | | | |
|---|---|---|---|---|---|
| 右班殿直士荇，赠太师、思、王谥温靖 | | | | | |
| 士偻 | 修武郎不阋 | | | | |
| | 赠武略大夫不阈 | 善积 | 汝谋 | 崇岧 | 必揆 |
| | | | | | 必檀 |
| | | | | 崇孪 | |
| | | | | 崇孯 | 必譓 |
| | | 善称 | 汝赞 | | |
| | | | 汝谥 | | |
| | | | 汝惷 | 崇纲 | 必諟 |
| | | | | 崇泉 | |
| | | | | 崇燓 | |

| | | | | |
|---|---|---|---|---|
| | 崇镲 | | | |
| | 崇铣 | | | |
| 必緮 | 崇朴 | 汝谕 | | |
| | 崇刹 | | | |
| | 崇塎 | 汝崿 | 善掄 | |
| | 崇墡 | | | |
| | 崇圾 | | | |
| | 崇[illegible] | | | |
| | 崇圜 | 汝利 | 善植 | |
| | | 汝与 | 善宅 | 赠宣奉大夫不阅 |
| | | 汝处 | | |
| | 崇桀 | 汝奭 | 善锳 | |
| | 崇涚 | | | |
| | | 汝浯 | | |
| | 崇[illegible] | 汝汭 | | |

| | | | | |
|---|---|---|---|---|
| | | | 崇夭 | 必禝 |
| | | | 崇秊 | |
| | | | 崇秸 | |
| | | 汝玘 | | |
| | 善崇 | 汝瑾 | | |
| | | 汝瓗 | | |
| | 善率 | 汝监 | | |
| | 善恢 | | | |
| 赠集庆军节度使不踧 | 善改 | | | |
| | 善全 | 汝昭 | 崇常 | |
| | | | 崇食 | |
| | | 汝玲 | 崇忱 | |
| | | | 崇轴 | |
| | | 汝式 | | |
| | | 汝尽 | 崇锥 | |

| | | | |
|---|---|---|---|
| | 崇旒 | 汝𬤇 | 善奫 |
| | | 汝戢 | |
| | 崇葦 | 汝吾 | |
| | 崇鉙 | | |
| | 崇鏕 | | |
| | 崇鉐 | 汝右 | |
| | 崇謷 | | |
| | 崇謶 | 汝叶 | |
| | | 汝𬭚 | 善扶 |
| | | 汝碛 | |
| | 崇僅 | 汝儀 | |
| 必苿 | | | |
| 必榛 | 崇昳 | 汝湫 | |
| | | 汝涝 | |
| | 崇㡯 | | |
| | 崇百 | | |
| | 崇低 | | |

| | | | | |
|---|---|---|---|---|
| | | 汝谡 | | |
| | 善韶 | 汝禋 | 崇硗 | |
| | | | 崇嵴 | |
| | | | 崇⿰山枼 | |
| | | | 崇㢈 | 必彩 |
| | | | 崇𫓧 | |
| | | | 崇⿰讠亦 | |
| | | 汝珪 | | |
| | | 汝罪 | 崇峪 | |
| | | | 崇⿰王半 | 必谤 |
| 赠武功郎不鲇 | 善讦 | 汝璲 | 崇以 | 必借 |
| | | 汝瑑 | 崇樱 | |
| | | | 崇楀 | |
| | | | 崇朾 | |
| | | 汝琟 | 崇栛 | |
| | | | 崇⿰木术 | |

| | | | | | | | | | | | | |
|---|---|---|---|---|---|---|---|---|---|---|---|---|
| | | | | | | | 汝玻 | | | | | |
| | | | | | | | 汝珀 | 崇镱 | | | | |
| | | | | | | | | 崇钬 | | | | |
| | | | | | | | | 崇镂 | | | | |
| | | | | | 赠武德郎不⿸厂昊 | 善圆 | 汝留 | 崇职 | 必逋 | | | |
| | | | | | | | | | 必⿺辶盍 | | | |
| | | | | | | | | 崇醇 | | | | |
| | | | | | | | | 崇寯 | 必塍 | | | |
| | | | | | | | | 崇遂 | 必緾 | | | |
| | | | | | | | | | 必坚 | | | |
| | | | | | | | | 崇⿰讠侖 | 必滃 | | | |
| | | | | | | | | 崇⿺辶會 | 必⿰钅切 | | | |
| | | | | | | | 汝扛 | 崇抗 | | | | |
| | | | | | | | 汝尨 | 崇楳 | | | | |
| | | | | | | 善珂 | 汝⿰木齐 | 崇郲 | | | | |
| | | | | | | | | 崇邿 | | | | |

| | | | |
|---|---|---|---|
| | | 汝栎 | 崇沓 |
| | 善钟 | 汝巧 | |
| | 善旄 | 汝班 | |
| 赠武显大夫不扉 | 善翔 | | |
| | 善谟 | 汝骐 | |
| | | 汝总 | |
| | | 汝褰 | |
| | | 汝扔 | |
| | 善倪 | 汝佥 | 崇暂 |
| | | 汝惎 | |
| | | 汝榛 | |
| | 善挚 | 汝宁 | 崇暹 |
| | | 汝宰 | 崇岑 |
| | | | 崇舍 |
| | | | 崇令 |

| | | | | |
|---|---|---|---|---|
| | | | 汝霍 | |
| 赠太傅、安王士锡 | 忠训郎不拂 | | | |
| | 保义郎不愮 | | | |
| | 忠翊郎不怟 | | | |
| | 保义郎不屈 | | | |
| | 朝奉大夫不熄 | 善腾 | 汝璩 | 崇𬣯 |
| | | | 汝淖 | 崇𬤊 |
| | | | | 崇镈 |
| | | | 汝𬇙 | |
| | | | 汝频 | |
| | | 善腆 | 汝遭 | |

| | | | | | | | | | | | | |
|---|---|---|---|---|---|---|---|---|---|---|---|---|
| | | | | | | 善肱 | 汝瑜<br>汝琠<br>汝瑧<br>汝琢 | | | | | |
| | | | | | | 善肵 | 汝濒 | | | | | |
| | | | | 太子右<br>内率府<br>副率士<br>稂<br>赠左屯<br>卫大将<br>军士⿰阝妥<br>赠开府<br>仪同三<br>司、永<br>国公士<br>芭 | 天水县<br>开国侯<br>不舍 | 善璅<br>善曈 | | | | | | |

| | | | | | | | | | | | | | | | | |
|---|---|---|---|---|---|---|---|---|---|---|---|---|---|---|---|---|
| | | | | 汝埭 | 汝昧 | 汝樛 | 汝楯 | | | | | | | | | |
| 善旴 | 善昕 | 善映 | 善昙 | 善昔 | | 善皆 | | 善晏 | 善量 | | | | | | | |
| | | | | | | | | | | | | | | | | |
| | | | | | | | | | | 太子右 | 监门率 | 府副率 | 士经 | 太子右 | 监门率 | 府率士 |

必硕

崇徕
崇徆
崇潽

汝琚
汝瓕

善主

赠训武郎不荡

妙
太子右内率府副率士诩
右班殿直士瀼
右千牛卫将军士雱
右监门卫大将军士褒

右监门率府率仲敳
博平侯仲壬

| | |
|---|---|
| 太子右监门率府副率士逿 | |
| 右千牛卫将军士苴 | 保义郎彼 |
| 右千牛卫将军士焞 | |
| 右千牛卫将军士齐 | |
| 右千牛卫将军士绂 | |
| 武略大 | 修武郎 |

| | | | | | | | | | | | | |
|---|---|---|---|---|---|---|---|---|---|---|---|---|
| | | | | 夫士⿰钅赞 | 不讼 | | | | | | | |
| | | | | | 赠朝散大夫不诉 | 善丰 | | | | | | |
| | | | | | | 善新 | 汝做 | 崇⿰讠黾 | | | | |
| | | | | | | | | 崇⿰讠耑 | | | | |
| | | | | | | | | 崇⿰讠盾 | | | | |
| | | | | | | | | 崇⿰讠中 | 必焫 | | | |
| | | | | | | | | 崇⿰讠见 | 必⿱艹涛 | | | |
| | | | | | | | | 崇⿰讠曾 | 必炣 | 良⿰车奇 | | |
| | | | | | | | | | | 良⿰车丞 | | |
| | | | | | | | | 崇⿸广⿱隹马 | 必⿰火多 | 良⿰车复 | | |
| | | | | | | | | | 必⿰火龙 | | | |
| | | | | | | | 汝偰 | | | | | |
| | | | | | | | 汝⿰亻巫 | 崇⿱雨毛 | 必岗 | | | |
| | | | | | | | | 崇⿸虍包 | 必宠 | | | |
| | | | | | | | 汝偓 | | | | | |

| | | | | | | | | | | | | |
|---|---|---|---|---|---|---|---|---|---|---|---|---|
| | | | | | | | 汝佟 | 崇麔 | 必洴 | | | |
| | | | | | | | | 崇飔 | 必汝 | | | |
| | | | | | | | | 崇𫘦 | | | | |
| | | | | | | | | 崇骢 | | | | |
| | | | | | | | | 崇𫘧 | | | | |
| | | | | | | | | 崇漠 | | | | |
| | | | | | | | 汝倇 | | | | | |
| | | | | | | 善莪 | 汝侼 | | | | | |
| | | | | | | | 汝倸 | | | | | |
| | | | | | | | 汝𠋫 | | | | | |
| | | | | | 秉义郎不讷 | | | | | | | |
| | | 广陵郡王、谥庄孝宗谊 | 英国公、谥孝僖仲谕 | 太子右内率府副率士悟 | | | | | | | | |
| | | | | 太子右 | | | | | | | | |

| | | | | | | | | | | | | |
|---|---|---|---|---|---|---|---|---|---|---|---|---|
| | | | | 监门率府率士□ | | | | | | | | |
| | | | | 右侍禁士爚 | | | | | | | | |
| | | | 果州防御史仲证 | 右班殿直士侅 | | | | | | | | |
| | | | | 右监门卫大将军士錞 | | | | | | | | |
| | | | | 右班殿直士鋾 | | | | | | | | |
| | | | | 右班殿直士钧 | | | | | | | | |
| | | | | 右千牛卫将军 | | | | | | | | |

| | |
|---|---|
| | 士镒 |
| 阶州防御使仲绖 | 右班殿直士斟 |
| | 右监门卫大将军士稗 |
| | 太子右内率府副率士振 |
| | 太子右内率府副率士禔 |
| | 太子右内率府 |

| | | | | | | | | | | | | |
|---|---|---|---|---|---|---|---|---|---|---|---|---|
| | | | | 副率士裀 | 成忠郎不情 | | | | | | | |
| | | | | 太子右内率府副率士禟 | | | | | | | | |
| | | | | 太子右内监门率府率士禊 | | | | | | | | |
| | | | | 太子右监门率府率士禧 | | | | | | | | |

# 宋史卷二三〇
## 表第二一

# 宗室世系十六

| | | | | | | | | | | | | |
|---|---|---|---|---|---|---|---|---|---|---|---|---|
| | | 余杭郡<br>王宗咏 | 东阳郡<br>公、谥<br>荣顺仲<br>晔富水<br>侯仲山 | 富水侯<br>士揆 | 右班殿<br>直不丕<br>右班殿<br>直不亶<br>训武郎 | | | | | | | |

| | | | | | | | | | | | | |
|---|---|---|---|---|---|---|---|---|---|---|---|---|
| | | | | | 不迟 | 善妻 | | | | | | |
| | | | | 广平侯士颖 | 右班殿直不丞 | | | | | | | |
| | | 温王宗师 | 太子右内率府副率仲坦 | | | | | | | | | |
| | | | 安定侯仲廪 | 赠左卫大将军士瑮 | 左朝请大夫直徽猷阁不试 | | | | | | | |
| | | | | | 成忠郎不玩 | | | | | | | |
| | | | | 赠左屯卫大将军士怏 | 从义郎不掩 | 善交 | 汝霖 | 崇智 | 必年 | | | |
| | | | | | | | | | 必恺 | | | |

| | | | | | | | | | | | | |
|---|---|---|---|---|---|---|---|---|---|---|---|---|
| | | | | | | 善止 | 汝瑱 | 崇济 | | | | |
| | | | | | | | | 崇颐 | | | | |
| | | | | | | | | 崇需 | | | | |
| | | | | | | | | 崇兑 | 必烈 | 良璋 | | |
| | | | | | | | | | 必潧 | | | |
| | | | | | | | 汝璨 | | | | | |
| | | | | 赠左领军卫将军士馨 | 忠训郎不慴 | | | | | | | |
| | | | | 赠千牛卫上将军士惓 | 赠太中大夫不积 | 善言 | 汝玕 | 崇宗 | 必圣 | | | |
| | | | | | | | | 崇允 | 必延 | 良宥 | 友⿰山厷 | |
| | | | | | | | | | | 良圭 | | |
| | | | | | | | | 崇礼 | | | | |
| | | | | | | | | 崇璒 | 必瑧 | | | |

| | | | | | | | | | | | | | | | | |
|---|---|---|---|---|---|---|---|---|---|---|---|---|---|---|---|---|
| | | 当济 | | 必𬇙 | | | | 良琚 | 良[illegible] | 良[illegible] | 良橼 | 良榥 | | 良柸 | | |
| 必洞 | 必濮 | 必僘 | 必濛 | | | | 必起 | 必越 | 必赴 | | 必趩 | | 必趋 | 必趌 | 必赳 | 必僓 |
| | | 崇爰 | 崇驹 | | 崇骅 | | 崇彪 | | | | | | | | | 崇地 |
| | | 汝夷 | | | | 汝[illegible] | 汝羿 | | | | | | | | | |

| | | | | | | | | | | | |
|---|---|---|---|---|---|---|---|---|---|---|---|
| | | | | | | | | 崇法 | 必倣 | | |
| | | | | | | | | | 必滨 | | |
| | | | | | | | | | 必净 | | |
| | | | | | | | 汝番 | 崇崽 | | | |
| | | | | | | 善溶 | 汝⿰麦羽 | 崇芸 | | | |
| | | | | | | | | 崇窠 | | | |
| | | | | | | | | 崇诔 | 必玠 | | |
| | | | | | | | | 崇杩 | 必琙 | | |
| | | | | | | | 汝翊 | 崇谘 | 必珗 | | |
| | | | | | | | 汝翺 | | 必璆 | 良⿰木速 | |
| | | | | | | | 汝翔 | 崇迎 | | 良柱 | |
| | | | | | 赠武节郎不既 | 善质 | | | | | |
| | | | | | | 善择 | 汝诘 | 崇佖 | | | |
| | | | | | | | | 崇侹 | | | |
| | | | | | | | 汝从 | | | | |
| | | | | | | | 汝棘 | 崇敃 | | | |

| | | | | | |
|---|---|---|---|---|---|
| | 必镳 | 崇受 | 汝爵 | 善置 | 不滥 |
| | | | | | 训武郎 |
| | | | 汝道 | | |
| 良稷 | 必企 | 崇他 | | | |
| | 必羌 | | | | |
| | 必嵩 | 崇偳 | 汝逓 | | |
| 良绮 | 必珅 | 崇伉 | | | |
| | 必理 | 崇倏 | 汝生 | 善定 | |
| | | | | 善寿 | |
| | | | 汝脁 | | |
| | | | 汝迋 | | |
| | | | 汝讙 | 善几 | |
| | | 崇瑛 | | | |
| | | 崇瓃 | | | |
| | | 崇璬 | | | |
| | | 崇钲 | 汝丝 | | |
| | | | 汝虩 | | |

| | | | | | | | | | | | | |
|---|---|---|---|---|---|---|---|---|---|---|---|---|
| 必辇 | 必毂 | 必诚 | 必注 | | | | | | | | | |
| 崇摡 | | 崇摧 | | | | | | | | | | |
| | | | | | 汝企 | 汝漳 | 汝滈 | | | | | |
| | | | | 善巽 | 善畐 | | | | | | | |
| | | | | | 武翼郎不刻 | | | 不移 | 不失 | 不坏 | 成忠郎不复 | |
| | | | | | | | | | 右千牛卫将军士壹 | | | 右班殿 |

| | | | | |
|---|---|---|---|---|
| 直士攽 | | | | |
| 赠昭庆军节度使会稽郡公士岂 | 成忠郎不卷 | | | |
| | 武德郎不蹇 | 善傅 | 汝玕 | |
| | | | 汝崎 | 崇珍 |
| | | 善傪 | 汝塈 | |
| | | 善管 | 汝杚 | |
| | | | 汝棱 | |
| | | 善畲 | 汝潓 | |
| | | 善桄 | 汝赛 | 崇玢 |
| | | | | 崇璒 |
| | | | | 崇琝 |
| | 赠武翼 | | | |

| | | | | |
|---|---|---|---|---|
| | | 汝亭 | 善挺 | 郎不疚 |
| | | 汝诊 | | |
| | | 汝俥 | | |
| | | 汝綖 | | |
| 必湍 | 崇璙 | 汝亳 | 善⿰扌希 | 保义郎不慆 |
| | 崇⿰钅尔 | | | |
| | | 汝变 | | |
| | | 汝锫 | | |
| | | 汝镛 | | |
| | | 汝铢 | | |
| 必⿰钅乔 | 崇任 | 汝纡 | 善甄 | 赠武略郎不默 |
| | | 汝郴 | | |
| | 崇溥 | 汝摄 | 善锡 | |
| | | 汝池 | | |
| | 崇峪 | 汝裁 | | |

| | | | | | | | | | | | | |
|---|---|---|---|---|---|---|---|---|---|---|---|---|
| | | | | | | | | 崇暥 | 必晗 | | | |
| | | | | | | | | | 必曈 | | | |
| | | | | | | | | 崇泝 | 必偈 | | | |
| | | | | | | | 汝搏 | 崇蟠 | | | | |
| | | | | | | | | 崇蟾 | | | | |
| | | | | | | | | 崇蜿 | | | | |
| | | | | | | | | 崇虹 | | | | |
| | | | | | | | 汝拾 | | | | | |
| | | | | | | | 汝指 | 崇𪰶 | | | | |
| | | | | | | 善钦 | 汝𣹟 | | | | | |
| | | | | 右千牛卫将军士弢 | 成忠郎不辞 | | | | | | | |
| | | 怀王谥荣穆宗晖 | 沂王谥恭宁仲损 | 士津右班殿 | 不倚 | | | | | | | |

| | | | | | | | | | | | | |
|---|---|---|---|---|---|---|---|---|---|---|---|---|
| | | | | 直士珑 | | | | | | | | |
| | | | | 太子右内率府副率士濛 | 从义郎不隋 | 善序 | 汝赟 | 崇纪 | | | | |
| | | | | | | | | 崇英 | 必潰 | | | |
| | | | | | | | | 崇诚 | | | | |
| | | | | 右监门卫将军士冲 | 成忠郎不恶 | | | | | | | |
| | | | | | 成忠郎不铸 | | | | | | | |
| | | | | 右千牛卫将军士泽集庆军节度 | 追封崇国公谥 | | | | | | | |

| | | | | | | | | | | | | |
|---|---|---|---|---|---|---|---|---|---|---|---|---|
| | | | | 使、开国子士圃 | 宣简不息 | 善临 | 汝淡 | 崇豫 | 必海 | | | |
| | | | | | | | 汝铛 | 崇陶 | 必瀳 | | | |
| | | | | | | | | 崇龚 | 必浑 | | | |
| | | | | | | | 汝讯 | 崇系 | 必淲 | | | |
| | | | | | | | 汝諿 | 崇咸 | | | | |
| | | | | | | | | 崇缵 | 必俫 | | | |
| | | | | | | | | | 必侪 | | | |
| | | | | | | | | | 必侣 | | | |
| | | | | | | | | | 必致 | | | |
| | | | | | | | 汝诂 | | | | | |
| | | | | | | 善防 | 汝桧 | 崇曜 | | | | |
| | | | | | | | | 崇旼 | | | | |
| | | | | | | | | 崇睢 | | | | |
| | | | | | | | | 崇映 | | | | |
| | | | | | | | 汝旒 | 崇褐 | | | | |
| | | | | | | | 汝旗 | 崇穰 | 必溱 | | | |

| | | | | | | |
|---|---|---|---|---|---|---|
| | | | 善下 | 汝巫 | | |
| | | | | 汝至 | | |
| | | | | 汝酉 | | |
| | | | | 汝臣 | 崇槁 | 必張 |
| | | | 善咏 | 汝訸 | 崇秔 | |
| | | | | | 崇秲 | |
| | | | | 汝注 | 崇绩 | |
| | | | | | 崇䋁 | |
| | | | | | 崇缭 | |
| | | | | 汝誟 | 崇线 | |
| | | | | 汝[illegible] | 崇綪 | |
| | | | | | 崇𫄥 | |
| 恭王仲爰 | 右班殿直士濲 | | | | | |
| | 内殿承制士勿 | 修武郎不啻 | | | | |
| | | 从义郎 | | | | |

| | | | | | | | | | | | | |
|---|---|---|---|---|---|---|---|---|---|---|---|---|
| | | | | | 不阆 | 善胜 | 汝诂 | 崇⿰牜忽 | 必傁 | | | |
| | | | | | | | | | 必倌 | | | |
| | | | | | | | | | 必⿸疒齐 | | | |
| | | | | 赠太保庆远军节度使士槛 | 忠翊郎不蔽 | | | | | | | |
| | | | | | 成忠郎不频 | 善分 | | | | | | |
| | | | | | 成忠郎不恚 | | | | | | | |
| | | | | | 赠武节郎不震 | 善首 | 汝蘧 | 崇灿 | 必谣 | | | |
| | | | | | | | | | 必⿰讠止 | | | |
| | | | | | | | | | 必涻 | | | |
| | | | | | | | | 崇烑 | | | | |
| | | | | | | | | 崇爝 | 必玺 | | | |

| | | | | | |
|---|---|---|---|---|---|
| | | | | | 必岳 |
| | | | | 崇烇 | |
| | | | | 崇灴 | 必[禾咠] |
| | | | | | 必稞 |
| | | | | 崇炵 | |
| | | 善豫 | | | |
| | | 善滮 | | | |
| | 从义郎不拘 | 善骐 | 汝悍 | 崇焴 | |
| | | 善骧 | 汝[辶翟] | 崇玲 | 必泥 |
| | | | 汝迷 | 崇璃 | |
| | | | 汝迫 | 崇珹 | 必洮 |
| | | | 汝遗 | | |
| | | 善骕 | | | |
| 均州观察使士珉 | 秉义郎不绿 | | | | |

| | | | | | |
|---|---|---|---|---|---|
| 武节郎不纷 | 善椵 | 汝忎 | 崇坙 | | |
| | | | 崇塈 | | |
| | | | 崇偁 | | |
| | | | 崇僱 | | |
| 承信郎不绢 | 善容 | 汝兼 | 崇烔 | 必湶 | 良粢 |
| | | | | 必浙 | |
| | | 汝敌 | 崇涤 | | |
| | | | 崇流 | | |
| | | | 崇稹 | | |
| | 善平 | 汝鉴 | 崇滋 | 必梭 | |
| | | | | 必槐 | 良倡 |
| | | | | 必杉 | |
| | | | | 必橎 | |
| | | | | 必榴 | |
| | | 汝镆 | 崇潘 | 必楠 | 良僄 |

| | | | | | | | | | | | | | | | | |
|---|---|---|---|---|---|---|---|---|---|---|---|---|---|---|---|---|
| | | | | | | | | | | | | | | | | |
| | | | | | | | | | | | | | | | | |
| 良煜 | 良焠 | 良炂 | | | | | | | | | | | | | | |
| | | 必采 | | | | | 必合 | 必吉 | 必右 | 必台 | | | 必条 | 必柳 | 必樋 | 必桐 |
| | | 崇濯 | 崇橎 | 崇樯 | 崇㮇 | 崇梩 | | | | 崇溓 | 崇淲 | 崇涀 | 崇濋 | | 崇濡 | |
| | | 汝贤 | | | 汝滢 | 汝盥 | | | | | 汝镆 | | | | 汝鉐 | |
| | | | | | | 善玑 | | | | | | | | | | |
| | | | | | | | | | | | | | | | | |
| | | | | | | | | | | | | | | | | |
| | | | | | | | | | | | | | | | | |
| | | | | | | | | | | | | | | | | |
| | | | | | | | | | | | | | | | | |
| | | | | | | | | | | | | | | | | |

| | | | | | | | | | | | | |
|---|---|---|---|---|---|---|---|---|---|---|---|---|
| | | | | | | | | 崇衿 | 必穣 | | | |
| | | | | | | 善瑶 | | 崇祖 | | | | |
| | | | | | 赠左卫大将军不⿰氵雩 | 善运 | 汝霖<br>汝玓 | | | | | |
| | | | | | | | 汝锱 | 崇泭 | | | | |
| | | | | | | | | 崇洴 | | | | |
| | | | | 右监门卫大将军士琛 | | | | | | | | |
| | | | | 右监门卫大将军士开 | | | | | | | | |
| | | | 济国公谥良仲沈 | 赠左屯卫大将军士圆 | | | | | | | | |
| | | | | 赠昭庆 | | | | | | | | |

| | | | | | |
|---|---|---|---|---|---|
| 军节度使、清源公士园 | 武经郎不隔 | 善譔 | | | |
| | | 善宥 | 汝澍 | 崇禳 | 必戚 |
| | | | | 崇祴 | |
| | | | | 崇祮 | |
| | | | | 崇襖 | |
| | | | | 崇禖 | |
| | | | | 崇樌 | 必奇 |
| | | | | 崇槟 | 必莱 |
| | | | | 崇栎 | |
| | | | | 崇桡 | 必诘 |
| 赠福州观察使、济阳侯士峥 | 赠武显郎不偎 | 善鄘 | | | |
| | | 善芫 | | | |

| | | | | | |
|---|---|---|---|---|---|
| | 崇賟 | 汝諠 | 善荃 | | |
| | 崇贮 | | | | |
| 必桒 | 崇涟 | 汝諕 | | | |
| 必栒 | | | | | |
| 必拼 | 崇淂 | 汝𬣡 | | | |
| | 崇悯 | | | | |
| | | 汝谱 | | | |
| | | | | 忠训郎不废 | |
| | | | | 忠训郎不航 | |
| | | | | 赠朝议大夫不𬀪 | 广陵侯士礝 |
| | | | 善让 | | |
| | | 汝计 | 善瑭 | | |
| 必[illegible] | 崇品 | 汝咏 | | | |
| 必𣿀 | | | | | |

| | | | | |
|---|---|---|---|---|
| | | | | 崇唫 |
| | | | 汝谚 | |
| | | | 汝谲 | |
| | | | 汝訾 | |
| | | | 汝诣 | |
| | | | 汝琚 | |
| | | 善颖 | 汝谊 | 崇敟 |
| | 忠翊郎不暴 | | | |
| | 赠左屯卫大将军不瘦 | 善龚 | 汝猷 | |
| | | 善錭 | 汝溃 | |
| | | | 汝溇 | |
| | | | 汝爀 | |
| | | | 汝混 | |
| 会稽郡 | 武节郎 | | | |

| | | | | |
|---|---|---|---|---|
| 公士宕 | 不伉 | 善动 | | |
| | | 善歅 | 汝[illegible] | |
| | | | 汝洞 | |
| | | | 汝廖 | |
| | | 善[illegible] | 汝诣 | 崇[illegible] |
| | | | | 崇送 |
| | 赠秉义郎不沾 | 善翘 | 汝俺 | |
| | | | 汝[illegible] | 崇芳 |
| | | | 汝鲸 | |
| | | | 汝鲧 | 崇荐 |
| | | | | 崇蒨 |
| | | | 汝淑 | |
| 太子右监门率府率士文 | | | | |

| | | | | | |
|---|---|---|---|---|---|
| 景城侯仲璲 | 太子右监门率府副率士率 | | | | |
| | 太子右监门率府率士倓 | | | | |
| | 右班殿直士桀 | | | | |
| | 赠右领军卫将军士住 | 赠武略大夫不祐 | 善昨 | 汝隋 | 崇奭 |
| | | | | | 崇宵 |
| | | | | 汝薛 | |
| | | 成忠郎不沈 | | | |

成忠郎不畏　不愚

润国公　士筏　太子右内率府副率士才　右监门卫大将军荣州刺史士诀　太子右监门率

赠左屯卫将军仲念　太子右内率府副率仲谏

太师、樊王、谥荣宗辅

| | | |
|---|---|---|
| | 府副率 | |
| | 士璞 | |
| | 右班殿 | |
| | 直士濡 | |
| | 右侍禁 | |
| | 士魁 | |
| 华国公 | | |
| 谥孝仲 | 右班殿 | |
| 歔 | 直士俱 | |
| | 敦武郎 | 忠翊郎 |
| | 士闳 | 不怯 |
| | | 不愚 |
| | | 成忠郎 |
| | | 不爍 |
| | 武经郎 | 保义郎 |
| | 士暥 | 不窥 |
| | | 从义郎 |

| | | | | | | | | | | | | |
|---|---|---|---|---|---|---|---|---|---|---|---|---|
| | | | | | 不求 | 善飏 | 汝公 | | | | | |
| | | | | | | | 汝略 | | | | | |
| | | | | | | | 汝纮 | 崇王 | | | | |
| | | | | | | | | 崇霸 | 必辅 | | | |
| | | | | | | | | | 必容 | | | |
| | | | | | | | | | 必缙 | | | |
| | | | | | | | | 崇昙 | | | | |
| | | | | | 成忠郎不忘 | | | | | | | |
| | | | | | 成忠郎不啬 | | | | | | | |
| | | | | 从义郎士秶 | | | | | | | | |
| | | | | 右千牛卫将军士偈 | | | | | | | | |
| | | | | 太子右 | | | | | | | | |

| | | | | | | | | | | | | |
|---|---|---|---|---|---|---|---|---|---|---|---|---|
| | | | | 监门率府率士麟 | 忠翊郎不饕 | | | | | | | |
| | | | | | 不比 | | | | | | | |
| | | | | 赠利州观察使士璼 | 赠武经大夫不蔽 | 善腓 | 汝贸 | 崇恳 | | | | |
| | | | | | | | | 崇墍 | 必伊 | 良湉 | | |
| | | | | | | | | | 必俐 | | | |
| | | | | | | | 汝昒 | 崇墅 | 必僌 | | | |
| | | | | | | | | 崇玺 | 必伃 | | | |
| | | | | | | | | | 必侏 | | | |
| | | | | | | | | | 必傒 | | | |
| | | | | | | | | | 必偲 | | | |
| | | | | | | | | 崇培 | 必偓 | | | |
| | | | | | | | | | 必傥 | | | |
| | | | | | | | | | 必侍 | | | |

| | | | |
|---|---|---|---|
| | | | 必儦 |
| | 汝[illegible] | 崇均 | |
| | | 崇址 | 必徜 |
| | 汝旼 | | |
| 善若 | 汝晴 | 崇谥 | 必彩 |
| | | | 必儁 |
| | | | 必僚 |
| | | | 必[illegible] |
| | | | 必偪 |
| | | | 必[illegible] |
| | | 崇[illegible] | |
| | | 崇[illegible] | 必[illegible] |
| | | | 必澬 |
| | | | 必液 |
| | | | 必洌 |
| | | | 必儦 |
| | 汝曮 | 崇坦 | |

| | | | | | | | | | | | | |
|---|---|---|---|---|---|---|---|---|---|---|---|---|
| | | | | | | | 汝暇 | | | | | |
| | | | | | 赠武经大夫不偏 | 善彝 | 汝缜 | 崇滴 | 必璝 | 良淘 | | |
| | | | | | | | | | 必瑧 | | | |
| | | | | | | | | | 必瑝 | | | |
| | | | | | | | | | 必玞 | | | |
| | | | | | | | | 崇潧 | 必鏻 | | | |
| | | | | | | | | 崇沩 | | | | |
| | | | | | | | 汝绥 | 崇鈏 | | | | |
| | | | | | | | | 崇锞 | | | | |
| | | | | | | | | 崇鈂 | | | | |
| | | | | 右千牛卫将军士松 | 忠训郎不图 | | | | | | | |
| | | | | | 不蹂 | | | | | | | |
| | | | | | 保义郎 | | | | | | | |

| | | | | | | | | | | | | |
|---|---|---|---|---|---|---|---|---|---|---|---|---|
| | | | | | 不寷 | | | | | | | |
| | | | | | 成忠郎不恎 | | | | | | | |
| | | | | | 修武郎不曒 | | | | | | | |
| | | | | 左班殿直士侏 | | | | | | | | |
| | | | | 太子右内率府副率士⿰忄若 | 保义郎不圩 | | | | | | | |
| | | | | | 成忠郎不愧 | | | | | | | |
| | | | | 右千牛卫将军士性 | 成忠郎不曒 | | | | | | | |
| | | | | | 成忠郎 | | | | | | | |

| | | | | | | | | | | | | |
|---|---|---|---|---|---|---|---|---|---|---|---|---|
| | | | | | 不狠 | | | | | | | |
| | | | 光山军承宣使仲瑈 | 右监门卫大将军、贵州团练使士耻 | | | | | | | | |
| | | | | 赠保宁军节度使、谥忠果士跂 | 不㣔 | | | | | | | |
| | | | | | 从义郎不昉 | 善龙 | | | | | | |
| | | | | 太子右内率府副率士结 | | | | | | | | |
| | | | | 右监门 | | | | | | | | |

| | | | | |
|---|---|---|---|---|
| 卫大将军士得 | | | | |
| 赠开府仪同三司、永国公士溯 | 保义郎不矿 | 善僎 | 汝璓 | |
| | | | 汝珅 | |
| 赠眉州防御使、通义侯士稆 | 武节郎不瘉 | 善沱 | 汝瑑 | 崇枏 |
| | | | 汝钠 | |
| | | | 汝鑗 | |
| | | 善汾 | | |
| | | 善浄 | 汝镴 | |
| | | 善洗 | 汝晧 | 崇俟 |
| | | | 汝鏓 | 崇碟 |
| 太子右 | | | | |

崇⿰石甫

汝⿰钅宛

监门率
府率士
讄
太子右
监门率
府率士
旻
太子右
监门率
府率士
融

太子右
内率府
副率仲
瑀
赠左领
军卫将

| | | | | | | | | | | | | |
|---|---|---|---|---|---|---|---|---|---|---|---|---|
| | | | 军仲靡仪王、谥恭孝仲湜 | 赠太傅、吉国公士从 | 武功郎不逸 | 善名 | | | | | | |
| | | | | | 成忠郎不逽 | | | | | | | |
| | | | | | 赠朝散郎不逽 | 善蒙 | 汝倭 | 崇祬 | 必助 | | | |
| | | | | | | | | 崇禑 | 必塈 | | | |
| | | | | | | | | 崇禒 | | | | |
| | | | | | | | 汝倌 | 崇麻 | | | | |
| | | | | | | | | 崇钔 | | | | |
| | | | | | | | | 崇嘤 | | | | |
| | | | | | | 善俌 | 汝伦 | 崇叙 | | | | |
| | | | | | | | 汝馀 | 崇收 | 必焷 | | | |
| | | | | | 赠光禄大夫不 | | | | | | | |

| | | | | | | | | | | | | | | | | |
|---|---|---|---|---|---|---|---|---|---|---|---|---|---|---|---|---|
| | | | | | | | | | 良錤 | | 良汴 | | | | | |
| | | | | | | | | 必埮 | 必垐 | 必埢 | 必壐 | | 必梱 | | | |
| 崇墀 | 崇𤩽 | 崇迬 | 崇遯 | 崇倲 | 崇翻 | 崇羡 | | | 崇盟 | | 崇血 | | 崇瀐 | | | |
| | 汝缏 | | 汝赀 | | | 汝麃 | | | | | 汝贺 | 汝员 | 汝鉎 | 汝錤 | 汝胁 | |
| | 善订 | | | | | 善覞 | 善兢 | | | | | 善寯 | | | 善宣 | 善约 |
| | | | | | | | | | | | | | | | | 遨 |

| | | | | | | | | | | | | |
|---|---|---|---|---|---|---|---|---|---|---|---|---|
| | | | | | | | | 崇扑 | | | | |
| | | | | | | 善荀 | 汝蒉 | | | | | |
| | | | | | | | 汝缜 | 崇役 | | | | |
| | | | | | | | 汝墺 | | | | | |
| | | | | | | 善譇 | 汝贲 | 崇匡 | | | | |
| | | | | | | | 汝鬒 | | | | | |
| | | | | | | | 汝曈 | | | | | |
| | | | | | | | 汝颂 | | | | | |
| | | | | | | | 汝梯 | | | | | |
| | | | | | | | 汝欘 | 崇焘 | | | | |
| | | | | | 保义郎不透 | | | | | | | |
| | | | | | 赠正奉大夫不遂 | 善俱 | 汝濂 | 崇櫔 | | | | |
| | | | | | | | | 崇机 | | | | |
| | | | | | | | | 崇榅 | | | | |

| | | | | |
|---|---|---|---|---|
| | | | 汝洧 | |
| | | | 汝涽 | |
| | | 善玭 | 汝骅 | |
| | | | 汝鹓 | 崇槛 |
| | | | 汝聃 | |
| | | 善彤 | | |
| | | 善𬤊 | 汝澻 | 崇岂 |
| | | | 汝渫 | 崇崼 |
| | | | 汝洞 | 崇懈 |
| 右班殿直士衡 | | | | |
| 赠太傅、威义郡王士衔 | 右宣教郎不逗 | 善度 | 汝兑 | |
| | | 善琢 | 汝为 | 崇渊 |
| | 不速 | | | |
| | 从义郎 | | | |

| | | | | | | | | | | | | |
|---|---|---|---|---|---|---|---|---|---|---|---|---|
| | | | | | 不迂 | | | | | | | |
| | | | | | 朝议大夫不迥 | 善珉 | 汝琏 | 崇焴 | | | | |
| | | | | | | | 汝梼 | 崇⿰火男 | | | | |
| | | | | | | | | 崇葵 | 必镳 | | | |
| | | | | | | | | | 必铸 | | | |
| | | | | | | | | | 必镙 | | | |
| | | | | | | 善玖 | 汝枟 | | | | | |
| | | | | | | | 汝澬 | | | | | |
| | | | | | | 善瑱 | | | | | | |
| | | | | | | 善琨 | 汝栏 | | | | | |
| | | | | | 中国公不遡 | 善玲 | 汝⿰王专 | 崇槁 | | | | |
| | | | | | | | | 崇梜 | | | | |
| | | | | | | 善谨 | 汝抗 | 崇铚 | | | | |
| | | | | | | 善訔 | 汝浥 | 崇爰 | | | | |
| | | | | | | | 汝⿰氵丞 | 崇鼎 | | | | |

| | | | | | | | | | | | | | | | | |
|---|---|---|---|---|---|---|---|---|---|---|---|---|---|---|---|---|
| 崇箴 | | | | | | 崇缉 | 崇佾 | 崇傯 | | | | | | | | |
| | 汝溥 | | | | | 汝薿 | | | 汝葴 | 汝莱 | 汝晙 | | | | | 汝机 |
| | | | | | | 善玙 | | | | | 善玗 | | 善琟 | | | 善珇 |
| | | | | | | 福州观察使、兼濮王检察尊长不逯 | | | | | | | 秉义郎不遝 | | | 赠左领军卫将军不淹 |

| | | | | | | | | | | | | | | |
|---|---|---|---|---|---|---|---|---|---|---|---|---|---|---|
| | | | | | | | | | | | | | | |
| | | | | | | | | | | | | | | |
| | | | | | | | | | | | | | | |
| | | 必墾 | 必垒 | | | | | | | | | | | |
| | | 崇畟 | | 崇煛 | 崇炌 | 崇爇 | 崇燓 | 崇㸅 | 崇熨 | 崇𤍠 | 崇然 | 崇羙 | 崇炗 | 崇灵 |
| 汝罴 | | 汝穮 | | | | 汝梓 | | | | | | | | |
| | | 善湘 | | | | | | | | | | | | |
| | 忠翊郎不濯 | 武翼郎不陋 | | | | | | | | | | | | |
| | | | | | | | | | | | | | | |
| | | | | | | | | | | | | | | |
| | | | | | | | | | | | | | | |
| | | | | | | | | | | | | | | |
| | | | | | | | | | | | | | | |

| | | | | |
|---|---|---|---|---|
| | | | | 崇夷 |
| | | | | 崇赤 |
| | | | 汝榗 | |
| | | 善潼 | 汝梠 | |
| | | | 汝□ | 崇萸 |
| | | | | 崇霓 |
| | | | | 崇畟 |
| | | | | 崇𧟨 |
| | | 善洎 | | |
| 赠少师、永国公士术 | 成忠郎不讷 | | | |
| | 赠武翼大夫不迫 | 善敉 | 汝誓 | |
| | 忠训郎不迆 | 善略 | | |

| | | | | | | | | | | | | | | | |
|---|---|---|---|---|---|---|---|---|---|---|---|---|---|---|---|
| 崇埻 | 崇坎 | 崇壏 | 崇堤 | 崇埒 | 崇𫭢 | | 崇𥄳 | 崇䀿 | 崇睃 | | | 崇榛 | 崇檫 | 崇櫑 | 崇樫 |
| 汝愤 | 汝忦 | | | 汝傁 | | 汝恰 | 汝峈 | | | 汝岫 | 汝峸 | 汝臚 | | | |
| 善琭 | | | | | | | 善顾 | | | | | 善翥 | | | |
| | | | | | | | 武节郎不迣 | | | | | | | | |

| | | | | | |
|---|---|---|---|---|---|
| 赠太师、新定郡王士籛 | 武德郎不酷 | 善瑄 | | | |
| | 赠朝议大夫不偈 | 善亲 | | | |
| | | 善璆 | | | |
| | | 善溥 | 汝𬣙 | 崇徽 | |
| | | 善珌 | 汝阶 | | |
| | | | 汝锦 | | |
| | | 善闳 | 汝𬣡 | 崇僝 | |
| | | | | 崇迁 | |
| | | | | 崇术 | |
| | | 善仑 | 汝遂 | 崇𬺈 | 必栝 |
| | | | | 崇端 | |
| | | | 汝谳 | | |
| | 右承事 | | | | |

| | | | | | | | | | | | | |
|---|---|---|---|---|---|---|---|---|---|---|---|---|
| | | | | | 郎不佚 | 善渥 | | | | | | |
| | | | | | | 善颜 | 汝间 | | | | | |
| | | | | | 赠奉直大夫不榕 | 善纯 | | | | | | |
| | | | | | | 善粲 | | | | | | |
| | | | | | | 善琛 | 汝躬 | 崇傁 | 必衮 | | | |
| | | | | | | | | | 必哀 | | | |
| | | | | | | | 汝遗 | | | | | |
| | | | | | | 善咨 | 汝篆 | | | | | |
| | | | | | | 善浔 | 汝榥 | 崇贾 | | | | |
| | | | | | | | 汝柈 | | | | | |
| | | | | | 赠太中大夫不捐 | 善泚 | 汝濮 | 崇樲 | | | | |
| | | | | | | | | 崇棺 | | | | |
| | | | | | | | | 崇桂 | | | | |

| | | | | |
|---|---|---|---|---|
| | | | | 崇枝 |
| | | 善琳 | 汝瓌 | 崇潼 |
| | | | 汝琅 | |
| | | 善流 | 汝⿰王叟 | 崇仳 |
| | | | 汝瑃 | |
| | | 善瞻 | 汝瞬 | 崇穹 |
| | | | 汝滢 | 崇煯 |
| | | 善禆 | | |
| | 武翼郎不倔 | 善⿰王綦 | | |
| | | 善厦 | 汝⿰目典 | |
| | | | 汝盼 | |
| | | | 汝⿰目⿱旦又 | |
| | | | 汝⿰目更 | |
| 赠太师、新安郡王 | 右承奉郎不圯 | | | |

| | | | | | | | | | | | | |
|---|---|---|---|---|---|---|---|---|---|---|---|---|
| | | | | 士衎 | 保义郎不促 | | | | | | | |
| | | | | | 文林郎不勉 | 善骙 | 汝万 | | | | | |
| | | | | | | 善𫘝 | 汝要 | | | | | |
| | | | | | | | 汝纮 | | | | | |
| | | | | | | | 汝嘉 | | | | | |
| | | | | | | 善骁 | 汝绹 | 崇濎 | | | | |
| | | | | | | | | 崇[illegible] | | | | |
| | | | | | 从事郎不梧 | 善琤 | 汝[illegible] | | | | | |
| | | | | | | 善玺 | 汝[illegible] | 崇徽 | | | | |
| | | | | | | | 汝[illegible] | | | | | |
| | | | | | | 善珰 | 汝[illegible] | | | | | |
| | | | | | | | 汝镘 | | | | | |
| | | | | | | | 汝钺 | | | | | |
| | | | | | | | 汝[illegible] | | | | | |

| | | | | | | | | | | | | |
|---|---|---|---|---|---|---|---|---|---|---|---|---|
| | | | | 赠少师、永嘉郡王士程 | 赠武节郎不泯 | 善识 | 汝奮 | | | | | |
| | | | | | | | 汝傪 | | | | | |
| | | | | | | | 汝倢 | | | | | |
| | | | | | | | 汝儁 | | | | | |
| | | | | | | | 汝伒 | | | | | |
| | | | | | | 善畓 | 汝曚 | | | | | |
| | | | | | | | 汝箕 | 崇苹 | 必涛 | | | |
| | | | | | | | 汝筒 | | | | | |
| | | | | | 朝请大夫、直宝谟阁不悗 | 善骒 | 汝桦 | | | | | |
| | | | | | | | 汝蝶 | 崇宂 | | | | |
| | | | | | | | | 崇峭 | | | | |
| | | | | | | 善埴 | 汝畯 | 崇坛 | | | | |

| | | | | | | | | | | | | | | | | |
|---|---|---|---|---|---|---|---|---|---|---|---|---|---|---|---|---|
| 崇菅 | 崇⿰禾茱 | 崇范 | | 崇蓂 | | | 崇⿰贝京 | | | | | | | | | |
| 汝眕 | | | | 汝惡 | 汝膜 | 汝契 | 汝藉 | | | | | | 汝遒 | 汝邅 | 汝⿰月真 | 汝瞰 |
| | | | | 善论 | | 善缕 | | 善纺 | | | | 善渡 | 善春 | | 善曾 | |
| | | | 承议郎不赀 | | | | | | 右文殿修撰不艰 | | | | | | | |

| | | | | | | | | | | | | |
|---|---|---|---|---|---|---|---|---|---|---|---|---|
| | | | | | | 善莒 | 汝陪 | | | | | |
| | | | | | | | 汝陔 | | | | | |
| | | | | | | 善晵 | 汝鹭 | | | | | |
| | | | | | | | 汝陲 | | | | | |
| | | | | | | | 汝僙 | | | | | |
| | | | | | 承议郎不熄 | | | | | | | |
| | | | | 右千牛卫将军士挚 | | | | | | | | |
| | | | | 武安军承宣使、开国伯、权知濮安懿王国令 | 赠秉义 | | | | | | | |

| | | | | | | | | | | | | |
|---|---|---|---|---|---|---|---|---|---|---|---|---|
| | | | | 士石 | 郎不如 | 善瑛 | | | | | | |
| | | | | | | 善觿 | 汝铋 | 崇忙 | | | | |
| | | | | | 袭封嗣濮王不嫖 | 善钗 | 汝眬 | 崇假 | | | | |
| | | | | | | | | 崇傶 | | | | |
| | | | | | | | | 崇伽 | | | | |
| | | | | | | 善墊 | 汝穆 | | | | | |
| | | | | | | | 汝瑶 | | | | | |
| | | | | | 赠通直郎不惊 | 善话 | 汝忿 | | | | | |
| | | | | | | | 汝意 | 崇莰 | | | | |
| | | | | | | 善并 | 汝汘 | 崇禔 | | | | |
| | | | | | | | 汝淬 | | | | | |
| | | | | | | | 汝湒 | 崇栟 | | | | |
| | | | | | 武德郎不骜 | 善虎 | 汝鹿 | 崇嵊 | | | | |

| | | | | | | | | | | | | | | | | |
|---|---|---|---|---|---|---|---|---|---|---|---|---|---|---|---|---|
| 崇穋 | | 崇衡 | | | | | | | | | 崇曹 | 崇旨 | | | | 崇嵋 |
| 汝稴 | | 汝穜 | | | 汝町 | | 汝郝 | | 汝庄 | 汝齐 | | 汝汫 | | 汝宁 | | |
| 善鹥 | 善沚 | 善侣 | | 善湮 | 善沔 | | 善趋 | | | 善璚 | | 善譢 | | 善麟 | 善龙 | |
| | | 不朽 | 从义郎 | | 不悟 | 武经郎 | 不榖 | 忠训郎 | | | | 不賠 | 朝奉郎 | | | |

| | | | | | | | | | | | | | | | | |
|---|---|---|---|---|---|---|---|---|---|---|---|---|---|---|---|---|
| | | | | | | | | | | | | | | | | |
| | | | | | | | | | | | | | | | | |
| | | | | | | | | | | | | | | | | |
| | | | | | | | | | | | | | | | | |
| 崇㭎 | 崇杈 | 崇樿 | 崇槄 | | | | | | | | | | | | | 崇侎 |
| | 汝秡 | 汝穓 | | | 汝枝 | 汝桋 | 汝㭎 | | | | | | | | 汝侦 | 汝垔 |
| | | | | | 善墀 | | | | | | | | 善董 | 善蕃 | 善菖 | |
| | | | | 从义郎不縻 | | | | | 不谰 | 赠保信郎、承宣使不阅 | | | | | | |
| | | | | | | | | 嗣濮王士歆 | | | | | | | | |
| | | | | | | | | | | | | | | | | |
| | | | | | | | | | | | | | | | | |
| | | | | | | | | | | | | | | | | |
| | | | | | | | | | | | | | | | | |

| | | | |
|---|---|---|---|
| | | | 汝墓 |
| | 朝散大夫不慊领贵州刺史、进封开国子 | 善桂 | |
| | 不捷 | 善薰 | 汝贤 |
| | | 善靓 | |
| 开国公士岘 | 保义郎不剟 | | |
| | 武翼郎不秽 | 善珢 | |
| | 通直郎不赞 | 善舄 | |
| | | 善翌 | |
| | | 善璥 | |

| | | | | | | | | | | | | | | | | |
|---|---|---|---|---|---|---|---|---|---|---|---|---|---|---|---|---|
| | | 汝忠 | 汝镆 | 汝铸 | 汝镜 | 汝铧 | | | | 汝橄 | | | | 成忠郎 | | |
| | | 善芗 | 善鞅 | | | | 善蘩 | | | 善季 | 善澪 | 善莩 | 右千牛 | 卫将军 | | |
| 进封开 | 国子不 | 嘈 | | | | | | 进封开 | 国伯不 | 佟 | | | 咸宁郡 | 王仲羽 | 不勳 | |
| | | | | | | | | | | | | | | | 士畫 | 右监门 |

| | | | |
|---|---|---|---|
| | | 成忠郎不蕙 | 成忠郎不贷 |
| 卫大将军、文州刺史士绘 | 太子右内率府副率士僄 | 右监门卫大将军果州刺史士捰 | 太子右监门率府率士柳 |

成忠郎不甥

太子右监门率府率士镝

太子右监门率府率士访

太子右监门率府率士谏

太子右监门率府率士载

太子右

| | | | |
|---|---|---|---|
| | 监门率府率士闳 | | |
| | 赠开府仪同三司、永国公士矩 | 迪功郎不异 | 善穜 |
| | | | 善峒 |
| | | | 善岷 |
| | | 不他 | |
| 金州观察使仲强 | 右班殿直士閜 | | |
| | 右千牛卫将军士悭 | | |
| | 右千牛 | | |

| | | | | |
|---|---|---|---|---|
| 卫将军士鄯 | 太子右内率府副率士栿 | 右千牛卫将军士岘 | 太子右内率府副率士昆 | 太子右内率府副率士彷 |
| | | 贵州团练使仲鄢 | | |

| | | | | | | | | | | | | |
|---|---|---|---|---|---|---|---|---|---|---|---|---|
| | | | 莫州观察使仲番 | 右千牛卫大将军士骠 | | | | | | | | |
| | | | | 太子右监门率府率士绩 | | | | | | | | |
| | | | 赠左领军卫将军仲璒 | | | | | | | | | |
| | | | | | 武翼大夫不壅 | 善岑 | 汝嘻 | 崇栅 | 必掏 | | | |
| | | | | | | | 汝哨 | | | | | |
| | | | | | | | 汝瞻 | | | | | |
| | | | | | | 善岘 | 汝䍃 | | | | | |
| | | | | | | | 汝璪 | | | | | |

| | | | | | | | | | | | | |
|---|---|---|---|---|---|---|---|---|---|---|---|---|
| | | | | | | | 汝㬚 | | | | | |
| | | | | | | | 汝瞰 | | | | | |
| | | | | | | 善⿰口献 | | | | | | |
| | | | | 太子右内率府副率士峪 | | | | | | | | |
| | | | | 太子右内率府副率士澗 | | | | | | | | |
| | | | | 太子右内率府副率士淋 | | | | | | | | |
| | | | 简王、谥穆孝 | 赠右屯卫大将 | | | | | | | | |

| | | | | | | |
|---|---|---|---|---|---|---|
| | | 朝奉郎不俅 | 忠训郎不佐 | 不佻 | | 从义郎不偕 |
| 军士郊 | 太子右监门率府率士玑 | 太子右监门率府副率士耿 | | | 供备库副使士勋 | 左侍禁士秸 |
| 仲增 | | | | | 永宁郡王、谥敦惠仲谯 | |

| | | | | | | | | | | | | |
|---|---|---|---|---|---|---|---|---|---|---|---|---|
| | | | | | 赠开节郎不浮 | 善韪 | 汝瑂 | | | | | |
| | | | | | 不谶 | | | | | | | |
| | | | | 右监门卫将军士懱 | 不蔽 | | | | | | | |
| | | | | | 成忠郎不惧 | | | | | | | |
| | | | | | 赠少保追封蒋国公不秹 | 善范 | | | | | | |
| | | | | | | 善簵 | | | | | | |
| | | | | | | 善辐 | 汝曰 | 崇稄 | | | | |
| | | | | | | 善軜 | | | | | | |
| | | | | | | 善軿 | 汝焌 | | | | | |
| | | | | | | | 汝拯 | | | | | |

| | | | | | |
|---|---|---|---|---|---|
| | | 善𬭸 | 汝控 | 崇毕 | |
| 太子右监门率府率士慎 | 成忠郎不熬 | | | | |
| | 成忠郎不逌 | | | | |
| | 赠奉议郎不塞 | 善琇 | | | |
| | | 善希 | 汝羽 | 崇⿰王剌 | |
| | | | | 崇𫓨 | |
| | | | 汝脩 | 崇理 | 必淘 |
| | | 善讙 | 汝翘 | 崇铤 | |
| | | 善阶 | 汝犾 | 崇時 | |
| | | | 汝诩 | | |
| | | | 汝翓 | | |
| 太子右 | | | | | |

| | | | | | | | | | | | | |
|---|---|---|---|---|---|---|---|---|---|---|---|---|
| | | | | 内率府副率士恢 | 忠训郎不璬 | | | | | | | |
| | | | | 太子右监门率府率士类 | | | | | | | | |
| | | | | 太子左监门率府率士审 | | | | | | | | |
| | | | 嗣濮王仲理 | 赠武略大夫士翕 | 武节郎不迩 | 善施 | | | | | | |
| | | | | | | 善心 | 汝韬 | 崇玥 | 必锽 | 良傯 | | |
| | | | | | | | | | 必晐 | | | |
| | | | | | | 善专 | 汝平 | | | | | |

| | | | | | |
|---|---|---|---|---|---|
| 赠武翼大夫不虧 | 善肃 | | | | |
| | 善久 | 汝沓 | 崇烽 | 必塑 | |
| | | 汝立 | 崇碻 | 必洛 | |
| | | | | 必淑 | 良瑛 |
| | | | | | 良𪻐 |
| | | | | 必助 | |
| | | | 崇质 | 必渫 | |
| | | | | 必洞 | 良筞 |
| | | | | 必溥 | 良栝 |
| | | 汝觉 | 崇凯 | 必铃 | |
| | 善本 | 汝誢 | 崇颖 | | |
| | | 汝𬣙 | 崇翔 | 必墙 | |
| | | 汝䜣 | | | |
| | | 汝谆 | | | |
| | | 汝𬤊 | 崇过 | 必峒 | |

| | | | | | | | | | | | | | | | | |
|---|---|---|---|---|---|---|---|---|---|---|---|---|---|---|---|---|
| 必崼 | 必瑥 | | | | | | | | 必珂 | 必⿰王并 | 必璋 | | | | | |
| | 崇迊 | | | | | | | 崇赦 | 崇沾 | 崇淖 | | | 崇迁 | 崇櫼 | | |
| | | | | | | | | 汝昰 | 汝晟 | 汝𬭸 | | 汝镛 | 汝锭 | | 汝新 | 汝敝 |
| | | | | | | | | 善规 | 善纶 | | | | | | 善邦 | |
| | | 从义郎不泥 | | 赠武功大夫、果州团练使不悑 | | | | | | | | | | | | |

| | | | | | | | | | | | | | | | | |
|---|---|---|---|---|---|---|---|---|---|---|---|---|---|---|---|---|
| | | | | | | | | 必宏 | | 必墐 | 必[illegible] | | | | | |
| 崇筝 | 崇篢 | | 崇榼 | 崇楗 | 崇朴 | | | 崇箎 | 崇[illegible] | | 崇[illegible] | 崇橊 | | 崇栝 | 崇槔 | 崇仂 |
| 汝诐 | 汝詈 | 汝訇 | | | | 汝秀 | 汝訾 | 汝谅 | | | 汝[illegible] | 汝弊 | 汝赏 | | 汝法 | 汝存 |
| | | | | | | | | | | | | | 善啁 | | | 善驰 |

| | | | | | | | | | | | | | | | | |
|---|---|---|---|---|---|---|---|---|---|---|---|---|---|---|---|---|
| | 必球 | 必珨 | 必⿰王甫 | | | | | | | | | | | | | |
| | 崇什 | | | 崇⿰王并 | 崇珽 | 崇玞 | 崇瑧 | 崇环 | 崇⿲王求阝 | | 崇放 | | | | | |
| | 汝寿 | | | 汝讯 | 汝⿰衤侖 | | | | 汝淲 | 汝岘 | 汝巍 | 汝嶅 | 汝岏 | | | |
| 善类 | 善瞪 | | | | | | | | | 善至 | | | | | | |
| | | | | | | | | | | | | | | 秉义郎 | 不吝 | 不倨 |

| | | | | | |
|---|---|---|---|---|---|
| 赠少师<br>不倦 | 善救 | 汝耀 | 崇岍 | 必榶 | 良燿 |
| | | | 崇岷 | | |
| | 善沭 | | | | |
| | 善坚 | 汝锷 | 崇边 | | |
| | | 汝铦 | 崇涛 | 必椅 | |
| | | | | 必恍 | |
| | | | 崇濡 | | |
| | | 汝鐩 | 崇潍 | | |
| | | | 崇傛 | 必樵 | |
| | | | | 必棈 | |
| | | | 崇消 | | |
| | | | 崇泞 | | |
| | | 汝钥 | 崇澹 | 必柽 | 良焯 |
| | | | | 必林 | |
| | | | 崇洋 | | |
| | | | 崇溪 | | |

| | | | | | | | | | | | | | | | | |
|---|---|---|---|---|---|---|---|---|---|---|---|---|---|---|---|---|
| | | | | | | 良佪 | | | | | | | | | | |
| | 必集 | 必柔 | 必桊 | | | 必激 | 必澍 | 必浼 | | | | 必召 | 必膺 | 必凯 | | |
| 崇潇 | 崇河 | | | 崇浦 | 崇沂 | 崇岌 | 崇昊 | | 崇陟 | | 崇敱 | 崇嫩 | | | 崇孜 | 崇敞 |
| 汝镃 | | | | | | 汝豊 | | | 汝陟 | 汝升 | 汝簗 | | | | | |
| | | | | | | 善丕 | | | | | 善掠 | | | | | |

| | | | | | | | | | | | | | | | | |
|---|---|---|---|---|---|---|---|---|---|---|---|---|---|---|---|---|
| | | | | | | 良禓 | | | | | | 良超 | | | | |
| | | | | | | 必僎 | | | | | 必伷 | 必修 | 必偯 | | | |
| 崇镇 | 崇镰 | 崇铊 | | | 崇档 | 崇浍 | 崇潍 | 崇荦 | 崇骃 | 崇硕 | 崇推 | 崇埭 | 崇埤 | 崇杆 | 崇祰 | 崇禬 |
| 汝梁 | | | | | 汝璿 | 汝璩 | | 汝郰 | | | 汝洤 | | | 汝候 | | |
| | | | 善盘 | | 善诏 | | | | | | | | | | | |
| | | | | 从义郎 | 不讧 | | | | | | | | | | | |

| | | |
|---|---|---|
| 崇楮 | 汝讶 | |
| 崇棖 | | |
| 崇伍 | 汝簵 | |
| 崇葵 | | |
| 崇陛 | 汝耒 | 善辰 |
| 崇梠 | | |
| 崇濿 | 汝垟 | |
| 崇蔴 | | |
| 崇檷 | 汝璊 | |
| | 汝玼 | |
| 崇陪 | 汝来 | |
| | 汝璥 | |
| 崇琨 | 汝英 | 善恪 |
| 崇佮 | 汝㺹 | |
| 崇备 | | |
| 崇恭 | | |
| | 汝珂 | |

| | | | | | | | | | | | | | | | | |
|---|---|---|---|---|---|---|---|---|---|---|---|---|---|---|---|---|
| | | | | 必潢 | 必涫 | | | | | | | | 必衡 | 必往 | | |
| 崇彶 | 崇代 | 崇拂 | | | 崇灼 | | | | | 崇垅 | 崇⿰土乐 | 崇⿰扌⿱日开 | 崇⿰女赤 | 崇穓 | 崇⿰木兹 | 崇种 |
| | | | | | 汝瑳 | 汝枝 | | 汝奄 | 汝⿰亻电 | | | | 汝奝 | | 汝奁 | 汝奄 |
| | | | | | | 善俾 | 善傈 | | | | | | | | | 善佺 |
| | | | | | | | | | | | | | | | | 善偞 |

| | | | | |
|---|---|---|---|---|
| | | | 汝珈 | |
| | | | 汝路 | 崇秘 |
| | | | | 崇携 |
| | | | | 崇擐 |
| 太子右内率府副率士舣 | 不蛊 | 善俨 | | |
| | 成忠郎不涓 | | | |
| 右班殿直士忳 | | | | |
| 右班殿直士跛 | | | | |
| 太子右内率府副率士 | | | | |

| | | | | | | | | | | | | |
|---|---|---|---|---|---|---|---|---|---|---|---|---|
| | | | | [illegible] | | | | | | | | |
| | | | | 右千牛卫将军士瀊 | 赠武显郎不殆 | 善虑 | 汝辙 | 崇遒 | 必瞟 | | | |
| | | | | | | | 汝轴 | 崇潆 | | | | |
| | | | | | | | 汝轶 | | | | | |
| | | | | | | | 汝钟 | | | | | |
| | | | | | | 善怀 | 汝锜 | 崇璇 | 必徐 | | | |
| | | | | | | | | 崇瑷 | | | | |
| | | | | | | | 汝[illegible] | 崇璃 | | | | |
| | | | | | | 善漪 | 汝辀 | | | | | |
| | | | | | | | 汝輶 | | | | | |
| | | | | | | | 汝轲 | | | | | |
| | | | | | | | 汝辚 | | | | | |
| | | | | | 秉义郎不[illegible] | | | | | | | |
| | | | | 太子右 | | | | | | | | |

| | | | | | | |
|---|---|---|---|---|---|---|
| 良瑭 | 必企 | 崇邻 | 汝谨 | 善愧 | 忠训郎不剄 | |
| | | | 汝𬤊 | | | |
| | | | 汝议 | | | |
| | 必灘 | 崇梓 | 汝謞 | 善睦 | | |
| | 必涯 | 崇穑 | | | | |
| | | 崇涓 | 汝娣 | 善哀 | 赠武显大夫不贰 | |
| | | 崇家 | | | | |
| | | 崇钪 | | | | |
| | 必淲 | 崇鹗 | 汝燿 | | | |
| | | | 汝墦 | 善洞 | | |
| | | | 汝岭 | | | |
| | | | | | 成忠郎不剩 | 监门率府率士勤 |

| | | | |
|---|---|---|---|
| 善常 | 汝埴 | 崇淳 | |
| | | 崇杉 | |
| | 汝垓 | 崇锺 | 必樽 |
| | | 崇鈜 | |
| | | 崇锐 | |
| | | 崇镦 | |
| | | 崇际 | |
| | | 崇防 | |
| 善鸣 | 汝玕 | 崇壘 | |
| | | 崇搆 | 必淜 |
| | | 崇迆 | 必溥 |
| | | | 必洁 |
| | | 崇蘧 | |
| | | 崇迈 | |
| | | 崇逞 | |
| | | 崇迸 | |
| | | 崇迪 | |

| | | | | | |
|---|---|---|---|---|---|
| | | | 汝瑙 | | |
| | | 善越 | | | |
| 右千牛卫将军士況 | 武翼大夫不汱 | 善辨 | | | |
| | | 善榉 | 汝䇺 | 崇閒 | |
| | | | | 崇闐 | |
| | | 善偲 | 汝瑇 | 崇悠 | 必魏 |
| | | | | | 必项 |
| | | | | 崇憨 | |
| | | | | 崇惑 | |
| | | | 汝藉 | | |
| | | | 汝错 | | |
| | | | 汝廖 | | |
| | | | 汝漏 | 崇急 | |
| | | | | 崇忞 | |
| | | 善夷 | 汝椷 | 崇璺 | |

| | | | | | | | | | | | | |
|---|---|---|---|---|---|---|---|---|---|---|---|---|
| | | | | | | | 汝轨 | | | | | |
| | | | | | | | 汝[木郤] | | | | | |
| | | | | 右班殿直士濞 | | | | | | | | |
| | | | | 赠少师、永国公士豢 | 赠朝请郎不斳 | 善偕 | | | | | | |
| | | | | | | 善镠 | 汝䙰 | | | | | |
| | | | | | | | 汝盬 | | | | | |
| | | | | | | | 汝榤 | | | | | |
| | | | | | 不徇 | | | | | | | |
| | | | | | 武经大夫不征 | 善责 | 汝扶 | | | | | |
| | | | | | 武翼大夫不蟠 | 善悾 | 汝泈 | 崇宁 | | | | |
| | | | | | | | | 崇橚 | | | | |
| | | | | | 武翼郎 | | | | | | | |

| | | | | | | | | | | | | |
|---|---|---|---|---|---|---|---|---|---|---|---|---|
| | | | | | 不跙 | 善濛 | | | | | | |
| | | | | | | 善崧 | 汝憓 | | | | | |
| | | | | | | | 汝汀 | 崇主 | | | | |
| | | | | | 训武郎不觚 | 善樊 | | | | | | |
| | | | | 太子右监门率府率士昼 | 成忠郎不谈 | | | | | | | |
| | | | | 太子右监门率府率士侃 | | | | | | | | |
| | | | 嘉国公、谥孝恭仲笃 | 赠金吾卫将军士羿 | 训武郎不显 | 善选 | | | | | | |
| | | | | | | 善哲 | | | | | | |

| | | | | | |
|---|---|---|---|---|---|
| | 秉义郎不睽 | | | | |
| | 赠武功大夫、蕲州防御使不阯 | 善依 | 汝振 | | |
| | | 善比 | 汝脊 | | |
| | | | 汝扬 | | |
| | | | 汝挥 | 崇梁 | |
| | | | | 崇干 | |
| | | | 汝抃 | | |
| | | 善攻 | 汝摸 | 崇蘸 | |
| | | | 汝抖 | 崇座 | |
| | | | | 崇廖 | 必傒 |
| 右千牛卫将军士势 | 赠武经大夫不孤 | 善鲜 | 汝锛 | | |

| | | | | | |
|---|---|---|---|---|---|
| | | | | | |
| | | | | | |
| | | | | | |
| | | | | | |
| 崇埇 | 崇衔 | 崇瑥 | 崇珵 | 崇厚 | 崇瑾 |
| 汝届 | 汝滏 | 汝愿 | 汝沔 | 汝泾 | 汝𬇙 |
| 善晖 | 善耰 | | | | |
| 不显 | 武翼大夫不戕 | 保义郎不愊 | 赠武经大夫不谩 | | |
| 赠威德军节度使、建安侯士珊 | | | | | |
| | | | | | |
| | | | | | |
| | | | | | |
| | | | | | |

| | | | | |
|---|---|---|---|---|
| | | | 汝渑 | |
| | | | 汝涢 | |
| | | | 汝泺 | |
| 赠建州观察使、建安侯士匽 | 忠训郎不贾 | | | |
| | 赠武经大夫不嚚 | 善铨 | 汝嶙 | 崇筮 |
| | | | | 崇湄 |
| | | | 汝嶓 | |
| | | | 汝嵼 | |
| | | | 汝岵 | |
| | | 善瑅 | 汝[山皆] | |
| | | | 汝嶒 | |
| | | | 汝峣 | |
| | | | 汝[山栗] | |

| | | | | | | | | | | | | | | | | |
|---|---|---|---|---|---|---|---|---|---|---|---|---|---|---|---|---|
| | | | | | | | | | | | | | | | | |
| | | | | | | | | | | | | | | | | |
| | | | | | | | | | | | | | | | | |
| | | | | | | | | | | | | | | | | |
| | 崇斐 | | | | | | 崇褿 | 崇緸 | | | | | | | | |
| 汝屹 | 汝嵂 | 汝𡾰 | 汝稽 | | 汝嵎 | 汝峼 | 汝屺 | | 汝嵱 | | | | | | | |
| 善斫 | 善裁 | | | 善抉 | 善蘐 | | | | 善以 | | | | | | | |
| | | | | | | | | | | | | 忠训郎不妣赠武翼 | | | | |
| | | | | | | | | | | 太子右内率府副率士澍赠少师、集庆军节 | | | | | | |
| | | | | | | | | | | | | | | | | |
| | | | | | | | | | | | | | | | | |
| | | | | | | | | | | | | | | | | |
| | | | | | | | | | | | | | | | | |

| | | | | | |
|---|---|---|---|---|---|
| 度使、东阳侯土谥 | 大夫不危 | 善洪 | 汝铼 | | |
| | | | 汝铱 | 崇莒 | 必琒 |
| | | | | | 必琠 |
| | | | | 崇莲 | 必滞 |
| | | | | | 必珫 |
| | | | 汝镂 | 崇咏 | 必原 |
| | | | 汝键 | 崇蕊 | |
| | | | 汝[illegible] | 崇诣 | |
| | | 善课 | 汝钠 | 崇蕾 | 必僭 |
| | | | | | 必[illegible] |
| | | | | 崇芊 | 必杰 |
| | | | 汝错 | 崇苞 | 必[illegible] |
| | | | 汝鐅 | 崇莨 | 必愿 |
| | | | | 崇蒝 | |
| | | | 汝镇 | 崇蔺 | |
| | | 善诵 | 汝锛 | | |

| | | | | | | | | | | | | | | | |
|---|---|---|---|---|---|---|---|---|---|---|---|---|---|---|---|
| | | | | | | | | | | | | | | | |
| | | | | | | | | | | | | | | | |
| | | | | | | | | | | | | | | | |
| | | | | | | | | | 必琰 | | | | | | |
| | 崇谐 | 崇謏 | 崇垺 | 崇埤 | 崇莆 | 崇蔡 | 崇茯 | 崇菏 | 崇茱 | | 崇菁 | 崇虁 | 崇茁 | 崇蕲 | 崇芠 |
| | | 汝釜 | | | 汝钥 | | | | 汝钆 | 汝鏊 | | | | 汝鉨 | 汝钫 |
| | | 善遈 | | | 善诺 | | | | | | | | | | |
| | | | | | | | | | | | | | | | |
| 右千牛卫将军 | | | | | | | | | | | | | | | |
| | | | | | | | | | | | | | | | |
| | | | | | | | | | | | | | | | |
| | | | | | | | | | | | | | | | |
| | | | | | | | | | | | | | | | |

| | | | | |
|---|---|---|---|---|
| 士毫 | | | | |
| 右千牛卫将军士扁 | 保义郎不背 | | | |
| 太子右内率府副率士化 | | | | |
| 太子右内率府副率士廓 | | | | |
| 赠昭信军节度使，安康郡公士仌 | 武节郎不拔 | 善系 | 汝镤 | 崇珠 |

| | | | |
|---|---|---|---|
| | 善黠 | | |
| | 善澡 | 汝洗 | 崇缸 |
| 武翼大夫不殁 | 善慮 | 汝东 | |
| | | 汝澍 | |
| | | 汝瀸 | |
| 武翼大夫不轶 | 善荪 | 汝辐 | |
| | | 汝钗 | 崇客 |
| | | 汝鐩 | |
| | | 汝铨 | |
| | 善薏 | | |
| | 善茹 | | |
| | 善芊 | | |
| 武经郎不隋 | 善甑 | | |
| | 善篓 | 汝俳 | 崇璎 |

| | | | | |
|---|---|---|---|---|
| | | | 汝彼 | |
| | | | 汝祚 | |
| | | 善算 | 汝[illegible] | |
| | | | 汝衕 | |
| | | | 汝[illegible] | |
| | 不拒 | | | |
| | 不愊 | | | |
| 赠昭庆军节度使、建安侯士汇 | 修武郎不𫍲 | | | |
| | 朝奉大夫不戒 | 善囿 | 汝儋 | 崇樛 |
| | | | | 崇镰 |
| | | | | 崇[illegible] |
| | 修武郎不谀 | 善莘 | 汝淍 | 崇桃 |

| | | | | | | | | | | | | |
|---|---|---|---|---|---|---|---|---|---|---|---|---|
| | | | | | | | | 崇秀 | 必睦 | | | |
| | | | | | | 善日 | 汝世 | 崇偱 | | | | |
| | | | | 太子右 | | | | | | | | |
| | | | | 监门率 | 赠武翼 | | | | | | | |
| | | | | 府率士 | 大夫不 | | | | | | | |
| | | | | 惵 | 剆 | 善霈 | 汝畗 | 崇秌 | | | | |
| | | | | | | | 汝皋 | 崇耕 | 必夔 | | | |
| | | | | | | | | 崇耜 | | | | |
| | | | | | | | 汝夆 | 崇耒 | | | | |
| | | | | | | | | 崇耔 | | | | |
| | | | | | | | | 崇锄 | | | | |
| | | | | | | | 汝品 | | | | | |
| | | | | | | | 汝亩 | | | | | |
| | | | | | 不讷 | 善保 | | | | | | |
| | | | | | 不克 | 善渊 | | | | | | |
| | | | | 太子右 | | | | | | | | |
| | | | | 监门率 | | | | | | | | |

| | | | | | | | | | | | | |
|---|---|---|---|---|---|---|---|---|---|---|---|---|
| | | | 安康郡公仲戭 | 府率士位 | | | | | | | | |
| | | | 康平侯仲瀛 | 右千牛卫将军士崭 | | | | | | | | |
| | | | | 太子右内率府副率士问 | | | | | | | | |
| | | | | 右千牛卫将军士闻 | | | | | | | | |
| | | | | 右千牛卫将军士蔽 | | | | | | | | |
| | | | | 赠感德军节度 | | | | | | | | |

| | | | | | | | | | | | | |
|---|---|---|---|---|---|---|---|---|---|---|---|---|
| | | 淄王宗遡 | 沂国公、谥良信仲览 | 使、开府仪同三司、安康郡公士綧 | 朝散大夫不佾 | 善酕 | 汝明 | 崇尧 | 必登 | | | |
| | | | | | | | | | 必立 | 良瑛 | | |
| | | | | | | | | | | 良瓘 | | |
| | | | | | | | 汝能 | 崇宋 | 必表 | 良珂 | | |
| | | | | | | | | | | 良珙 | | |
| | | | | | | | | | | 良𪻐 | | |
| | | | | | | | | | | 良璞 | | |
| | | | | | | | | | | 良瑭 | | |
| | | | | | | | 汝荟 | 崇舜 | 必忠 | | | |
| | | | | | | | | | 必趍 | | | |
| | | | | | | | | | 必美 | | | |
| | | | | | | | | 崇第 | 必博 | | | |
| | | | | | | | | | 必馨 | 良俾 | | |

| | | | | | | | | | | | | | | | | |
|---|---|---|---|---|---|---|---|---|---|---|---|---|---|---|---|---|
| | | | 友涝 | | | | | | | | | | | | | |
| | | | 良朴 | 良瑀 | | | 良澓 | | | | | | | | | |
| | | | 必及 | 必晋 | 必蕃 | 必静 | 必戒 | | | | | 必傔 | 必浃 | 必澂 | 必汎 | |
| | | | 崇柔 | | | | | 崇盈 | 崇盛 | | | 崇侣 | | | 崇复 | 崇至 |
| 汝莄 | 汝悦 | | 汝耔 | | | | | 汝卿 | | | | 汝兴 | | | | 汝显 |
| | | 善酕 | 善腴 | | | | | | | | 善资 | 善施 | | | | |
| | | | | | | | | | | 武经郎 | 不俭 | | | | | |

| | | | | | | | | | | | | |
|---|---|---|---|---|---|---|---|---|---|---|---|---|
| | | | | | | | | 崇垄 | 必涑 | | | |
| | | | | | | | | | 必洋 | | | |
| | | | | | | 善图 | | | | | | |
| | | | | | | 善荣 | | | | | | |
| | | | | 赠观察使、益川侯士载 | 三班奉职不倦 | | | | | | | |
| | | | | | 不迪 | | | | | | | |
| | | | | | 右班殿直不亿 | | | | | | | |
| | | | | | 保义郎不俅 | 善讽 | | | | | | |
| | | | | | 不由 | | | | | | | |
| | | | | | 成忠郎不要 | | | | | | | |
| | | | | | 保义郎不忕 | | | | | | | |

| | | | | | | | | | | | | | |
|---|---|---|---|---|---|---|---|---|---|---|---|---|---|
| | | | | | 秉义郎不溰 | 善荣 | 汝极 | 崇偁 | 必但 | 良巍 | | | |
| | | | | | | | | | | 良峕 | | | |
| | | | | | | | | | | 良岗 | | | |
| | | | | | | | | | 必仙 | | | | |
| | | | | 赠武经大夫士晪 | 右班殿直不话 | | | | | | | | |
| | | | | | 赠武经大夫不诎 | 善学 | 汝士 | 崇德 | | | | | |
| | | | | | | | | 崇効 | 必镰 | 良检 | 友譓 | | |
| | | | | | | | | | | 良机 | | | |
| | | | | | | | | | | 良橧 | | | |
| | | | | | | | | | | 良傀 | | | |
| | | | | | | | | 崇办 | 必攻 | 良钚 | 友焥 | | |
| | | | | | | | | | | 良钆 | | | |

| | | | | | | | | | | | | | | | | |
|---|---|---|---|---|---|---|---|---|---|---|---|---|---|---|---|---|
| | | | | | | | | | | | | | | | | |
| | 友瑙 | | | | | 友偷 | 友偮 | | | | | | | | | |
| 良鐩 | 良环 | 良瑛 | 良璷 | | 良汉 | 良服 | | 良机 | 良檸 | 良膳 | | | | | 良琠 | 良玥 |
| | 必鲅 | 必敞 | | 必赦 | 必政 | 必成 | | 必权 | | 必蕙 | 必慈 | | | 必滂 | 必本 | |
| | | | | | | 崇政 | | | | | | 崇摧 | 崇钊 | 崇庸 | 崇安 | |
| | | | | | | | | | | | | 汝弼 | | | | |

| | | | | | | | | | | | | |
|---|---|---|---|---|---|---|---|---|---|---|---|---|
| | | | | | | | 汝贤 | | | | | |
| | | | | | | 善令 | 汝商 | 崇彰 | 必⿺辶更 | | | |
| | | | | | | | | 崇行 | | | | |
| | | | | | | | | 崇韫 | 必晛 | 良弥 | | |
| | | | | | | | | | 必⿰日果 | 良⿱列心 | | |
| | | | | | | | | | 必⿰日虒 | | | |
| | | | | | | | | | 必棣 | | | |
| | | | | | | | | 崇敉 | 必珻 | | | |
| | | | | | | | | 崇鞠 | | | | |
| | | | | | | 善彰 | 汝味 | 崇立 | | | | |
| | | | | | | | | 崇教 | 必偙 | 良模 | | |
| | | | | | | | | | 必侑 | | | |
| | | | | | | | | 崇至 | 必䌹 | 良际 | | |
| | | | | | | | | | | 良⿰阝唐 | | |
| | | | | | | | | | | 良珙 | | |
| | | | | | | | | | 必𫄸 | | | |
| | | | | | | | | 崇用 | 必焃 | | | |

| | | | | | |
|---|---|---|---|---|---|
| | 必偁 | 崇玟 | | | |
| | 必浏 | 崇甄 | 汝鱼 | | |
| | 必班 | 崇融 | | | |
| | 必璎 | 崇溯 | 汝峰 | 善陟 | 不洛 |
| | | | | | 武经郎 |
| 良述 | 必写 | 崇复 | 汝倢 | | |
| | 必鑠 | | | | |
| 良湞 | | | | | |
| 良头 | | | | | |
| 良颖 | 必钚 | 崇灡 | | | |
| | | 崇纷 | | | |
| 良傭 | | | | | |
| 良伦 | 必鉴 | 崇琞 | | | |
| | | 崇北 | 汝艮 | | |
| | | 崇忿 | | | |
| | | 崇式 | | | |
| | 必爆 | | | | |

| | | | | | | | | | | | | | | | | |
|---|---|---|---|---|---|---|---|---|---|---|---|---|---|---|---|---|
| 必徎 | 必徆 | | | | | | | 必琡 | 必珃 | | | | | | | |
| | | 崇逮 | 崇傁 | | 崇[illegible] | | | 崇玑 | | | 崇翼 | | | | | |
| | | | 汝声 | 汝溪 | 汝唐 | 汝璵 | 汝湖 | 汝梓 | | 汝柚 | 汝楣 | | | | | |
| | | | | | | | | 善院 | | | | | | | | |
| | | | | | | | | | | | | 不诞 | 不蹇 | 不颐 | | |
| | | | | | | | | | | | | | | | 太子右 | 内率府 |

| | | | | | | | | | | | | |
|---|---|---|---|---|---|---|---|---|---|---|---|---|
| | | | | 副率士泉 | | | | | | | | |
| | | | 滕国公、谥温仲翩 | 赠青州观察使、北海侯士僎 | 从义郎不敏 | | | | | | | |
| | | | | | 登仕郎不侮 | | | | | | | |
| | | | | | 三班奉职不作 | | | | | | | |
| | | | | | 忠翊郎不藏 | | | | | | | |
| | | | | | 成忠郎不却 | | | | | | | |
| | | | | | 成忠郎不怖 | | | | | | | |
| | | | | | 赠武节 | | | | | | | |

| | | | | |
|---|---|---|---|---|
| 郎不淤 | 善矩 | 汝厩 | | |
| | | 汝璪 | 崇潘 | |
| | | | 崇濯 | |
| | | | 崇濍 | |
| | | 汝灘 | | |
| | 善⿱癶山 | 汝祺 | | |
| | | 汝椅 | 崇屿 | 必箫 |
| | | | 崇仑 | 必逡 |
| | | | 崇⿰山肃 | 必采 |
| | | | | 必善 |
| | | | | 必𬘡 |
| | | | 崇崝 | |
| | | | 崇岷 | 必绿 |
| | | 汝禚 | 崇湘 | 必镣 |
| | | | 崇漈 | |
| | | | 崇过 | |
| | | 汝杓 | 崇倠 | 必⿱宣金 |

| | | | | | |
|---|---|---|---|---|---|
| | | | | 崇僵 | 必灵 |
| | | | | | 必熢 |
| | | | 汝俌 | 崇杤 | 必沓 |
| | | 善缄 | | | |
| | 不疑 | | | | |
| | 成忠郎不篇 | | | | |
| 赠武节郎士僩 | 武翼郎不琢 | 善始 | | | |
| | | 善僾 | 汝杆 | 崇竣 | |
| | | | | 崇峙 | 必锴 |
| | | 善稷 | | | |
| | | 善赞 | 汝耒 | | |
| | | | 汝相 | 崇翊 | 必缇 |
| | | | | | 必纺 |
| | | | | | 必纵 |
| | | | | | 必绎 |

| | | | | | | | | | | | | |
|---|---|---|---|---|---|---|---|---|---|---|---|---|
| | | | | 右监门卫大将军士偰在子右内率府副率士侏 | | | | 崇竑 | 必绥<br>必绾 | | | |

宋史卷二三一

表第二二

# 宗室世系十七

| | | | | | | | | | | | | |
|---|---|---|---|---|---|---|---|---|---|---|---|---|
| | | 赠太师、昌王、谥端孝宗晟 | 郇王、谥康孝仲御 | 太子右内率府副率士祺<br>右班殿直士𬳶<br>右班殿直士启 | | | | | | | | |

| | | | | | | | | | | | | |
|---|---|---|---|---|---|---|---|---|---|---|---|---|
| | | | | 奉议郎士毂 | 修武郎不测 | | | | | | | |
| | | | | 赠中奉大夫士骊 | 秉义郎不派 | | | | | | | |
| | | | | | 赠中散大夫不阿 | 善侣 | 汝樵 | 崇阐 | | | | |
| | | | | | | | | 崇表 | 必榙 | | | |
| | | | | | | | 汝岦 | 崇肇 | 必梅 | | | |
| | | | | | | | | | 必棣 | | | |
| | | | | | | | | | 必机 | | | |
| | | | | | | | 汝耕 | 崇奫 | | | | |
| | | | | | | | | 崇爽 | | | | |
| | | | | | | | | 崇淹 | | | | |
| | | | | | | | | 崇奚 | | | | |
| | | | | | | | 汝枥 | 崇⿰阝共 | | | | |
| | | | | | | 善唯 | 汝霹 | | | | | |

| | | | | | | | | | | | | |
|---|---|---|---|---|---|---|---|---|---|---|---|---|
| | | | | | | | 汝匣 | | | | | |
| | | | | | | | 汝艰 | | | | | |
| | | | | | | | 汝豹 | 崇濒 | | | | |
| | | | | | | | | 崇溜 | | | | |
| | | | | | | | | 崇邦 | | | | |
| | | | | | | | | 崇鄞 | | | | |
| | | | | | | 善占 | | | | | | |
| | | | | 左班殿直士娖 | 忠训郎不抈 | | | | | | | |
| | | | | 权主奉濮安懿王祠事、赠太师、循王士偯 | 赠光禄大夫不凡 | | | | | | | |
| | | | | | 郎不议 | 善宽 | | | | | | |
| | | | | | | 善斫 | 汝筹 | 崇朝 | | | | |

| | | | | | | | | | | | | | | | | |
|---|---|---|---|---|---|---|---|---|---|---|---|---|---|---|---|---|
| 良璇 | 良璐 | 良珲 | 良𬍤 | 良枳 | | | | | | | | | | | | |
| | | | 必升 | 必明 | | 必岩 | 必芳 | | | | 必擢 | | | 必珽 | | |
| | | | | 崇讵 | | | 崇傁 | 崇[illegible] | 崇桐 | 崇捂 | 崇扔 | | | 崇儣 | 崇僙 | 崇慽 |
| | | | | 汝砺 | | | 汝禺 | | 汝髦 | | 汝术 | 汝僮 | | 汝崇 | | 汝执 |
| | | | | 善颐 | 善擢 | | 善[illegible] | | | | | 善纇 | 善[illegible] | | | |

| | | | | | | | | | | | | |
|---|---|---|---|---|---|---|---|---|---|---|---|---|
| | | | 必扬 | 崇谌 | | | | | | | | |
| | | | 必称 | | | | | | | | | |
| | | | 必递 | 崇徐 | 汝愭 | 善闻 | | | | | | |
| | | | 必讦 | | | | | | | | | |
| | | | | 崇䜃 | | | | | | | | |
| | | | 必訸 | 崇硞 | 汝膱 | | | | | | | |
| | | | 必谨 | | | | | | | | | |
| | | | 必谂 | | | | | | | | | |
| | | | 必诞 | | | | | | | | | |
| | | | 必櫑 | 崇砡 | | | | | | | | |
| | | | 必桴 | | | | | | | | | |
| | | | 必珉 | 崇碞 | | | | | | | | |
| | | | 必珽 | | | | | | | | | |
| | | | 必璊 | | | | | | | | | |
| | | | | 崇凝 | | | | | | | | |
| | | | | | 汝弄 | | | | | | | |
| | | | | | 汝腹 | | | | | | | |

| | | | | | | | | | | | | | | | | |
|---|---|---|---|---|---|---|---|---|---|---|---|---|---|---|---|---|
| | | | 必谶 | | | 必逡 | 必[illegible] | 必[illegible] | 必翊 | 必峃 | 必顺 | | | | | |
| 崇异 | 崇槛 | 崇臬 | 崇迈 | 崇夙 | 崇[illegible] | | 崇仉 | | 崇禹 | 崇儁 | | 崇𬱖 | 崇颀 | 崇淪 | 崇野 | 崇詈 |
| 汝瞳 | | 汝族 | | 汝起 | | | | | 汝般 | 汝俞 | | | | | | 汝磬 |
| | | | | 善涓 | | | | | | | | | | | | |

| | | | | | | | | | | | | |
|---|---|---|---|---|---|---|---|---|---|---|---|---|
| | | | | | | | | 崇旻 | 必忎 | | | |
| | | | | | | | 汝都 | 崇浭 | | | | |
| | | | | | | | 汝竚 | 崇掀 | | | | |
| | | | | | | | | 崇鏊 | | | | |
| | | | | | | | 汝盉 | 崇晁 | 必谆 | | | |
| | | | | | | | | | 必谣 | | | |
| | | | | | | 善偬 | 汝咸 | 崇敏 | | | | |
| | | | | | | | | 崇信 | | | | |
| | | | | | 不捌 | | | | | | | |
| | | | | | 莱国公<br>不怞 | 善谞 | 汝澜 | 崇缅 | | | | |
| | | | | | | | 汝淜 | 崇㯌 | 必玲 | | | |
| | | | | | | | | | 必珊 | | | |
| | | | | | | | | 崇椆 | | | | |
| | | | | | | | 汝洧 | 崇抟 | | | | |
| | | | | | | | | 崇稽 | | | | |
| | | | | | | | 汝瀞 | | | | | |

| | | | | |
|---|---|---|---|---|
| 赠武经郎不鄙 | 善肇 | 汝堦 | | |
| | 善嶙 | | | |
| | 善竢 | 汝蒹 | | |
| | | 汝轼 | 崇宝 | |
| | 善懋 | 汝輗 | | |
| | | 汝展 | | |
| | | | 崇祋 | |
| | | | 崇袖 | |
| 武经大夫不婴 | 善朋 | 汝任 | 崇枝 | 必霙 |
| | 善璲 | | | |
| | | 汝倪 | | |
| | | | 崇稛 | |
| | 善谆 | 汝假 | 崇沐 | |
| | 善证 | | | |
| | | 汝湠 | | |

| | | | | | | | | | | | | | | | | |
|---|---|---|---|---|---|---|---|---|---|---|---|---|---|---|---|---|
| | | | | | | | | | | | | | | | | |
| | | | | | | | | | | | | | | | | |
| | | | | | | | | | | | | | | | | |
| 必板 | | | | | | | | | 必攸 | | | | | | | |
| 崇纳 | 崇⿰纟卑 | 崇⿰纟坠 | 崇□ | 崇⿰山虑 | 崇嵲 | | | | 崇稴 | | 崇滜 | 崇渫 | | | | |
| 汝垤 | | | | 汝⿱监土 | | 汝庙 | | 汝滋 | 汝沥 | | 汝铮 | | 汝杖 | 汝壃 | 汝埄 | 汝戡 |
| | | | | | | 善笔 | 善穮 | 善拔 | | | 善埕 | | 善壁 | | | 善淞 |
| | | | | | | | | | | | 赠武翼郎不替 | | | | | |
| | | | | | | | | | | | | | | | | |
| | | | | | | | | | | | | | | | | |
| | | | | | | | | | | | | | | | | |
| | | | | | | | | | | | | | | | | |

| | | | | |
|---|---|---|---|---|
| | | | 武节大夫不谫 | |
| 崇伽 | 汝㥜 | 善馡 | | |
| 崇倚 | 汝㦏 | | | |
| | 汝慹 | | | |
| 崇張 | 汝恶 | 善馥 | | |
| | | | 武经大夫不惷 | |
| | 汝向 | 善绘 | | |
| | 汝遉 | | | |
| | | | 武节郎不泆 | |
| | 汝折 | 善塍 | | |
| | | | | 左班殿直士秳 |
| | | | | 左班殿直士徽 |
| | | | | 右领军卫将军士棿 |

| | | | | | | | | | | | | |
|---|---|---|---|---|---|---|---|---|---|---|---|---|
| | 必瓔 | | | | | | | | | | | 必㤩 |
| | 崇遽 | 崇筳 | | | | 崇進 | 崇遈 | | | | | 崇楗 |
| 汝淇 | 汝淐 | | 汝液 | 汝源 | 汝沄 | 汝洌 | 汝浡 | 汝浚 | | 汝湑 | 汝湘 | 汝洄 |
| 善兴 | 善椹 | | | | | 善忖 | | 善穥 | 善譓 | 善秀 | 善䜣 | |
| 赠银青光禄大夫不群 | | | | | | | | 赠中散大夫不庮 | | | | |
| 赠右屯卫上将军士况 | | | | | | | | | | | | |

| | | | | | | | | | | | | |
|---|---|---|---|---|---|---|---|---|---|---|---|---|
| | | | | | | | 汝澡 | 崇橄 | 必谯 | | | |
| | | | | | | | | | 必烋 | | | |
| | | | | | | | 汝浹 | | | | | |
| | | | | | | 善谔 | 汝澹 | 崇榼 | | | | |
| | | | | | | | | 崇柔 | | | | |
| | | | | | | | | 崇⿰木甫 | | | | |
| | | | | | | | | 崇杇 | | | | |
| | | | | | | | 汝潊 | 崇稂 | | | | |
| | | | | | | | | 崇穇 | | | | |
| | | | | | | | | 崇⿰木壴 | | | | |
| | | | | | | 善稼 | 汝池 | | | | | |
| | | | | | | | 汝潮 | 崇棕 | | | | |
| | | | | | | | | 崇⿰木壴 | | | | |
| | | | | | | | | 崇樝 | | | | |
| | | | | | | | | 崇枪 | | | | |
| | | | | | | | | 崇枞 | | | | |
| | | | | | | 善曦 | 汝沛 | | | | | |

| | | |
|---|---|---|
| | | |
| | | |
| | | |
| | | |
| | | |
| 汝迋 | | |
| 善俾 善禔 善陶 | | |
| 武节郎不损 | 成忠郎不虩 | 保义郎 |
| 右监门卫大将军、荣州防御使士叟权主奉濮安懿王祠事，赠太师、韶王、谥恭靖 | | |
| | | |
| | | |
| | | |
| | | |

| | | | | | | | | | | | | |
|---|---|---|---|---|---|---|---|---|---|---|---|---|
| | | | | 士樽 | 不乏 | | | | | | | |
| | | | | | 赠中大夫不悦 | 善周 | | | | | | |
| | | | | | | 善璜 | 汝笈 | 崇穤 | | | | |
| | | | | | | | | 崇哀 | | | | |
| | | | | | | | | 崇儋 | 必讫 | | | |
| | | | | | | | | 崇傆 | | | | |
| | | | | | | 善坫 | 汝期 | 崇渟 | | | | |
| | | | | | | 善镂 | 汝弇 | 崇丰 | | | | |
| | | | | | | | 汝弆 | 崇聪 | 必填 | | | |
| | | | | | | 善恕 | 汝昞 | 崇傺 | | | | |
| | | | | | | 善蘷 | 汝⿰丨贝 | 崇⿰亻戠 | | | | |
| | | | | | | | | 崇⿰王夹 | 必𣡕 | | | |
| | | | | | 朝奉大夫不刊 | 善诇 | | | | | | |
| | | | | | | 善表 | | | | | | |
| | | | | | | 善詹 | 汝耘 | | | | | |

| | | | | |
|---|---|---|---|---|
| | 善奋 | 汝毗 | 崇遒 | |
| | 善沄 | | | |
| 赠光禄大夫不居 | | | | |
| | 善貪 | 汝標 | 崇俾 | |
| | 善慦 | 汝鏊 | 崇鎣 | 必沇 |
| | | | | 必流 |
| | 善摅 | 汝旺 | | |
| | | 汝鏧 | | |
| | | 汝煮 | | |
| | | 汝范 | 崇竺 | |
| | | 汝怃 | 崇珊 | |
| | 善许 | 汝連 | | |
| | 善萠 | 汝绳 | | |
| | | 汝诃 | 崇熫 | |
| | | | 崇照 | |
| | | 汝满 | 崇霍 | |

| | | | |
|---|---|---|---|
| 赠武节大夫不野 | 善挧 | 汝瀚 | |
| | 善璁 | | |
| | 善弇 | | |
| | 善耔 | | |
| | 善终 | 汝剡 | |
| | | 汝僳 | 崇霞 |
| | | 汝烽 | |
| | | | 崇圊 |
| | | | 崇因 |
| | | | 崇囿 |
| | | 汝焴 | 崇罡 |
| | | 汝讪 | |
| | 善悚 | 汝虢 | |
| | | | 崇霽 |
| | | | 崇电 |

| | | | | | | | | | | | | | | | | |
|---|---|---|---|---|---|---|---|---|---|---|---|---|---|---|---|---|
| | 崇柗 | | | | 崇弅 | | | | 崇拌 | 崇筍 | | | 崇镛 | | | |
| 汝渺 | 汝浮 | | 汝桃 | 汝漼 | 汝淲 | 汝钡 | 汝琕 | | 汝融 | | | | 汝墉 | 汝堨 | 汝堭 | 汝址 |
| 善楺 | | 善备 | 善抑 | 善迸 | | | 善熹 | | 善琮 | | | | 善浚 | | | |
| | | | | | | | | 秉义郎 | 不隉 | | 赠武显 | 大夫不 | 膺 | | | |

| | | | |
|---|---|---|---|
| | 崇熑 | 汝檏 | |
| | | 汝檀 | |
| | | 汝槿 | 善湝 |
| | 崇⿰土内 | 汝铫 | 善湜 |
| | | 汝玎 | |
| | | 汝镛 | |
| | | 汝鏊 | |
| | | 汝锞 | 善润 |
| | 崇峨 | | |
| | 崇岍 | | |
| 必楸 | | | |
| 必棕 | 崇嵰 | | |
| | 崇岩 | 汝惮 | 善沃 |
| | | 汝谥 | |
| | | 汝𬤊 | |
| | | 汝炌 | |
| | | 汝铄 | 善湛 |

| | | | | |
|---|---|---|---|---|
| | | 汝框 | | |
| | 善浏 | 汝扰 | | |
| | | 汝杇 | 崇莮 | |
| | | | 崇苰 | |
| | | 汝搸 | | |
| | | 汝挹 | | |
| 保义郎不药 | | | | |
| 保义郎不即 | | | | |
| 训武郎不怞 | 善潒 | | | |
| | 善淇 | 汝嵒 | | |
| | | 汝巉 | | |
| | 善渝 | 汝峪 | | |
| | | 汝肖 | 崇瑛 | 必楝 |
| | | 汝崩 | | |

| | | | | |
|---|---|---|---|---|
| | 从义郎不[illegible] | 善[illegible] | 汝事 | 崇彭 |
| | | 善腴 | | |
| | 从义郎不羡 | 善[illegible] | 汝[illegible] | |
| | | | 汝薇 | 崇[illegible] |
| | | 善耦 | 汝槼 | |
| | | | 汝櫖 | |
| | 忠翊郎不转 | 善鏖 | | |
| 右监门卫大将军、吉州刺史士栅 | 保义郎不窒 | | | |
| | 保义郎不腆 | | | |

| | | | | |
|---|---|---|---|---|
| 右监门卫大将军、贵州防御使士棨 | 赠武翼大夫不熳 | 善展 | 汝硡 | 崇依 |
| | | | | 崇偒 |
| | | 善杲 | 汝磧 | 崇霔 |
| 右监门卫大将军、吉州刺史士谅 | | | | |
| 右监门卫大将军、吉州刺史士鄗 | 不诳 | | | |

| | | | | | | | | | | | | |
|---|---|---|---|---|---|---|---|---|---|---|---|---|
| | | | | 右监门卫大将军、吉州刺史士陟 | | | | | | | | |
| | | | | 赠少傅和国公士嵰 | 保义郎不吴 | | | | | | | |
| | | | | | 赠武翼大夫不迺 | 善葳 | 汝滽 | | | | | |
| | | | | | | | 汝泮 | 崇部 | | | | |
| | | | | | | | | 崇党 | | | | |
| | | | | | | 善晬 | 汝颀 | | | | | |
| | | | | | | | 汝椠 | | | | | |
| | | | | | | | 汝棉 | | | | | |
| | | | | | | | 汝璕 | | | | | |

| | | | | | | | | | | | | | | | | |
|---|---|---|---|---|---|---|---|---|---|---|---|---|---|---|---|---|
| | | | | | | | | | | 崇璃 | | | | | | |
| | | | | | | 汝佌 | | | | 汝桊 | | | | | | |
| | | | | | 善渫 | 善畅 | | | | 善溼 | 善琰 | | 善彪 | | | |
| 保义郎 | 不褑 | 保义郎 | 不怛 | 训武郎 | 不羍 | | 成忠郎 | 不忱 | 武节郎 | 不磨 | | 武经郎 | 不肃 | | | |
| | | | | | | | | | | | | | | 太子右 | 监门率 | 府率士 |

不彼

继
太子右
监门率
府率士
腥
太子右
监门率
府率士
穖
太子右
监门率
府率士
选
赠明州
观察使
奉化侯
士迹

| | | | | |
|---|---|---|---|---|
| | | 赠宣教郎不侥 | 善绅 | 汝奂 |
| | | | | 汝奕 |
| | | | 善培 | 汝樊 |
| | | | | 汝昊 |
| | | | 善纶 | 汝铧 |
| | | | 善絪 | 汝秴 |
| | | | 善址 | |
| | 太子右监门率府率士瓢 | | | |
| 北海郡王仲聘 | 右班殿直士奐 | | | |
| | 武德郎士龢 | 右班殿直不器 | | |
| | | 右侍禁 | | |

| | | | | | | | | | | | | |
|---|---|---|---|---|---|---|---|---|---|---|---|---|
| | | | | | 不代 | | | | | | | |
| | | | | 左领军卫将军士趢 | 从义郎不游 | 善及 | 汝鬻 | 崇选 | | | | |
| | | | | | | | | 崇[阝冉] | | | | |
| | | | | | | | 汝亲 | 崇湇 | | | | |
| | | | | | 保义郎不铎 | | | | | | | |
| | | | | | 忠训郎不潜 | 善古 | 汝砺 | 崇樠 | | | | |
| | | | | | | | | 崇汯 | 必钖 | | | |
| | | | | | | | 汝宝 | | | | | |
| | | | | | 赠朝议大夫不庢 | 善括 | 汝誉 | | | | | |
| | | | | | | | 汝謩 | 崇穗 | 必庄 | | | |
| | | | | 太子右 | | | | | | | | |

| | | | |
|---|---|---|---|
| 不润 | 不俦 | | |
| 监门率府率士嵘 | 太子右监门率府率士鞞 | 太子右监门率府率士窥 | 太子右监门率府率士銮 |
| 右班殿 | | | |

| | | | | |
|---|---|---|---|---|
| 直士憕赠建宁军承宣使、建安郡公士⿰山夸 | 成忠郎不痛 | 善耘 | 汝⿰禾勿 | 崇滆 |
| | | | 汝宿 | |
| | | 善⿰耒几 | 汝徯 | 崇泾 |
| | | 善⿰耒目 | 汝⿰彳䙴 | 崇琭 |
| | | | | 崇⿰王存 |
| | | | | 崇⿰王专 |
| | | | 汝彴 | 崇⿰王睪 |
| | | | | 崇羿 |
| | | | 汝徥 | |
| | | | 汝⿰彳⿱罒隹 | |
| | 忠训郎不烦 | | | |

| | | | | | | | | | | | | |
|---|---|---|---|---|---|---|---|---|---|---|---|---|
| | | | | 赠邓州观察使、南阳侯士䞍 | 秉义郎不慼 | 善优 | 汝怙 | | | | | |
| | | | | | | | 汝憴 | 崇泐 | 必𪣻 | | | |
| | | | | | | | | | 必坲 | | | |
| | | | | | | | | | 必壨 | | | |
| | | | | | | | | 崇渘 | 必壖 | | | |
| | | | | | | | | 崇渳 | 必榱 | | | |
| | | | | | | 善俞 | | | | | | |
| | | | | 太子右内率府副率士鄹 | | | | | | | | |
| | | | | 太子右内率府副率士 | | | | | | | | |

| | | | | |
|---|---|---|---|---|
| 梗 | | | | |
| 左班殿直士悦 | | | | |
| 左班殿直士岴 | | | | |
| 左班殿直士亘 | | | | |
| 太子右内率府副率士抟 | 忠训郎不憍 | 善辞 | 汝贲 | |
| | | | 汝贡 | |
| | | | 汝质 | 崇迷 |
| | | 善营 | | |
| | | 善升 | | |
| | | 善阐 | | |
| | | 善膺 | 汝民 | 崇眉 |

| | | | | | | | | | | | | |
|---|---|---|---|---|---|---|---|---|---|---|---|---|
| | | | | | | | | 崇溯 | 必御 | | | |
| | | | | | | | | 崇哙 | | | | |
| | | | | 右监门卫大将军贵州团练使士𬒈 | | | | | | | | |
| | | | | 右千牛卫大将军士菸 | | | | | | | | |
| | | | | 右千牛卫大将军士崄 | | | | | | | | |
| | | | | 太子右监门率府率士森 | | | | | | | | |

太子右监门率府率士铺

太子右内率府副率士巾

太子右监门率府率士闾

太子右监门率府率士阗

保康军

| | | | | | | | | | | | | |
|---|---|---|---|---|---|---|---|---|---|---|---|---|
| | | | 节度使、开府仪同三司仲羲 | 右监门卫大将军、士掚 | | | | | | | | |
| | | | | 右监门卫大将军、吉州刺史士挺 | 修武郎不混 | 善饬 | | | | | | |
| | | | | | | 善可 | | | | | | |
| | | | | | | 善专 | | | | | | |
| | | | | | | 善赓 | 汝仟 | | | | | |
| | | | | | | | 汝稢 | 崇樴 | | | | |
| | | | | | | 善椿 | | | | | | |
| | | | | | | 善璀 | | | | | | |
| | | | | | | 善冈 | 汝谛 | | | | | |
| | | | | | | | 汝诿 | 崇潺 | | | | |
| | | | | | | | 汝𫍲 | 崇淶 | | | | |

| | | | | | | | | | | | | |
|---|---|---|---|---|---|---|---|---|---|---|---|---|
| | | | | 右监门卫大将军、荣州防御使士授 | | | 汝夸 | | | | | |
| | | | | 右监门卫大将军士持 | | | | | | | | |
| | | 萧王、谥恭僖宗博 | 东平郡王仲樽 | 赠通奉大夫士珠 | 赠光禄大夫不弃 | 善惃 | 汝秩 | 崇勋 | | | | |
| | | | | | | | | 崇守 | | | | |
| | | | | | | | | 崇正 | | | | |
| | | | | | | | | 崇反 | | | | |
| | | | | | | | 汝彦 | 崇原 | 必拆 | 良朋 | | |
| | | | | | | | | | | 良服 | | |

| | | | | | |
|---|---|---|---|---|---|
| | | | 崇俄 | 必象 | |
| 从义郎不苟 | 善诠 | 汝砥 | 崇傍 | 必穟 | |
| 忠训郎不硕 | | | | | |
| | | | | 必遛 | |
| | | | | 必遄 | |
| | | | | 必遯 | |
| | | | | 必辽 | |
| | | | | | 良琫 |
| | | | 崇礼 | 必送 | 良玑 |
| | | | | 必迠 | 良潻 |
| | | | | 必锱 | 良滐 |
| | 善究 | 汝奇 | 崇裕 | 必铁 | 良珍 |
| | | | 崇蔺 | | |
| | | 汝意 | 崇莠 | | |
| | | | 崇密 | | |

| | | | | | | | | | | | | | |
|---|---|---|---|---|---|---|---|---|---|---|---|---|---|
| | | | | | | | | 崇偿 | 必穗 | | | | |
| | | | | | | | | | 必𢡟 | | | | |
| | | | | | | | | | 必[illegible] | | | | |
| | | | | | | | | | 必欢 | | | | |
| | | | | | | | 汝楫 | 崇明 | 必儴 | 良鋾 | | | |
| | | | | | | | | 崇静 | | | | | |
| | | | | | | | | 崇樗 | | | | | |
| | | | | | | | | 崇黾 | | | | | |
| | | | | 朝奉郎士佀 | | | | | | | | | |
| | | | | 荣州刺史士冶 | | | | | | | | | |
| | | | | 右千牛卫大将军士庳 | | | | | | | | | |
| | | | | 合州刺史士玻 | | | | | | | | | |

| | | | | | | | | | | | | |
|---|---|---|---|---|---|---|---|---|---|---|---|---|
| | | | | 右监门卫大将军士倌 | | | | | | | | |
| | | | | 太子右内率府副率士肆 | | | | | | | | |
| | | | | 右监门卫大将军士漉 | 忠翊郎不谇 | 善豪 | 汝譂 | 崇钿 | 必堘 | | | |
| | | | | | | | | 崇楉 | | | | |
| | | | | | | | | 崇钎 | | | | |
| | | | | | | | | 崇熇 | | | | |
| | | | | 右监门卫大将军士志赠左领 | | | | | | | | |

| | | | | | | | |
|---|---|---|---|---|---|---|---|
| | 卫大将 | | | | | | |
| 东牟侯 | 军士稹 | 秉义郎 | | | | | |
| 仲歇 | | 不恃 | | | | | |
| | | 修武郎 | | | | | |
| | | 不老 | 善绢 | | | | |
| | | | 善缜 | 汝楫 | 崇砾 | 必蘧 | 良颢 |
| | | | | | | | 良阛 |
| | | | | | | 必聘 | 良阓 |
| | | 修武郎 | | | | | |
| | | 不昀 | 善鞯 | 汝营 | 崇格 | 必怿 | |
| | | | | | | 必慨 | |
| | | | | 汝溅 | 崇锡 | | |
| | | | | | 崇环 | 必愭 | |
| | | | 善贯 | 汝邴 | 崇址 | 必镡 | |
| | | | | 汝侣 | 崇塔 | | |
| | | | | | 崇埒 | 必绖 | |
| | | | 善护 | | | | |

| | | | | | | | | | | | | | | | | |
|---|---|---|---|---|---|---|---|---|---|---|---|---|---|---|---|---|
| | | | | | | | | | | | | | | | | |
| | | | | | | | | | | | | | | | | |
| | | | 良洴 | | | | | 良擗 | 良瓛 | | | | | | | |
| | | 必璜 | 必瑫 | | | | | 必泠 | | | 必瑓 | 必瀊 | | | | |
| 崇广 | 崇[山毕] | 崇键 | | 崇嵈 | 崇塙 | | | 崇阔 | | 崇乙 | 崇煸 | 崇铪 | | | | |
| 汝嵩 | 汝浩 | | | | 汝颟 | 汝甄 | 汝瓖 | 汝隆 | | | | | 汝瓒 | 汝詹 | 汝埤 | |
| 善屒 | | | | | | | | 善惟 | | | | | 善需 | | 善轨 | |
| | | | | | | | | | | | | | | | | 忠翊郎 |
| | | | | | | | | | | | | | | | | |
| | | | | | | | | | | | | | | | | |
| | | | | | | | | | | | | | | | | |
| | | | | | | | | | | | | | | | | |
| | | | | | | | | | | | | | | | | |

| | | | | | | | | | | | | |
|---|---|---|---|---|---|---|---|---|---|---|---|---|
| | | | | | 不悒 | | | | | | | |
| | | | | | 保义郎不弜 | | | | | | | |
| | | | | | 成忠郎不恨 | | | | | | | |
| | | | | | 赠武德郎不偏 | 善昂 | 汝宲 | 崇钆 | 必旜 | | | |
| | | | | | | | 汝樒 | 崇钣 | 必槄 | | | |
| | | | | | | | | | 必椼 | | | |
| | | | | | | | | | 必竽 | | | |
| | | | | | | | | | 必等 | | | |
| | | | | | | | | | 必箱 | | | |
| | | | | | | | | | 必薇 | | | |
| | | | | | | | | | 必曜 | | | |
| | | | | | | | | | 必眿 | | | |
| | | | | | | 善棐 | 汝栊 | 崇鋆 | 必珣 | | | |
| | | | | | | | | 崇钲 | 必遈 | 良筹 | | |

| | | | | | | | | | | | | | | | | |
|---|---|---|---|---|---|---|---|---|---|---|---|---|---|---|---|---|
| | | | | | | | | | | | | | | | | |
| | | | | | | | | | | | | | | | | |
| 良符 | 良箫 | 良签 | | | | | | | | | | | | | | |
| | | | | | | | | | | | | | | | | |
| | | | | 崇⿰纟耳 | 崇⿰纟复 | 崇⿰火憲 | | | 崇赅 | 崇⿰贝寺 | | | 崇清 | 崇⿰弓夋 | 崇弧 | |
| | | | 汝椅 | 汝⿱竹云 | | 汝干 | | 汝骊 | 汝聚 | | 汝⿰马臽 | 汝⿰讠册 | 汝⿰钅瓜 | 汝镄 | | |
| | | | | 善赏 | | 善污 | 善鬲 | 善鼏 | | | | 善鼐 | | | | |
| | | | | | | | | | | | | | | | | |
| | | | | | | | | | | | | | | | | 右监门 |
| | | | | | | | | | | | | | | | | |
| | | | | | | | | | | | | | | | | |
| | | | | | | | | | | | | | | | | |
| | | | | | | | | | | | | | | | | |

| | | | | | | |
|---|---|---|---|---|---|---|
| | 卫大将军士惯 | | | | | |
| | 右监门卫大将军士暸 | 成忠郎不汨 | | | | |
| | | 忠翊郎不詟 | 善颙 | | | |
| 崇国公仲眘 | 左班殿直士徂 | | | | | |
| | 右监门卫大将军士平 | 成忠郎不僻 | | | | |
| | 吴兴郡公士傒 | 赠武翼大夫不挠 | 善宜 | 汝缜 | 崇泜 | 必衙 |
| | | | | | | 必係 |
| | | | | | 崇涧 | |

| | | | | | | | | | | | | |
|---|---|---|---|---|---|---|---|---|---|---|---|---|
| | | | | | | | | 崇沐 | | | | |
| | | | | | | | | 崇潏 | | | | |
| | | | | | | | 汝纆 | 崇简 | 必桄 | 良泾 | | |
| | | | | | | | | | | 良浔 | | |
| | | | | | | | | | 必榎 | 良譓 | | |
| | | | | | | | 汝缨 | 崇荣 | | | | |
| | | | | | | | 汝纻 | 崇栾 | 必潜 | | | |
| | | | | | | | | | 必琇 | | | |
| | | | | | | | | | 必条 | | | |
| | | | | | | | | 崇褆 | | | | |
| | | | | | | 善熊 | 汝绺 | 崇愊 | | | | |
| | | | | | | | 汝纴 | 崇铍 | 必轲 | | | |
| | | | | | 赠武节郎不怵 | 善昶 | 汝濛 | 崇埙 | 必鐩 | | | |
| | | | | | | | | | 必铢 | | | |
| | | | | | | | 汝寔 | 崇壃 | | | | |
| | | | | | | | | 崇填 | | | | |

| | | | | | | | | | | | | | | | | |
|---|---|---|---|---|---|---|---|---|---|---|---|---|---|---|---|---|
| | | 必壢 | | | | | | | 必铺 | | | | | | | |
| 崇垩 | 崇堑 | 崇坺 | | | | 崇樾 | 崇㑫 | | 崇汾 | 崇淀 | 崇湳 | 崇浔 | | | | 崇洛 |
| | | 汝瀜 | | | 汝海 | 汝渟 | | | 汝绛 | 汝绶 | 汝绚 | | 汝纠 | 汝绪 | 汝绒 | 汝纹 |
| | | | | 善稹 | 善工 | | | | 善杠 | | 善维 | | | | | 善臻 |
| | | | 武节郎 | 不悗 | | | | 武德郎 | 不陵 | | | | | | | |

| | | | | |
|---|---|---|---|---|
| | | | 崇湕 | 必领 |
| | | 汝绋 | | |
| | | 汝缁 | | |
| | 善昰 | | | |
| | 善蕲 | 汝缄 | | |
| | | 汝纺 | 崇沅 | |
| | | 汝缵 | | |
| | | 汝缇 | | |
| | | 汝缫 | | |
| | | 汝缅 | | |
| 赠武德郎不间 | 善力 | | | |
| | 善莪 | 汝秉 | 崇镶 | |
| | | | 崇镔 | |
| | | 汝渌 | | |
| | | 汝沐 | | |
| | | 汝淼 | | |

| | | | | |
|---|---|---|---|---|
| | | | 汝栤 | |
| | | 善蒉 | 汝钾 | 崇桹 |
| | | 善莳 | 汝𬇙 | |
| | | | 汝涒 | |
| 右监门卫大将军士锡 | 成忠郎不咎 | | | |
| | 赠武义大夫不佁 | 善储 | 汝纵 | |
| | | | 汝绛 | 崇垦 |
| | | | | 崇壂 |
| | | | | 崇垈 |
| | | | 汝⿰纟亥 | |
| | | 善劝 | 汝缩 | 崇秩 |
| | | | 汝缊 | |
| | | | 汝綮 | |

| | | | |
|---|---|---|---|
| | 崇禬 | 汝素 | |
| | 崇[illegible] | | |
| | | 汝绀 | |
| | | 汝绿 | |
| | 崇[illegible] | 汝缊 | 善加 |
| | 崇烶 | 汝级 | 善铸 |
| 必[illegible] | 崇缓 | | |
| 必壸 | | | |
| | 崇[illegible] | 汝纡 | |
| 必[illegible] | 崇挺 | | |
| | 崇敷 | | |
| | 崇浰 | | |
| | | 汝绣 | 善聘 |
| 必伳 | 崇櫕 | 汝绹 | |
| | 崇淹 | 汝鑵 | |
| | 崇系 | 汝絿 | |
| | 崇汥 | | |

| | | | | | | | | | | | | | | | | |
|---|---|---|---|---|---|---|---|---|---|---|---|---|---|---|---|---|
| | | 崇洚 | | 崇敀 | | 崇傭 | | 崇穮 | 崇秆 | 崇稻 | 崇梳 | 崇稠 | | 崇榭 | 崇榴 | 崇根 |
| | | 汝呲 | 汝嵋 | 汝绎 | 汝缗 | 汝纱 | | | 汝絧 | | | 汝缝 | 汝彩 | | | |
| 善谊 | | | 善凯 | | | 善瑰 | 善畤 | | | | | | | | | |
| 不渉 | 不淀 | | | | | | | | | | | | | | | |

| | | | | | |
|---|---|---|---|---|---|
| 成忠郎不悦 | | | | | |
| | 右监门卫大将军士英 | 太子右监门率府率士光 | | 左班殿直士喦 | 右千牛卫将军 |
| | | | 右监门率府率仲浄 | 建安郡公仲诘 | |
| | | | 赠太师崇王、谥孝温宗瑗 | | |

| | | | | | | | | | | | | |
|---|---|---|---|---|---|---|---|---|---|---|---|---|
| | | | | 士钐 | | | | | | | | |
| | | | | 赠右千牛卫将军士钺 | | | | | | | | |
| | | | | 太子右内率府副率士錍 | | | | | | | | |
| | | | | 右千牛卫将军士镨 | | | | | | | | |
| | | | | 赠左领军卫将军士鈵 | 赠武翼大夫不閍 | 善潭 | | | | | | |
| | | | | | | 善谡 | 汝睿 | | | | | |
| | | | | 赠右监门卫将 | | | | | | | | |

| | | |
|---|---|---|
| | 军士镝 | |
| | 太子右 | |
| | 监门率 | |
| | 府率士 | |
| | 羡 | |
| | 右班殿 | 信都侯 |
| | 直士遭 | 仲谓 |
| | 右班殿 | |
| | 直士笴 | |
| | 右班殿 | |
| | 直士踝 | |
| | 赠右监 | |
| | 门卫将 | |
| | 军士仉 | |
| | 赠右监 | |
| | 门卫大 | |
| 赠朝议 | 将军士 | |

| | | | | | | | | | | | | |
|---|---|---|---|---|---|---|---|---|---|---|---|---|
| | | | | 显 | 大夫不辞 | 善缥 | 汝擢 | 崇淦 | 必贡 | | | |
| | | | | | | | | | 必𡧙 | | | |
| | | | | | | | | 崇烓 | | | | |
| | | | | | | | | 崇滁 | | | | |
| | | | | | | | 汝拭 | 崇枻 | | | | |
| | | | | | | | | 崇爟 | | | | |
| | | | | | | | 汝接 | 崇𬮱 | | | | |
| | | | | | | | | 崇闻 | | | | |
| | | | | | | 善肖 | | | | | | |
| | | | | | | 善将 | 汝捕 | 崇焱 | | | | |
| | | | | | | | 汝拂 | 崇熯 | | | | |
| | | | | | | | | 崇芒 | | | | |
| | | | | | | | | 崇薡 | | | | |
| | | | | | | | | 崇烘 | | | | |
| | | | | | | | 汝拌 | 崇熄 | | | | |
| | | | | | | 善赞 | 汝撰 | | | | | |

| | | | | | | | | | | | | | | | | |
|---|---|---|---|---|---|---|---|---|---|---|---|---|---|---|---|---|
| | | | | | | | | | | | | 必从 | | | | |
| | 崇阅 | 崇阈 | | 崇箴 | 崇𫓧 | 崇镣 | 崇晴 | 崇爊 | 崇曕 | 崇呫 | 崇煌 | 崇暧 | | | | |
| 汝拨 | | 汝捧 | | 汝撢 | | 汝捍 | | 汝挂 | | | 汝抦 | 汝括 | 汝操 | 汝揔 | 汝搸 | 汝授 |
| 善器 | | 善孙 | 善璘 | 善蹈 | | | | | | | | | | 善凝 | | |

| | | | | | | | | | | | | |
|---|---|---|---|---|---|---|---|---|---|---|---|---|
| | | | | 太子右<br>内率府<br>副率士<br>岪 | | | | | | | | |
| | | | | 太子右<br>内率府<br>副率士<br>䠷 | | | | | | | | |
| | | | | 秀州刺<br>史士骍 | 武经郎<br>不踥 | 善翊 | 汝杞 | 崇烋 | | | | |
| | | | | | | | | 崇煠 | | | | |
| | | | | | | | | 崇熼 | | | | |
| | | | | | | | | 崇燆 | | | | |
| | | | | | | | 汝楝 | 崇壝 | 必锲 | | | |
| | | | | | | | 汝枢 | | | | | |
| | | | | | | | 汝橚 | | | | | |
| | | | | | | 善箴 | 汝桀 | 崇贤 | 必瑱 | | | |

| | | | | | | | | | | | | |
|---|---|---|---|---|---|---|---|---|---|---|---|---|
| | | | | | | | 汝榘 | | | | | |
| | | | | | | | 汝沐 | 崇圻 | 必鑎 | | | |
| | | | | | | | | | 必镝 | | | |
| | | | | | | | | | 必钲 | | | |
| | | | | | | | | | 必镨 | | | |
| | | | | | | | | 崇櫜 | | | | |
| | | | | | | 善靖 | 汝采 | 崇忝 | | | | |
| | | | | | | | 汝䜋 | | | | | |
| | | | | | | | 汝薰 | 崇烁 | 必钵 | | | |
| | | | | | | | | 崇𬉼 | 必鋑 | | | |
| | | | | | | | | 崇泞 | 必鉤 | | | |
| | | | | | | | | | 必钃 | | | |
| | | | | | 忠训郎不踦 | | | | | | | |
| | | | | 赠右领军卫将军士佃 | 赠武略郎不像 | 善督 | 汝诪 | 崇嵂 | | | | |

| | | | | | |
|---|---|---|---|---|---|
| 太子右内率府副率士瑕 | 保义郎不粗 | 善布 | 汝锢 | | |
| 武翼大夫士纠 | 不硇 | | | | |
| | 保义郎不谈 | | | | |
| | 赠训武郎不诮 | 善璠 | 汝吟 | 崇示 | |
| | | | | 崇讽 | |
| | | | | 崇容 | |
| | | | | 崇炑 | 必坦 |
| | | | | | 必坚 |

| | | | | | | | | | | | | | | | | |
|---|---|---|---|---|---|---|---|---|---|---|---|---|---|---|---|---|
| 必塀 | | | | | | 必塙 | | 必霰 | | | | | | | | |
| | 崇烨 | 崇燃 | 崇炑 | 崇鑶 | | 崇霆 | | 崇苡 | 崇莳 | 崇兹 | 崇蕙 | 崇峰 | 崇芬 | 崇要 | 崇稑 | 崇秼 |
| | 汝袭 | | | 汝禀 | 汝璥 | 汝鸣 | 汝听 | 汝叡 | | | | 汝𥘅 | | | 汝淲 | |
| | | | | 善纽 | 善贲 | | | | | | | | | | | |

| | | | | | | | | | | | | | | | | |
|---|---|---|---|---|---|---|---|---|---|---|---|---|---|---|---|---|
| | | | | | | | | 必⿰禾蒙 | | | 必悛 | 必镛 | 必榛 | | | |
| 崇秺 | 崇⿰禾行 | 崇穲 | 崇⿰禾厉 | 崇⿰禾昏 | | 崇治 | 崇浐 | 崇滢 | 崇湅 | | 崇淏 | | | 崇瀴 | | 崇炬 |
| | 汝溏 | | | | 汝洨 | 汝⿰目攵 | | 汝⿰虚攵 | 汝敖 | 汝彻 | 汝附 | | | | 汝防 | 汝剖 |
| | | | | | | 善⿰目卜 | | | | | 善封 | | | | | 善钪 |

| | | | | | | | | | | | | |
|---|---|---|---|---|---|---|---|---|---|---|---|---|
| | | | | | | | | 崇⿰火移 | | | | |
| | | | | | | | 汝韶 | | | | | |
| | | | | | | | 汝⿰音各 | | | | | |
| | | | | | 赠修武 | 善讲 | 汝派 | | | | | |
| | | | | | 郎不泛 | 善读 | 汝熇 | 崇⿲彳山亍 | | | | |
| | | | | | | | | 崇⿲彳亩亍 | | | | |
| | | | | | | | | 崇⿲彳令亍 | | | | |
| | | | | | | | 汝蹇 | 崇⿲彳缶亍 | | | | |
| | | | | | | | 汝寓 | | | | | |
| | | | | | | 善整 | 汝莠 | | | | | |
| | | | | | 武德郎 | | | | | | | |
| | | | | | 不咙 | 善昂 | | | | | | |
| | | | | | | 善楙 | 汝⿰日牟 | | | | | |
| | | | | | 保义郎 | | | | | | | |
| | | | | | 不⿰讠蒙 | | | | | | | |
| | | | | | 成忠郎 | | | | | | | |
| | | | | | 不壬 | 善⿰纟员 | 汝⿰车娄 | 崇淳 | | | | |

| | | | | | | | | | | | | |
|---|---|---|---|---|---|---|---|---|---|---|---|---|
| | | | | | | | | 崇漁 | | | | |
| | | | | | | | | 崇穫 | | | | |
| | | | | | | | 汝辎 | | | | | |
| | | | | | | | 汝轺 | | | | | |
| | | | | | | | 汝輍 | | | | | |
| | | | | | | | 汝舆 | | | | | |
| | | | 华阴侯仲诏 | 承议郎士𬇙 | 赠武德郎不恚 | 善峣 | 汝春 | | | | | |
| | | | | | | 善诲 | 汝焴 | | | | | |
| | | | | | | | 汝熠 | | | | | |
| | | | | | | | 汝波 | 崇佯 | | | | |
| | | | | | | | | 崇桄 | | | | |
| | | | | | | | 汝洺 | 崇铧 | | | | |
| | | | | | | | | 崇鉽 | | | | |
| | | | | 赠少傅、永国公士 | 武德郎不谦 | 善缨 | 汝澪 | | | | | |

| | | | | | | | | |
|---|---|---|---|---|---|---|---|---|
| | | | | | | | | |
| | | | | | | | | |
| | | | | | | | | |
| | | | | | | | | |
| | | | | | | | | |
| 汝濤 | 汝頔 | 汝秈 | | | | | | |
| | | | | | | 善饰 | 善域 | 善菁 |
| | | | 保义郎不猥 | | 保义郎不好 | 武经大夫不洿 | | |
| 洪 | | | 右千牛卫将军士钺 | 太子右内率府副率士鉽 | 右监门卫大将军士镗 | | | |
| | | | | 安康郡公仲哗 | | | | |
| | | | | | | | | |
| | | | | | | | | |

| | | | |
|---|---|---|---|
| | | | 善茵 |
| | | | 善蓉 |
| | 右千牛卫将军士练 | | |
| | 太子右监门率府率士妃 | | |
| | 右千牛卫将军士[illegible] | | |
| 保大军承宣使仲讳 | 太子右内率府副率士镄 | | |
| | 右监门 | 赠武经 | |

| | | | | | | | | | | | | | | | | |
|---|---|---|---|---|---|---|---|---|---|---|---|---|---|---|---|---|
| | | | | | | | | | | | | | 必诹 | | 必椮 | 必𪾢 |
| | 崇迿 | | 崇捆 | 崇宿 | 崇寐 | | | 崇洛 | | | | | 崇晔 | 崇溇 | 崇锯 | |
| | 汝僎 | 汝晶 | 汝阅 | 汝桼 | | | 汝圪 | 汝堉 | 汝过 | 汝泝 | | | 汝诤 | 汝谄 | 汝譆 | |
| | 善蛊 | | 善盥 | 善璐 | | 善詀 | 善悃 | | | | | | 善宗 | | | |
| 大夫不 | 虑 | | | | | | | | | | 赠武经 | 大夫不 | 害 | | | |
| 卫大将 | 军士劲 | | | | | | | | | | | | | | | |

| | | | | | | | | | | | | | | | | |
|---|---|---|---|---|---|---|---|---|---|---|---|---|---|---|---|---|
| 必樸 | | | | | | | | | | | | 必鹏 | | | | |
| 崇棒 | | | | | 崇⿰亻解 | 崇俟 | | | | 崇瑂 | 崇硝 | 崇硫 | 崇⿺辶卿 | 崇迸 | 崇逌 | |
| 汝⿰讠是 | 汝讲 | | | 汝墣 | 汝瀸 | | 汝煴 | 汝⿰钅虎 | 汝澭 | 汝龔 | | | | | | 汝卷 |
| | | 善䌹 | 善绩 | 善尹 | | | | | | 善缵 | | | | | | |

| | | | | | | | | | | | | |
|---|---|---|---|---|---|---|---|---|---|---|---|---|
| | | 赠太师、襄王、谥恭宁宗愈 | 祁王、谥敦孝仲仆 | 右千牛卫将军士功 | | | | | | | | |
| | | | | 赠左武卫将军士烂 | 赠和州防御使不跲 | 善超 | 汝泽 | 崇龄 | | | | |
| | | | | | | | 汝华 | 崇蔚 | | | | |
| | | | | | | | | 崇微 | 必漏 | | | |
| | | | | | | | | | 必港 | | | |
| | | | | | | | 汝虽 | 崇椐 | 必璁 | | | |
| | | | | | | | | 崇材 | | | | |
| | | | | | | | | 崇楹 | 必汲 | 良惡 | | |
| | | | | | | | | | 必漈 | 良惠 | | |
| | | | | | | | | | | 良[illegible] | | |
| | | | | | | | | | | 良懇 | | |
| | | | | | | | 汝几 | | | | | |

| | | | | | |
|---|---|---|---|---|---|
| | | 善养 | 汝钊 | | |
| | | 善省 | 汝汇 | 崇滫 | |
| | | | | 崇涾 | |
| | | 善卷 | 汝捀 | 崇魏 | |
| | | 善为 | 汝建 | | |
| | | 善则 | 汝沄 | | |
| | 秉义郎不溃 | | | | |
| | 成忠郎不惫 | | | | |
| | 不谦 | | | | |
| 忠州团练使士赣 | 训武郎不夺 | 善廉 | | | |
| | | 善祇 | | | |
| | | 善该 | 汝傅 | 崇轼 | 必洊 |
| | | | | | 必涞 |

| | | | | | | | | | | | | |
|---|---|---|---|---|---|---|---|---|---|---|---|---|
| | | | | | | | 汝镡 | | | | | |
| | | | | | 忠翊郎不奈 | | | | | | | |
| | | | | | 成忠郎不贫 | | | | | | | |
| | | | | | 成忠郎不戾 | | | | | | | |
| | | | | 右班殿直士籛 | 忠翊郎不訾 | | | | | | | |
| | | | | | 成忠郎不弄 | | | | | | | |
| | | | | 贵州团练使士叕 | 保义郎不旷 | | | | | | | |
| | | | | | 成忠郎不醵 | | | | | | | |
| | | | | | 成忠郎 | | | | | | | |

| | | | | | | | | | | | | |
|---|---|---|---|---|---|---|---|---|---|---|---|---|
| | | | | | 不㧓 | | | | | | | |
| | | | | 荣州防御使士嚣 | 成忠郎不卑 | | | | | | | |
| | | | | | 成忠郎不慷 | | | | | | | |
| | | | 房陵郡公仲珲 | 赠右金吾卫将军士䌹 | 武翼郎不汰 | 善徐 | | | | | | |
| | | | | | | 善如 | 汝冢 | 崇積 | 必涬 | | | |
| | | | | | | 善绳 | | | | | | |
| | | | | | | 善莹 | 汝谪 | | | | | |
| | | | | | | | 汝谓 | 崇稿 | | | | |
| | | | | 太子右监门率府率士纠 | 成忠郎不矲 | | | | | | | |

| | | | | | | | | | | | | |
|---|---|---|---|---|---|---|---|---|---|---|---|---|
| | | | | 赠宁国军节度使、奉化侯士蓐 | 武德大夫不憎 | 善徯 | 汝遽 | 崇[illegible] | | | | |
| | | | | | | 善晓 | 汝迾 | 崇释 | | | | |
| | | | | | | | 汝遭 | 崇[illegible] | | | | |
| | | | | | | | 汝途 | | | | | |
| | | | | | 赠光禄大夫不懢 | 善衎 | 汝瑂 | | | | | |
| | | | | | | 善[illegible] | 汝瑊 | 崇送 | | | | |
| | | | | | | | | 崇錤 | 必[illegible] | | | |
| | | | | | | | 汝玗 | | | | | |
| | | | | | | | 汝[illegible] | | | | | |
| | | | | | | 善闶 | 汝珦 | 崇铗 | 必活 | 良樚 | | |
| | | | | | | | | | | 良樱 | | |
| | | | | | | | | 崇钒 | 必墭 | | | |

| | | | | | | | | | | | | |
|---|---|---|---|---|---|---|---|---|---|---|---|---|
| | | | | | | | | 崇錍 | | | | |
| | | | | | | | | 崇钎 | | | | |
| | | | | | | | | 崇铒 | | | | |
| | | | | | | 善阅 | 汝𪻐 | 崇溎 | | | | |
| | | | | | | | 汝珸 | 崇冲 | 必㳽 | | | |
| | | | | | | | | 崇丘 | 必发 | 良诔 | | |
| | | | | | | | | | | 良谠 | | |
| | | | | | | | | | 必臻 | | | |
| | | | | | | | | 崇师 | 必任 | | | |
| | | | | | | | | | 必伉 | | | |
| | | | | 太子右监门率府率士温 | | | | | | | | |
| | | | | 太子右监门率府率士 | | | | | | | | |

| | | | | | |
|---|---|---|---|---|---|
| | | | 保义郎不屈 | | |
| 最 | 太子右监门率府率士琗 | 右班殿直士盌 | 右千牛卫将军士嶒 | 右班殿直士漉 | 太子右内率府副率士 |
| | | 感德军节度使仲[illegible] | | 保庆军节度使仲瑞 | |

| | | | | | | | | | | | | |
|---|---|---|---|---|---|---|---|---|---|---|---|---|
| | | | | 塈 | | | | | | | | |
| | | | | 右千牛卫将军士堲 | 赠朝议大夫不惮 | 善宰 | 汝昌 | 崇庚 | | | | |
| | | | | | | | | 崇穆 | | | | |
| | | | | | | | | 崇协 | | | | |
| | | | | | | | | 崇制 | 必澹 | 良链 | | |
| | | | | | | | | | 必濋 | | | |
| | | | | | | | | | 必激 | | | |
| | | | | | | | | 崇克 | 必鐕 | 良诏 | | |
| | | | | | | | | 崇假 | 必铳 | | | |
| | | | | | | | 汝大 | 崇石 | | | | |
| | | | | | | | | 崇合 | 必敷 | | | |
| | | | | | | | | 崇㣲 | | | | |
| | | | | | | | 汝共 | | | | | |
| | | | | | 保义郎不[illegible] | | | | | | | |

| | | | | | |
|---|---|---|---|---|---|
| | 太子右内率府副率士珸 | | | | |
| 平江军节度使仲皎 | 右班殿直士炉 | | | | |
| | 太子右内率府副率士迆 | 不𢦏 | | | |
| | 楚州防御使士湛 | 赠武翼大夫不慛 | 善抗 | 汝噪 | 崇扒 |
| | | | 善博 | | |
| | | | 善拗 | 汝污 | |
| | | | | 汝湢 | |
| | | | | 汝涸 | |

必璩

崇掠　崇镈

汝湑　汝洔　汝淌　汝洐　汝渮

保义郎不缅

太子右监门率府率士譨

太子右内率府副率士海

太子右内率府副率士淢

| | | | | | |
|---|---|---|---|---|---|
| | | 忠翊郎不绕 | | | 朝散郎 |
| 右监门卫大将军士赉 | 太子右内率府副率士须 | 右监门卫大将军士崔 | 荣州防御使士宛 | 吉州刺史士酌 | 赠太师、咸 |
| | | 建宁军节度使仲刁 | | | |

| | | | | | | | | | | | | | | | | |
|---|---|---|---|---|---|---|---|---|---|---|---|---|---|---|---|---|
| | | | | | | | | | | | | | | 必沩 | | |
| | | | | | 崇珂 | 崇玦 | 崇瑕 | 崇瑍 | 崇湪 | | | | | 崇坆 | 崇墐 | |
| 汝比 | | 汝仔 | 汝儃 | | 汝统 | | | 汝绒 | 汝莒 | | 汝琈 | 汝⿰王尊 | 汝濩 | 汝⿰讠耑 | | 汝秘 |
| 善侨 | 善朴 | 善僚 | | | 善伟 | | | | | 善侁 | 善付 | | | | | 善洈 |
| 不尨 | | | | | 朝请郎不病 | | | | | | | | | | | |
| 安郡王士剸 | | | | | | | | | | | | | | | | |

汝秭 汝穑 汝[illegible] 汝穚 汝璏

善涞

太子右监门率府率士篷 太子右监门率府率士龟

太子右内率府副率仲章 华原郡公仲嶶

| | | | | |
|---|---|---|---|---|
| 太子右监门率府率士获 | 忠翊郎不怩 | | | |
| 太子右监门率府率士摽 | 修武郎不涓 | | | |
| 东阳郡公士陪 | 赠武节郎不匮 | 善辑 | 汝确 | |
| | | 善升 | 汝圭 | 崇[王夔] |
| | | | | 崇琢 |
| | | | | 崇瑫 |
| | | | 汝湖 | 崇谤 |
| | | | | 崇譨 |

| | | | |
|---|---|---|---|
| | | 汝祀 | |
| | 善[illegible] | 汝群 | |
| | | 汝珛 | |
| | | 汝顼 | |
| | | 汝琙 | |
| | 善懃 | | |
| 赠利州观察使不[illegible] | 善玠 | 汝儹 | |
| | | 汝谭 | |
| | 善璪 | 汝儁 | |
| | | 汝慕 | |
| 修武郎不颛 | 善键 | 汝伶 | |
| | | 汝傣 | 崇[illegible] |
| | | | 崇[illegible] |
| | | | 崇[illegible] |

| | | | | | | | | | | | | | | | | |
|---|---|---|---|---|---|---|---|---|---|---|---|---|---|---|---|---|
| | 崇瓒 | | 崇台 | 崇溠 | 崇嚥 | | | | 崇佩 | 崇徂 | 崇焆 | 崇浣 | 崇洁 | | | |
| | 汝町 | 汝甿 | 汝瞭 | | | 汝暍 | 汝昄 | | 汝滕 | 汝熜 | 汝铁 | | 汝鑃 | | | |
| 善霶 | 善杓 | | | | | 善辂 | | | 善浤 | | 善溝 | | | | | |
| | | | | | | | | 忠翊郎 | 不随 | | | | | 保义郎 | 不取 | 秉义郎 |
| | | | | | | | | | | | | | | 安康侯 | 土晴 | |

| | | | | | | | | | | | | |
|---|---|---|---|---|---|---|---|---|---|---|---|---|
| | | | | | 不驳左领军卫将军、开国男 | 善赳 | | | | | | |
| | | | | | 不惎 | 善玞 | 汝烁 | | | | | |
| | | | | | | 善淮 | 汝樽 | 崇⿰土兹 | | | | |
| | | | | | | | | 崇⿰土卯 | | | | |
| | | | | | | | | 崇壖 | | | | |
| | | | | | | | | 崇⿰土每 | | | | |
| | | | | | 忠训郎不趋 | 善届 | 汝岂 | | | | | |
| | | | | 右千牛卫将军士荼太子右监门率府率士 | 忠翊郎不⿰纟替 | | | | | | | |

| | | | | |
|---|---|---|---|---|
| 前 | 太子右监门率府率士璹 | 太子右监门率府率士棬 | 太子右内率府副率士庢 | 太子右监门率府率士埒 |
| | | | 赠华州观察使仲莚 | |

| | | | | | | | | | | | | |
|---|---|---|---|---|---|---|---|---|---|---|---|---|
| | | 赠太师、润王、谥僖惠宗隐 | 莘王、谥教僖仲癸 | 赠武胜军节度使士谭 | 武节郎不独 | 善樽 | 汝恖 | | | | | |
| | | | | | | | 汝琥 | 崇玉 | 必榛 | | | |
| | | | | | | | 汝鉴 | 崇佬 | | | | |
| | | | | | | | | 崇倈 | | | | |
| | | | | | | | 汝识 | 崇渗 | 必楅 | 良俭 | | |
| | | | | | | | | | | 良僄 | | |
| | | | | 右班殿直士延赠右领军大将军士硝 | 不吝 | 善爱 | | | | | | |
| | | | | 保义郎不杂 | | | | | | | | |
| | | | | 赠武翼 | | | | | | | | |

| | | | | | | | | | | | | |
|---|---|---|---|---|---|---|---|---|---|---|---|---|
| | | | | 大夫不[illegible] | | 善知 | 汝遂 | 崇威 | | | | |
| | | | | | | | | 崇祐 | 必漨 | | | |
| | | | | | | | | 崇启 | | | | |
| | | | | | | | | 崇怍 | | | | |
| | | | | | | | | 崇祏 | 必溔 | | | |
| | | | | | | | | 崇昱 | 必迒 | | | |
| | | | | | | | | | 必涘 | | | |
| | | | | | | | | 崇晷 | | | | |
| | | | | | | | | 崇勔 | | | | |
| | | | | | | 善讯 | 汝义 | 崇谕 | 必瑞 | | | |
| | | | | | | | | | 必瑨 | 良绖 | | |
| | | | | | | | | | | 良繸 | | |
| | | | | | | | | | | 良絪 | | |
| | | | | | | | 汝薵 | 崇翇 | 必玵 | | | |
| | | | | | | | | | 必钥 | | | |
| | | | | | | | | | 必玠 | | | |

| | | | | | | | | | | | | | | | | |
|---|---|---|---|---|---|---|---|---|---|---|---|---|---|---|---|---|
| | | | | | | | | | | | | | | | | |
| | | | | | | | | | | | | | | | | |
| | | | | | | | | | | | | | | | | |
| | 必⿰石贤 | 必硗 | 必⿰石蒹 | 必⿰石隶 | 必⿰石鹿 | | | | | 必谠 | 必诪 | 必哗 | 必谱 | | | |
| 崇⿱雨冋 | 崇⿱资木 | | | | | 崇尧 | 崇力 | 崇柄 | 崇宷 | 崇手 | | | | 崇驾 | 崇隆 | 崇动 |
| | | | | | | 汝瑞 | | 汝馨 | | | | | | 汝鼐 | | |
| | | | | | | 善憓 | | | | | | | | | | |
| | | | | | | | | | | | | | | | | |
| | | | | | | | | | | | | | | | | |
| | | | | | | | | | | | | | | | | |
| | | | | | | | | | | | | | | | | |
| | | | | | | | | | | | | | | | | |
| | | | | | | | | | | | | | | | | |

| | | | | | | | | | | | | |
|---|---|---|---|---|---|---|---|---|---|---|---|---|
| | | | | | | | | 善劢 | 必稷 | | | |
| | | | | | | | | | 必樫 | | | |
| | | | | | | 善融 | | | | | | |
| | | | | | 忠训郎不辰 | | | | | | | |
| | | | | | 忠训郎不俙 | | | | | | | |
| | | | | 太子右内率府副率士硕 | 成忠郎不恌 | | | | | | | |
| | | | | | 成忠郎不校 | | | | | | | |
| | | | | | 成忠郎不惑 | | | | | | | |
| | | | | | 保义郎不吁 | | | | | | | |

| | | | | | | | | | | | | |
|---|---|---|---|---|---|---|---|---|---|---|---|---|
| | | | | 太子右内率府率士郁 | | | | | | | | |
| | | | | 太子右监门率府率士仗 | 成忠郎不思 | | | | | | | |
| | | | 河东郡王、谥孝良仲霜 | 内殿崇班士技 | 训武郎不朋 | 善松 | | | | | | |
| | | | | | | 善筹 | 汝徕 | | | | | |
| | | | | | | 善贻 | 汝⿰弓繇 | 崇伻 | 必庋 | | | |
| | | | | | | | | | 必宁 | | | |
| | | | | | | | 汝弥 | | | | | |
| | | | | | | 善节 | | | | | | |
| | | | | | | 善综 | | | | | | |
| | | | | 赠左千 | | | | | | | | |

| | | | | | |
|---|---|---|---|---|---|
| 牛卫将军□□ | 右班殿直不识 | | | | |
| | 赠宁武军节度使不冒 | 善膺 | 汝涟 | | |
| | | | 汝弃 | | |
| | | | 汝契 | | |
| | | | 汝介 | 崇弼 | |
| | | | | 崇宦 | |
| | | | | 崇张 | |
| | | 善颂 | 汝杧 | | |
| | | | 汝榆 | | |
| | | 善成 | 汝郁 | 崇箎 | |
| | | | | 崇谑 | 必悉 |
| | | | | | 必捍 |
| | | | | | 必拓 |
| | | | 汝邻 | 崇严 | 必昴 |

| | | | | |
|---|---|---|---|---|
| | | 汝亶 | 善匋 | |
| 必瞵 | 崇锪 | | | |
| | 崇旨 | | | |
| | 崇谊 | | | |
| | 崇忩 | 汝秀 | | |
| | 崇荆 | 汝湢 | 善砺 | 不辍 |
| | | | | 秉义郎 |
| | | 汝邸 | | |
| | 崇滆 | | | |
| | 崇潇 | | | |
| | 崇澹 | 汝鄘 | | |
| | 崇珍 | 汝鄐 | | |
| | 崇铂 | | | |
| | 崇鏊 | 汝邦 | | |
| | | 汝邹 | | |
| | | 汝郲 | | |
| 必昭 | 崇勃 | | | |

| | | | | | | | | | | | | |
|---|---|---|---|---|---|---|---|---|---|---|---|---|
| | | | | | | 善应 | 汝曬 | | | | | |
| | | | | | 赠朝散大夫不偄 | 善哲 | 汝勋 | 崇巘 | | | | |
| | | | | | | | | 崇嵒 | 必惠 | 良溪 | | |
| | | | | | | | | | | 良靖 | | |
| | | | | | | | | | 必志 | 良蹭 | | |
| | | | | | | | 汝邲 | 崇屶 | | | | |
| | | | | | | | | 崇城 | | | | |
| | | | | | | | | 崇[illegible] | | | | |
| | | | | | | | 汝楠 | | | | | |
| | | | | | | 善慈 | 汝孖 | 崇瑢 | | | | |
| | | | | | | | | 崇[illegible] | 必泟 | | | |
| | | | | | | | 汝屾 | 崇瑮 | 必[illegible] | | | |
| | | | | | | | | | 必[illegible] | | | |
| | | | | | | | 汝朋 | | | | | |
| | | | | | | | 汝赫 | | 必憣 | | | |

| | | | | | |
|---|---|---|---|---|---|
| 必櫄 | | | | | |
| 必溍 | 崇越 | | | | |
| | 崇[illegible] | | | | |
| | 崇[illegible] | 汝茯 | 善宷 | | |
| | 崇[illegible] | | | | |
| | | | | 成忠郎不退 | 西头供奉官士耀 |
| | | | | 成忠郎不遗 | |
| | | | | 忠翊郎不隘 | 赠左领军卫将军士俿 |
| | | | | | 右班殿直士護 |
| | | | | | 修武郎士贵 |

| | | | | | | | | | | | | |
|---|---|---|---|---|---|---|---|---|---|---|---|---|
| | | | 福国公、谥纯僖仲丽 | 右班殿直士俸 | | | | | | | | |
| | | | | 赠太师、贺王、谥孝敏士奆 | 保义郎不悆 | | | | | | | |
| | | | | | 追封滕国公、谥恭靖不微 | 善确 | | | | | | |
| | | | | | | 善礵 | 汝玒 | 崇激 | | | | |
| | | | | | 朝议大夫、直秘阁不羁 | 善暾 | 汝玵 | 崇茔 | | | | |
| | | | | | | 善钜 | | | | | | |

| | | | | | | | | | | | | |
|---|---|---|---|---|---|---|---|---|---|---|---|---|
| | | | | | 朝议大夫不谫 | 善砚 | 汝璚 | | | | | |
| | | | | | | | 汝启 | | | | | |
| | | | | | | 善碤 | 汝雔 | | | | | |
| | | | | | | | 汝多 | | | | | |
| | | | | | | | 汝[illegible] | 崇腆 | | | | |
| | | | | | | | | 崇腥 | | | | |
| | | | | 赠太师安化郡王士太 | 赠朝议大夫不[illegible] | 善居 | 汝[illegible] | 崇[illegible] | | | | |
| | | | | | | | | 崇玔 | | | | |
| | | | | | | | 汝[illegible] | | | | | |
| | | | | | | 善誉 | 汝蒽 | | | | | |
| | | | | | | | 汝[illegible] | 崇栔 | | | | |
| | | | | | | 善迎 | | | | | | |
| | | | | | | 善芬 | 汝虑 | | | | | |
| | | | | | | | 汝[illegible] | 崇溪 | | | | |
| | | | | | | | 汝想 | 崇[illegible] | 必奎 | | | |

| | | | | | | | | | | | | | | | |
|---|---|---|---|---|---|---|---|---|---|---|---|---|---|---|---|
| | | | | | | | | | 必棈 | 必槟 | 必榉 | 必棣 | 必槐 | 必楅 | 必榫 |
| | | | | | 崇褸 | 崇锆 | | | 崇㒑 | 崇俻 | 崇㑇 | | | | 崇伐 |
| 汝思 | 汝愿 | 汝寯 | 汝琗 | 汝瓀 | 汝琟 | 汝玶 | 汝璥 | | 汝祷 | | | | | | |
| | | 善曼 | 善篪 | | | | | 善悰 | 善濡 | | | | | | |
| | | | | | | | | 右奉议郎不赇 | | | | | | | |

| | | | | | | | | | | | | |
|---|---|---|---|---|---|---|---|---|---|---|---|---|
| | | | | | | 善职 | 汝缥 | 崇勎 | | | | |
| | | | | | | | | 崇勨 | 必畔 | | | |
| | | | | | | 善槔 | 汝撤 | | | | | |
| | | | | | 赠朝散大夫不潍 | 善亿 | 汝禥 | | | | | |
| | | | | | | | 汝僆 | | | | | |
| | | | | | | | 汝儓 | | | | | |
| | | | | | | 善旌 | 汝坠 | | | | | |
| | | | | | | 善恍 | 汝𬱟 | | | | | |
| | | | | | | | 汝颢 | | | | | |
| | | | | | 赠武功郎不桼 | 善克 | 汝邃 | 崇裱 | | | | |
| | | | | | | | | 崇果 | | | | |
| | | | | | | | 汝濡 | | | | | |
| | | | | | | | 汝𬘬 | 崇搸 | | | | |
| | | | | | | | | 崇舍 | | | | |

| | | | |
|---|---|---|---|
| | 善有 | 汝谌 | |
| | | 汝谤 | 崇害 |
| | | 汝让 | 崇宖 |
| | | | 崇寂 |
| | | | 崇官 |
| 赠朝奉大夫不骋 | 善堪 | 汝扆 | 崇⿰忄宅 |
| | 善垓 | 汝庈 | |
| | | 汝儴 | |
| | | 汝⿰车亟 | |
| 赠承议郎不呰 | 善向 | 汝愝 | 崇柶 |
| | | | 崇⿰忄宅 |
| | | | 崇⿱⿰木尔心 |
| | | 汝惆 | |
| | | 汝恔 | 崇畔 |

| | | | | | | | | | | | | | | | | |
|---|---|---|---|---|---|---|---|---|---|---|---|---|---|---|---|---|
| | | | | | | 必邅 | | | | | | | | | | |
| | | | 崇遈 | 崇琄 | 崇崖 | 崇碧 | 崇𫞩 | | 崇雺 | 崇露 | 崇霁 | 崇霦 | 崇霈 | 崇溤 | 崇睩 | 崇[illegible] |
| | | 汝俅 | 汝浣 | | | 汝埈 | 汝潞 | 汝橙 | | | | | 汝换 | 汝愔 | | |
| 善多 | | 善东 | | | | | 善起 | | | | | | 善珫 | | | |
| 不刓 | 文林郎 | | | | | | | | | | | | | | | |

| | | | | | | | | | | | | |
|---|---|---|---|---|---|---|---|---|---|---|---|---|
| | | | | | | 善彪 | 汝奜 | 崇鏴 | 必澍 | | | |
| | | | | | | | | | 必漻 | | | |
| | | | | | | | | | 必潍 | | | |
| | | | | | | | 汝奖 | | | | | |
| | | | | | | 善烈 | | | | | | |
| | | | | | | 善镛 | | | | | | |
| | | | | | | 善铠 | | | | | | |
| | | | | | 赠武德郎不孱 | 善骞 | 汝膳 | | | | | |
| | | | | | | | 汝棔 | 崇瓈 | | | | |
| | | | | | | | | 崇瑖 | | | | |
| | | | | | | | 汝梱 | | | | | |
| | | | | | | | 汝漻 | | | | | |
| | | | | | 训武郎不孱 | 善蘧 | 汝芮 | 崇悳 | | | | |
| | | | | | | | | 崇憙 | | | | |
| | | | | | | | 汝逯 | | | | | |

| | | | | |
|---|---|---|---|---|
| | | | 善芹 | |
| | | | 善莱 | 汝昔 |
| | | | | 汝各 |
| | | | | 汝暬 |
| | | | | 汝晕 |
| | | | 善苠 | |
| | 吉州刺史士弃 | | | |
| | 赠建宁军节度使建国公士奇 | 武翼大夫不帛 | | |
| | | 成忠郎不郤 | | |
| | | 保义郎不驵 | | |
| 洋国 | | | | |

| | | |
|---|---|---|
| 公、谥孝修仲祥 | | |
| 建州观察使仲青 | 右千牛卫将军士鲜 | |
| | 右千牛卫将军士扬 | |
| | 右千牛卫将军士羃 | |
| | 赠开府仪同三司、永国公士谱 | 保义郎不蔓 |
| | | 赠左领 |

| | | | |
|---|---|---|---|
| | | 军卫将军不止 | 善瀰 |
| | | 右监门卫大将军、领昌州刺史、开国伯不悗 | 善拢 |
| | | | 善鸿 |
| 赠左屯卫大将军仲驲 | 右班殿直士琦 | | |
| | 右班殿直士迎 | | |
| | 太子右内率府副率士 | | |

| | |
|---|---|
| 漎 | |
| 右班殿直士诜 | 南阳侯仲歆 |
| 右班殿直士碏 | |
| 太子右内率府副率士用 | |
| 太子右内率府副率士峤 | |
| 太子右内率府副率士匠 | |

| | | | | | | | | | | | | |
|---|---|---|---|---|---|---|---|---|---|---|---|---|
| | | | | 太子右内率府副率士澺 | | | | | | | | |
| | | | | 赠武略大夫士濙 | 武节郎不[illegible] | 善貅 | 汝騆 | 崇軓 | | | | |
| | | | | | | | 汝驨 | | | | | |
| | | | | | 不窳 | | | | | | | |
| | | | | | 忠训郎不荛 | 善耒 | | | | | | |
| | | | 右监门卫大将军仲砚 | 太子右内率府副率士特 | | | | | | | | |
| | | | | 太子右内率府 | | | | | | | | |

| | | | | | | | | | | | | |
|---|---|---|---|---|---|---|---|---|---|---|---|---|
| | | | | 副率士措 | | | | | | | | |
| | | | | 太子右内率府副率士汇 | | | | | | | | |
| | | | | 太子右内率府副率士钎 | | | | | | | | |
| | | | | 太子右监门率府率士瓒 | | | | | | | | |
| | | 汉东郡王宗沔 | 太子右内率府副率仲 | | | | | | | | | |

| | | | | | | | | | | | | |
|---|---|---|---|---|---|---|---|---|---|---|---|---|
| | | | 足 | | | | | | | | | |
| | | | 太子右内率府副率仲霄 | | | | | | | | | |
| | | 赠太师、荣王、谥孝靖宗绰 | 襄王、谥康孝仲糜 | 池州防御使士緟 | 成忠郎不同 | | | | | | | |
| | | | | | 赠武节郎不䤈 | 善绍 | 汝愡 | 崇鍱 | 必溻 | | | |
| | | | | | | | | 崇铦 | 必渭 | | | |
| | | | | | | | | | 必澴 | | | |
| | | | | | | | 汝悆 | | | | | |
| | | | | | | | 汝憙 | 崇欐 | 必宴 | | | |

| | | | | | | | | | | | | | | | | |
|---|---|---|---|---|---|---|---|---|---|---|---|---|---|---|---|---|
| 必⿰讠其 | | 必𬣙 | 必⿰讠岂 | | | 必谱 | | | | 必穹 | | 必宑 | 必窦 | 必寅 | 必寘 | 必家 |
| 崇⿰木乃 | 崇珗 | 崇⿰木甫 | 崇璮 | 崇玠 | 崇瑨 | 崇陔 | 崇⿰王前 | 崇谨 | | 崇欋 | 崇柘 | | | | | |
| | | | | | 汝似 | | | 汝愬 | 汝虑 | | | | | | | |
| | | | | | 善逢 | | | | | | | | | | | |

| | | | | | | | | | | | | |
|---|---|---|---|---|---|---|---|---|---|---|---|---|
| | | | | | | 善述 | 汝详 | 崇玕 | | | | |
| | | | | | | 善设 | | | | | | |
| | | | | | | 善适 | 汝薁 | | | | | |
| | | | | | | | 汝蕌 | 崇星 | | | | |
| | | | | | | | | 崇瞰 | | | | |
| | | | | | | | | 崇[illegible] | | | | |
| | | | | | | | 汝莩 | 崇睐 | | | | |
| | | | | | | | | 崇暳 | | | | |
| | | | | | | | | 崇暎 | | | | |
| | | | | | 秉义郎不糅 | 善群 | | | | | | |
| | | | | | | 善仟 | 汝惩 | | | | | |
| | | | | | | | 汝隉 | | | | | |
| | | | | | | | 汝扑 | | | | | |
| | | | | | 武经郎不淆 | 善庆 | 汝峃 | | | | | |
| | | | | 赠左监 | | | | | | | | |

| | | |
|---|---|---|
| 赠训武郎不玷 | 卫大将军士㮚 | |
| 武经郎不琏 | | |
| 忠训郎不慒 | | |
| | 右千牛卫将军士奎 | |
| | 太子右监门率府率士昴 | |
| | 太子右内率府副率士梆 | 高密郡公仲誉 |

| | | | | | | | | | | | | |
|---|---|---|---|---|---|---|---|---|---|---|---|---|
| | | | | 太子右内率府副率士鐫 | | | | | | | | |
| | | | | 太子右内率府副率士齎 | | | | | | | | |
| | | | | 右监门卫大将军士雈 | 赠朝请郎不否 | 善诇 | 汝忝 | | | | | |
| | | | | | | 善晖 | | | | | | |
| | | | | | | 善恪 | 汝暨 | 崇⿱宀豆 | 必扔 | | | |
| | | | | | | | 汝历 | 崇屾 | | | | |
| | | | | 右班殿直士枢右千牛 | | | | | | | | |

| | | | | | | |
|---|---|---|---|---|---|---|
| 卫将军士盅 | 太子右监门率府率士烟 | | 太子右监门率府率士诏 | 太子右内率府副率士友 | 右监门率府率 |
| | | 右武卫大将军、濮王、防御使仲灌 | | | |

| | | | | | | | | | | | | |
|---|---|---|---|---|---|---|---|---|---|---|---|---|
| | | | | 士度 | | | | | | | | |
| | | | | 右监门卫大将军士旆 | | | | | | | | |
| | | | | 太子右内率府副率士䚗 | | | | | | | | |
| | | | | 右监门卫大将军士纪 | 忠翊郎不翳 | | | | | | | |
| | | | | | 武翼大夫不淟 | 善颐 | 汝昕 | 崇琲 | 必诳 | | | |
| | | | | | | | 汝旻 | 崇珇 | 必樤 | | | |
| | | | | | | | 汝暲 | 崇暖 | | | | |
| | | | | | | | 汝玞 | | | | | |
| | | | 右千牛 | | | | | | | | | |

| | | | | | | | | | | | | |
|---|---|---|---|---|---|---|---|---|---|---|---|---|
| | | | 卫将军、赠左屯卫大将军仲灿 | | | | | | | | | |
| | | 太师、信王谥康宗治 | 岐王谥简献仲忽 | 安康郡王士说 | 赠银青光禄大夫不柔 | 善契 | 汝戭 | 崇果 | | | | |
| | | | | | | | | 崇昺 | | | | |
| | | | | | | | | 崇嚳 | 必毅 | 良玣 | | |
| | | | | | | | | | 必懇 | | | |
| | | | | | | | 汝棫 | | | | | |
| | | | | | | 善法 | 汝成 | | | | | |
| | | | | | | | 汝勤 | | | | | |
| | | | | | | | 汝護 | 崇諻 | 必铂 | | | |
| | | | | | | 善待 | 汝述 | 崇韪 | | | | |
| | | | | | | | | 崇绛 | 必曷 | | | |

| | | | | | | | | | | | | | | | |
|---|---|---|---|---|---|---|---|---|---|---|---|---|---|---|---|
| | 良件 | 良铠 | 良凤 | | | 良儦 | 良俩 | | | | 良璞 | | 良忻 | 良壁 | |
| | 必湲 | 必涘 | 必淄 | 必渘 | 必淡 | | 必洋 | 必劭 | 必协 | 必翃 | 必翼 | | | 必常 | 必瓀 |
| | | | 崇悬 | | | | 崇彝 | | 崇绚 | 崇镇 | 崇纁 | 崇谿 | | 崇衮 | |
| | | | | | | | 汝橞 | | | 汝适 | | 汝遇 | | 汝逵 | |
| 善廉 | | | | | | | 善屓 | | | | | | | | |
| | | | | | | | 武翼郎不舍 | | | | | | | | |

| | | | | | | | | | | | | | | | | |
|---|---|---|---|---|---|---|---|---|---|---|---|---|---|---|---|---|
| 必浭 | 必淧 | 必渡 | 必漻 | | | | | | | | 必烻 | 必熑 | 必烄 | | | |
| | | 崇寘 | 崇亭 | | | | | | | | | | 崇棏 | 崇黼 | | |
| | | 汝庑 | 汝庶 | 汝麾 | | | | | | | | | 汝葛 | 汝专 | | |
| | | | | 善琭 | 善諿 | | 善从 | | | | | | 善原 | 善庲 | 善雍 | 善礼 |
| | | | | | 不慪 | 从义郎 | 不价 | 训武郎 | 不稼 | 成忠郎 | | | | | | |

| | | | | | | | | | | | | |
|---|---|---|---|---|---|---|---|---|---|---|---|---|
| | | | | | | | | 崇蹇 | | | | |
| | | | | | | | | 崇宛 | | | | |
| | | | | | 保义郎不铄 | | | | | | | |
| | | | | | 忠训郎不[illegible] | 善柟 | 汝逈 | | | | | |
| | | | | | | | 汝烨 | | | | | |
| | | | | | | | 汝灿 | 崇顾 | 必唐 | | | |
| | | | | | | | | 崇颁 | 必涌 | | | |
| | | | | | | | | | 必硧 | | | |
| | | | | | | | | | 必滢 | | | |
| | | | | | | | | 崇领 | 必铫 | | | |
| | | | | | | | 汝熺 | | | | | |
| | | | | | | 善鉴 | | | | | | |
| | | | | | 成忠郎不慝 | 善韬 | | | | | | |
| | | | | 右班殿 | | | | | | | | |

| | | | | |
|---|---|---|---|---|
| 直士珴 | | | | |
| 左班殿直士檀 | | | | |
| 眉州防御使士蹟 | | | | |
| 赠保宁军节度使士纾 | 赠武经大夫不据 | 善禗 | | |
| | | 善妥 | 汝迶 | |
| | | | 汝豢 | |
| | | | 汝觋 | |
| | | 善盈 | | |
| | | 善驹 | 汝凤 | 崇渚 |
| | | | | 崇漎 |
| | | | | 崇浙 |

| | | | | |
|---|---|---|---|---|
| | | | 汝夙 | |
| 太子右监门率府率士聚 | 保义郎不伃 | | | |
| 明州观察使、开国伯士籁 | 赠宣教郎不垫 | 善棶 | 汝遨 | |
| | | | 汝遭 | 崇棱 |
| | | | 汝迩 | |
| | | | 汝莲 | 崇钫 |
| | | | | 崇铖 |
| | | | | 崇针 |

| | | | | | | | | | | | | | | | |
|---|---|---|---|---|---|---|---|---|---|---|---|---|---|---|---|
| | | | 必訾 | | | | | | | | | | | | |
| 崇铬 | 崇键 | 崇俗 | 崇付 | 崇俅 | 崇録 | 崇楝 | | 崇稠 | | | 崇爝 | 崇夷 | | | |
| 汝遶 | | 汝邇 | | | | 汝巡 | 汝遴 | | 汝菁 | 汝菟 | 汝邁 | 汝迣 | 汝遖 | 汝莲 | |
| | | 善穑 | | | | 善柸 | | | 善熚 | | 善茝 | | | | |
| | | | | | | | | | | | | | | | 保义郎不坠 |

| | | | | | | | | | | | | |
|---|---|---|---|---|---|---|---|---|---|---|---|---|
| | | | | | 不尤追封永国公、谥恭靖 | 善渊 | | | | | | |
| | | | | | 不黯 | 善颀 | 汝颢 | 崇迳 | 必偁 | | | |
| | | | | | | | | | 必仔 | | | |
| | | | | | | | | | 必住 | | | |
| | | | | | | | | 崇迺 | 必傞 | | | |
| | | | | | | | | 崇逞 | | | | |
| | | | | | | | | 崇迮 | | | | |
| | | | | | | | | 崇遝 | | | | |
| | | | | | | 善韫 | 汝量 | 崇逮 | | | | |
| | | | | | | | | 崇遽 | | | | |
| | | | | 右千牛卫将军士𫐐赠邓州 | | | | | | | | |

| | | | | | |
|---|---|---|---|---|---|
| 观察使士播 | | | | | |
| 成州团练使士能 | | | | | |
| 荣州防御使士观 | | | | | |
| 开州防御使士廉 | | | | | |
| 赠太师、和义郡王士珸 | 朝请郎不执 | 善载 | 汝谥 | 崇锜 | 必邅 |
| | | | | | 必莲 |
| | | | | 崇镂 | |
| | | | | 崇镓 | |

| | | | | | | | | | | | | | | | | |
|---|---|---|---|---|---|---|---|---|---|---|---|---|---|---|---|---|
| 必注 | 必濽 | 必湜 | 必滈 | 必濔 | | | | | 必涀 | | | | | | | |
| 崇锞 | | | 崇镮 | 崇钏 | | | | | 崇嫌 | | | 崇逍 | 崇趣 | 崇迪 | 崇退 | 崇逢 |
| | | | 汝护 | | 汝槭 | 汝梡 | 汝梣 | 汝楗 | 汝諹 | | | 汝篗 | | | | 汝箱 |
| | | | | | 善畿 | | | | 善卑 | | | 善芳 | | | | |
| | | | | | | | | | | 追封申 | 国公不 | 流 | | | | |

| | | | |
|---|---|---|---|
| | | | 崇汝 |
| | | 汝篇 | |
| | 善芾 | 汝籯 | |
| | | 汝簣 | |
| | 善芷 | 汝篠 | |
| 秉义郎不谝 | 善书 | 汝沈 | |
| | | 汝驩 | |
| | | 汝樠 | |
| | | 汝榍 | |
| 成节郎不嗽 | 善瓒 | 汝霄 | 崇倏 |
| | | | 崇僦 |
| | | 汝铙 | |
| | | 汝金 | |
| | 善摘 | | |
| | 善掎 | 汝辽 | |

| | | | | | | | | | | | | | |
|---|---|---|---|---|---|---|---|---|---|---|---|---|---|
| | | | | | | 崇稡 | 崇⿰禾桀 | 崇拔 | | | 崇磏 | 崇⿰木顷 | 崇梼 |
| 汝迖 | 汝⿺辶更 | 汝迣 | | 汝皆 | 汝缔 | 汝瑥 | | 汝蘨 | 汝萺 | 汝畲 | 汝葉 | 汝蕈 | |
| | | | 善芸 | 善蓍 | | 善苘 | | | | | | 善⿱囟夊 | |
| | | | 天水县开国子不赓 | | | 武节郎不劬 | | | | | | | |

| | | | | | | | | | | | | |
|---|---|---|---|---|---|---|---|---|---|---|---|---|
| | | | | | | | | 崇楧 | | | | |
| | | | | | | | | 崇栟 | | | | |
| | | | | | | | 汝贳 | 崇憲 | | | | |
| | | | | | | | | 崇[illegible] | | | | |
| | | | | | | | 汝蒳 | | | | | |
| | | | | | | 善苐 | | | | | | |
| | | | | | 秉义郎不猜 | 善兰 | 汝逪 | | | | | |
| | | | | | | | 汝俐 | | | | | |
| | | | | | | 善薇 | | | | | | |
| | | | | | 成忠郎不疷 | | | | | | | |
| | | | | | 天水郡开国伯不慢 | 善苐 | 汝瑅 | | | | | |
| | | | | | | | 汝琣 | | | | | |
| | | | | | | | 汝[illegible] | | | | | |

| | | | | | | | | | | | | |
|---|---|---|---|---|---|---|---|---|---|---|---|---|
| | | | 广平侯仲庠 | 赠建州观察使、广平侯士穦 | 从义郎不假 | 善证 | | | | | | |
| | | | | | 修武郎不炳 | | | | | | | |
| | | | | 右监门卫大将军士桨 | 成忠郎不谏 | | | | | | | |
| | | | | | 武经郎不敖 | 善讷 | | | | | | |
| | | | | | | 善语 | 汝谒 | 崇理 | 必里 | | | |
| | | | | | | | 汝蓁 | | | | | |
| | | | | | | | 汝芙 | 崇岗 | | | | |
| | | | | | | | 汝僢 | 崇升 | | | | |
| | | | | | | | | 崇羲 | | | | |
| | | | 赠安武 | 赠建宁 | | | | | | | | |

| | | | | | | | | | | | | |
|---|---|---|---|---|---|---|---|---|---|---|---|---|
| | | | 军承宣使仲湊 | 军节度使、清源侯士僘 | 忠训郎不罢 | | | | | | | |
| | | | | | 赠太中大夫不缁 | 善从 | 汝玥 | 崇阜 | 必寀 | | | |
| | | | | | | | | | 必害 | | | |
| | | | | | | | | | 必守 | | | |
| | | | | | | | | | 必宇 | 良倇 | | |
| | | | | | | | | | | 良□ | | |
| | | | | | | | | | 必家 | | | |
| | | | | | | | | 崇覃 | | | | |
| | | | | | | | 汝珖 | | | | | |
| | | | | | | 善竦 | 汝玱 | 崇淏 | 必稼 | | | |
| | | | | | | | | | 必稠 | | | |
| | | | | | | | | 崇滻 | | | | |
| | | | | | | | | 崇湝 | 必伃 | 良俵 | | |

| | | | | |
|---|---|---|---|---|
| | 必逵 | | | |
| | 必迎 | 崇橐 | 汝固 | 善宾 |
| | 必榛 | 崇[氵苻] | | |
| | 必楫 | 崇溙 | | |
| | 必耜 | 崇澓 | | |
| | | 崇潠 | | |
| | 必杖 | | | |
| | 必樘 | | | |
| | 必梾 | 崇濎 | | |
| 良[彳咠] | 必樗 | | | |
| 良复 | | | | |
| 良御 | 必檦 | 崇澥 | | |
| | 必梗 | 崇溍 | 汝珇 | |
| | 必稼 | | | |
| | 必[禾奂] | 崇淂 | | |
| | 必儀 | | | |
| | 必倰 | | | |

| | | | | | | | | | | | | | | | | |
|---|---|---|---|---|---|---|---|---|---|---|---|---|---|---|---|---|
| | | | | | | | | | | | 必⿺辶正 | 必⿺辶青 | 必峣 | | 必⿺辶萑 | 必逌 |
| 崇標 | 崇栿 | 崇枂 | 崇椱 | 崇⿸厤木 | 崇槧 | 崇筑 | 崇楴 | 崇桊 | 崇楘 | 崇棸 | | | 崇蘖 | 崇栗 | | |
| | | | | | | | | | 汝胄 | | | | | | | |

| | | | | | | | | | | | | |
|---|---|---|---|---|---|---|---|---|---|---|---|---|
| | | | | | | | 汝臣 | 崇禾 | | | | |
| | | | | | | | | 崇栾 | | | | |
| | | | | | | | | 崇稟 | | | | |
| | | | | | | | | 崇[illegible] | | | | |
| | | | | | | | | 崇[illegible] | | | | |
| | | | | | | | | 崇梟 | | | | |
| | | | | | | | | 崇朶 | | | | |
| | | | | | | | | 崇臬 | | | | |
| | | | | | 赠中散大夫不仰 | 善洁 | 汝琊 | 崇伺 | | | | |
| | | | | | | | | 崇傚 | 必宰 | 良赟 | | |
| | | | | | | | | | | 良贵 | | |
| | | | | | | | | | | 良赍 | | |
| | | | | | | | | | | 良赞 | | |
| | | | | | | | | | 必弘 | | | |
| | | | | | | | | | 必宾 | | | |

| | | | |
|---|---|---|---|
| | | 崇放 | 必宠 |
| | | 崇岱 | |
| 善諆 | 汝瑀 | 崇缉 | |
| | | 崇缊 | 必赛 |
| 善饶 | | | |
| 善集 | 汝笱 | 崇霅 | |
| | 汝策 | 崇寊 | |
| | | 崇崔 | |
| 善拳 | 汝钻 | 崇液 | 必傫 |
| | | 崇渲 | |
| | 汝锋 | 崇沼 | |
| | | 崇纾 | |
| | | 崇绒 | |
| | | 崇绶 | |
| | 汝録 | | |
| | 汝镛 | | |
| 善然 | 汝堡 | 崇缮 | 必寝 |

| | | | | | | | | | | | | |
|---|---|---|---|---|---|---|---|---|---|---|---|---|
| | | | | 右千牛<br>卫将军<br>干蹔<br>太子右<br>监门率<br>府率士<br>罴<br>右千牛<br>卫将军 | 成忠郎<br>不叇 | | 汝瑱<br>汝畦<br>汝墅 | 崇綮<br>崇缅<br>崇缓 | | | | |

士芝
太子右
监门率
府率士
亨
右千牛
卫将军
士缊